Seguro Social

por Jonathan Peterson

AARP®

Seguro Social Para Dummies®

Publicado por: **John Wiley & Sons, Inc.**, 111 River Street, Hoboken, NJ 07030-5774, www.wiley.com

Publicado simultáneamente en Canadá.

Para obtener información general sobre nuestros otros productos y servicios, contacte a nuestro Departamento de Atención al Cliente dentro de EE.UU. al 877-762-2974, fuera de EE.UU. al 317-572-3993, o por fax al 317-572-4002. Para soporte técnico, visite https://hub.wiley.com/community/support/dummies.

Wiley publica en diferentes formatos electrónicos y de papel y por impresión bajo demanda. Algunos materiales incluidos con versiones impresas estándar pueden no estar incluidos en libros electrónicos o impresos bajo demanda. Si este libro hace referencia a medios como un CD o DVD que no está incluido en la versión que compró, puede descargar este material en http://booksupport.wiley.com. Para obtener más información sobre los productos de Wiley, visite www.wiley.com.

Número de Control de la Biblioteca del Congreso: 2025934647

ISBN 978-1-394-32631-0 (pbk); ISBN 978-1-394-32633-4 (ebk); ISBN 978-1-394-32632-7 (ebk)

SKY10100829_032425

Contenido de un vistazo

Tabla de contenido

PARTE 3: QUIÉN SE BENEFICIA Y CUÁNDO 111

Introducción

Probablemente estés leyendo este libro porque estás pensando en tu futuro o en el de tus seres queridos. Tal vez quieras entender los beneficios del Seguro Social y cómo pueden satisfacer tus necesidades. También podrías estar pensando si tu futuro será financieramente cómodo o si será una lucha. Muchas personas se preguntan si vivirán más que sus ahorros y si el Seguro Social les proporcionará apoyo. ¿Puedes confiar en los beneficios del Seguro Social? ¿Qué deberías saber sobre el programa? ¿Cómo puedes encontrar la información que necesitas?

A pesar de su importancia, el Seguro Social rara vez se explica claramente en un solo lugar. Este libro tiene como objetivo explicar este programa de manera clara, cómo encajas en él, las protecciones que ofrece y lo que significan para ti y tus seres queridos. Está diseñado para ayudarte a planificar tu futuro efectivamente y navegar la burocracia con confianza. Aprenderás sobre las reglas que afectan los montos de los beneficios y la elegibilidad, lo cual es crucial para ti y aquellos que dependen de ti.

El Seguro Social es complejo, con numerosas reglas, variaciones y excepciones. Los detalles importan. Las decisiones sobre los beneficios de jubilación pueden tener impactos financieros a largo plazo. Ciertas áreas, como la incapacidad, son particularmente complicadas. Es comprensible que te sientas inseguro, ya que esta información no se enseña en la escuela.

Aquí tienes algunas preguntas comunes sobre el Seguro Social:

- ¿Cuál es la mejor edad para empezar a reclamar beneficios?
- ¿Puedo trabajar y aun así recibir el Seguro Social?
- ¿Cómo afecta el divorcio mi elegibilidad para beneficios?
- ¿Mi cónyuge se beneficiará si espero hasta los 70 años para empezar a cobrar el Seguro Social?
- ¿Qué impuestos tienen mis beneficios?

» ¿Cuál es la mejor manera de contactar al Seguro Social?

» ¿Qué beneficios están disponibles para un cónyuge o hijo?

» ¿Puedo resolver mis problemas en línea?

» ¿Qué debo llevar al solicitar beneficios?

» ¿Estará disponible el Seguro Social cuando lo necesite?

» ¿Cómo funciona el Seguro Social cuando un cónyuge muere?

Mereces respuestas claras y precisas a estas preguntas importantes, ya que, después de todo, el Seguro Social es *tu* programa. Lo posees a través de los impuestos que pagas y los beneficios que ganas. Debes entender cómo tus finanzas personales e historial laboral afectan tus beneficios. Este libro proporciona las respuestas que necesitas para navegar el sistema de manera efectiva.

Sobre este libro

Seguro Social para dummies explica lo esencial del Seguro Social: qué es, cómo calificar, cuándo solicitarlo, tus beneficios, beneficios para tus dependientes y cómo contactar a la Administración del Seguro Social (SSA) para obtener más información. Todo esto se explica en un español claro y simple para que sea fácil de comprender.

Este libro es una guía de referencia, lo que significa que no necesitas leerlo de principio a fin. Úsalo para encontrar respuestas a preguntas específicas. Siéntete libre de saltarte las secciones marcadas con el ícono de Información técnica o los cuadros sombreados (recuadros), que contienen información interesante pero no esencial.

Esta edición incluye las últimas estadísticas disponibles hasta 2024, información actualizada sobre los beneficios conyugales y detalles sobre las cuentas personales "*my* Social Security."

Si estás leyendo la versión impresa de este libro, es posible que notes que algunas direcciones web se dividen en dos líneas. Para visitarlas, escríbelas como una dirección continua. Si estás leyendo el libro electrónico, solo haz clic en la dirección web para visitar la página directamente.

Suposiciones básicas

Este libro asume lo siguiente sobre ti, el lector:

- Tienes un conocimiento limitado sobre el Seguro Social. Has estado ocupado con tu vida y no has tenido tiempo para explorar los detalles. Sin embargo, si ya eres conocedor del tema, de todas formas encontrarás información valiosa aquí.
- Planeas jubilarte y quieres entender cómo encaja el Seguro Social en tus planes o podrías estar recibiendo Seguro Social y quieres comprender mejor tus beneficios.
- Estás ayudando a un familiar mayor a navegar el sistema de Seguro Social.

Íconos usados en este libro

En este libro, los siguientes íconos se utilizan para destacar tipos específicos de información:

Proporciona información que puede ahorrarte tiempo y dinero o simplificar tu experiencia con el sistema de Seguro Social.

Resalta información crucial que vale la pena memorizar.

Señala información importante que puede ayudarte a evitar errores costosos o que consuman mucho tiempo.

Indica información muy técnica que proporciona más conocimientos pero no es esencial para entender el tema principal.

Mucho más que un libro

Este libro incluye recursos adicionales en línea a los que puedes acceder desde cualquier lugar. Para obtener respuestas rápidas sobre temas básicos de Seguro Social, visita la *Hoja de referencia de Seguro Social para dummies*. Simplemente ve a `www.dummies.com` y escribe «Hoja de referencia de Seguro Social para dummies» en el buscador.

Dónde ir desde aquí

Siéntete libre de navegar por este libro como desees. Si prefieres leer cada palabra, comienza con el Capítulo 1 y sigue hasta el final. Para temas específicos, usa la tabla de contenido y el índice. Por ejemplo, para determinar cuándo empezar a cobrar los beneficios de jubilación del Seguro Social, consulta el Capítulo 5. Para información sobre el Seguro por Incapacidad del Seguro Social, ve al Capítulo 11. Para aprender sobre el futuro del Seguro Social, revisa el Capítulo 17. Independientemente de dónde comiences, este libro tiene todo lo que necesitas.

Entender tus beneficios del Seguro Social es crucial, y este libro te proporciona la información necesaria.

1 Empezar con el Seguro Social

EN ESTA PARTE . . .

Obtén un resumen del programa del Seguro Social y sus protecciones para jubilados, sus dependientes, familiares sobrevivientes y trabajadores incapacitados.

Aprende lo básico sobre cómo solicitar diferentes tipos de beneficios.

Entiende los detalles que debes tener en cuenta al decidir reclamar beneficios.

Obtén consejos sobre cómo proteger tu tarjeta y número de Seguro Social de ladrones de identidad.

EN ESTE CAPÍTULO

» **Entiende la importancia del Seguro Social**

» **Evalúa el valor del Seguro Social**

» **Rastrea tus contribuciones**

» **Maximiza los beneficios de tu Seguro Social**

» **Contacta a la Administración del Seguro Social**

Capítulo 1
Qué es el Seguro Social y por qué lo necesitas

El Seguro Social es la base de apoyo financiero a largo plazo para casi todos los estadounidenses. La mayoría de las personas dependerán del Seguro Social para mantenerse en sus años posteriores. Su importancia está creciendo a medida que aumenta la inseguridad financiera en la vejez.

Si estás trabajando, sabes que encontrar un buen trabajo puede ser un desafío. Para los trabajadores mayores, perder un empleo podría significar un período prolongado de desempleo. ¿Has logrado ahorrar para el futuro? Ahorrar es crucial, pero muchos estadounidenses ahorran muy poco. Tal vez contribuyas a un 401(k) si tu empleador ofrece uno, pero el valor futuro de tus inversiones es incierto.

Algunos lectores de este libro vivirán hasta los 100 años. Tal vez seas uno de ellos. Muchos otros alcanzarán sus 80 o 90 años. Esos años requieren recursos financieros. En medio de las incertidumbres futuras, el Seguro Social es una fuente confiable de ingresos. Tus beneficios están garantizados por ley y protegidos contra la inflación. Sin embargo, esto no significa que se arregle solo o que no debas involucrarte en tu Seguro Social. Tienes que tomar decisiones y es mejor hacerlo si conoces los beneficios que has ganado. También es posible que tengas que estar pendiente sobre algunas situaciones, como informar a la Administración del Seguro Social (SSA) sobre cualquier cambio que pueda afectar tus beneficios.

En este capítulo comparto una visión general del Seguro Social y sus beneficios. Aquí explico por qué se estableció el Seguro Social y por qué sigue siendo crucial para los estadounidenses hoy en día.

Entiende qué significa el Seguro Social para ti

¿Qué es esta institución de EE.UU. que eventualmente toca casi todas nuestras vidas? El Seguro Social proporciona protecciones contra amenazas financieras como envejecer, la jubilación, accidentes graves o enfermedades que te impiden trabajar. Cuando ocurren estos eventos, los miembros de tu familia que dependen de ti pueden tener dificultades para afrontar las necesidades básicas.

El Seguro Social ofrece una variedad de beneficios que brindan seguridad financiera a los trabajadores, sus familiares inmediatos e incluso a los cónyuges divorciados. Por ejemplo, los beneficios del Seguro Social pueden ir a

- Jubilados y sus dependientes, en general cónyuges, pero también hijos y nietos
- Personas con incapacidades y sus familiares inmediatos
- Cónyuges, hijos e incluso padres del principal sostén de la familia fallecido

RECUERDA

Los pagos mensuales garantizados del Seguro Social, determinados por fórmulas legales, son cruciales en un mundo con menos pensiones, mercados financieros volátiles, costos de atención médica en aumento y una mayor esperanza de vida. Aunque el programa puede enfrentar desafíos financieros en el futuro, sus características principales cuentan con un fuerte apoyo público.

En las siguientes secciones, examinaremos grupos específicos de personas que se benefician del Seguro Social.

Beneficios para jubilados

Más de 51 millones de jubilados y sus cónyuges reciben beneficios de jubilación todos los meses. Estos beneficios ayudan a muchas personas a mantener su independencia y evitar depender de su familia, la caridad o tener dificultades para pagar las facturas. El Seguro Social proporciona al menos la mitad de los ingresos para el 40% de las personas de 65 años o más. Incluso para aquellos que no dependen mucho de él, el Seguro Social ofrece una base de ingresos confiable a futuro.

Aunque modestos, los beneficios del Seguro Social ayudan a mantener a 15,4 millones de personas mayores por encima del umbral de pobreza, incluidos muchos estadounidenses trabajadores de clase media que, de otro modo, tendrían pocos recursos a los que recurrir.

RECUERDA

El Seguro Social no tiene como objetivo ser tu única fuente de ingresos, sino más bien una base para complementar con ahorros personales y otros ingresos.

Si ya estás jubilado (y no eres rico), sabes la importancia de estos pagos en tu presupuesto mensual. Si aún estás trabajando pero ya piensas en la jubilación, deberías tener en cuenta lo siguiente:

» **El Seguro Social es confiable.** Sus pagos no fluctúan con los mercados de Wall Street, el rendimiento de tu empresa o las decisiones de inversión. Los ingresos del Seguro Social duran toda la vida.

» **El Seguro Social es accesible.** Casi todos los trabajadores están cubiertos. En contraste, aproximadamente la mitad de los trabajadores están cubiertos por un plan de jubilación de sus empleadores, y muchos no participan.

» **El Seguro Social está protegido contra la inflación.** Esta garantía crucial asegura que el aumento de los precios no impacte en el valor de tus ingresos fijos y así mantener tu nivel de vida en la jubilación.

» **El Seguro Social es importante en especial para las mujeres mayores.** En general, las mujeres viven más que los hombres y tienen menos ingresos en la vejez. Las viudas de edad avanzada son más vulnerables frente a la pobreza.

» **El Seguro Social apoya a las personas con menos recursos económicos.** El beneficio es progresivo, lo que significa que las personas de bajos recursos reciben una mayor proporción de ingresos en comparación con sus compañeros mejor pagados. Los beneficios del Seguro Social reemplazan alrededor del 37% de los ingresos de un trabajador promedio.

Beneficios para niños

El Seguro Social proporciona más beneficios a los niños que cualquier otro programa gubernamental. Aproximadamente 3,8 millones de niños reciben sus propios beneficios como dependientes de trabajadores jubilados, fallecidos o con incapacidades. Además, más de 6 millones de niños viven en hogares donde alguien recibe Seguro Social.

El programa define a los *niños elegibles* para incluir a hijastros y, en algunos casos, a nietos y nietos por matrimonio. En general, los niños que califican están cubiertos hasta los 18 años o hasta los 19 años si aún están en la escuela secundaria y no se han casado.

Beneficios para sobrevivientes

La muerte del sostén de la familia afecta a todos en el hogar. Por esta razón, el Seguro Social ofrece beneficios para los sobrevivientes dependientes, un programa crucial que apoya a 5,8 millones de beneficiarios, incluidos niños, viudas y viudos. Estos dependientes califican para beneficios si el trabajador o jubilado fallecido cumplía con ciertos requisitos del Seguro Social. En el Capítulo 2, te explico las reglas y tecnicismos que afectan a las viudas y viudos.

Beneficios para personas con incapacidades y sus dependientes

Ocho millones y medio de estadounidenses reciben beneficios por incapacidad del Seguro Social, que también se extienden a 1,1 millones de familiares dependientes. El programa de incapacidad del Seguro Social es complejo, lo que hace difícil calificar para los beneficios. En el Capítulo 11 explico este programa en detalle, junto con el programa de Seguridad de Ingreso Suplementario (SSI) para aquellos beneficiarios con ingresos más bajos.

Muchos solicitantes de beneficios por incapacidad del Seguro Social son rechazados, pero estas decisiones pueden ser apeladas. En el Capítulo 8 te explico tus opciones si no estás de acuerdo con una decisión del Seguro Social.

Los riesgos de incapacidad o muerte antes de la jubilación son más comunes de lo que piensas. Casi cuatro de cada diez hombres que ingresan a la fuerza laboral tendrán alguna incapacidad o morirán antes de la edad de jubilación; para las mujeres, esta cifra es más de tres de cada diez.

En la Tabla 1-1 se muestran las probabilidades que tienen los trabajadores jóvenes de morir o tener una incapacidad (en este ejemplo, son personas que nacieron en 1999).

TABLA 1-1 Probabilidades de muerte o incapacidad

Probabilidad de . . .	Hombres	Mujeres	Ambos
Muerte o incapacidad antes de la jubilación	35%	31%	33%
Muerte antes de la jubilación (excluyendo incapacidad)	9%	5%	7%
Incapacidad antes de la jubilación (excluyendo muerte)	26%	26%	26%

Fuente: Administración del Seguro Social/ dominio público

Evalúa el valor del Seguro Social

La cantidad que recibes en beneficios de jubilación del Seguro Social depende de tu historial de ingresos y la edad en la que comienzas a cobrar. Exploro estos factores en detalle en los Capítulos 2 y 3. Actualmente, el beneficio anual promedio de jubilación es de aproximadamente $21 924, mientras que el beneficio máximo supera los $43 524 si lo reclamas a la edad plena de jubilación. Retrasar los beneficios más allá de la edad plena de jubilación, es decir hasta los 70 años, aumenta tus beneficios, mientras que reclamarlos antes (desde los 62 años) los reduce.

El beneficio para sobrevivientes del Seguro Social funciona como una póliza de seguro de vida, valorada en $612 000 para un trabajador de 30 años con un salario medio, casado y con dos hijos. Las protecciones por incapacidad a largo plazo ofrecen una cobertura valorada en $580 000 para la misma familia.

El Seguro Social tiene varias características únicas que aumentan su valor:

- **Los beneficios se ganan.** Una vez que cumples con los requisitos de elegibilidad (en general, diez años de ingresos para la jubilación, pero menos para ciertas protecciones como la incapacidad) aseguras un beneficio garantizado, que también puede extenderse a tus dependientes.
- **Los beneficios son portátiles.** A diferencia de las pensiones tradicionales, puedes cambiar de trabajo sin penalización. Tus beneficios reflejan los ingresos de varios trabajos en toda tu carrera. En general, no se reducen cuando cambias de trabajo porque la mayoría de ellos están cubiertos. Las excepciones incluyen a la mayoría de los empleados federales contratados antes de 1984, ciertos trabajadores del gobierno estatal y local, y muchos empleados ferroviarios.
- **Los niveles de beneficios están garantizados.** A diferencia de los 401(k), los beneficios del Seguro Social se determinan mediante fórmulas legales y no fluctúan según el rendimiento de las inversiones, la estabilidad del empleador, las tasas de interés u otros factores incontrolables.
- **Los beneficios son universales.** El Seguro Social cubre a individuos de todos los niveles de ingresos y brinda una especie de cobertura social que beneficia tanto a los individuos como a la sociedad, distinto de los programas de asistencia social.
- **Los beneficios están protegidos contra la inflación.** A diferencia de la mayoría de las pensiones privadas, los beneficios del Seguro Social ofrecen protección contra la inflación, ya que se ajustan al aumento de los precios con el tiempo.

Entiende cómo pagas por el Seguro Social

Es posible que no sea una sorpresa, pero el Seguro Social se financia a través de impuestos. Tanto tú como tu empleador contribuyen a este impuesto. El dinero deducido de tu cheque de pago se utiliza para pagar los beneficios a los jubilados actuales.

Para aprender más sobre tus contribuciones al Seguro Social y su asignación, sigue leyendo.

Cuánto pagas

Si eres un trabajador asalariado, contribuyes al sistema del Seguro Social directamente desde tu cheque de pago. Este impuesto sobre el salario se conoce como "FICA", que significa Ley de la Contribución Federal al Seguro Social. El impuesto del Seguro Social sobre tu salario es típicamente el 6.2% de tus ganancias hasta un cierto límite, que se ajusta todos los años (para 2024, el límite es $168 600). Los empleadores también contribuyen con un 6.2% por cada empleado. Además, tanto los trabajadores como los empleadores pagan cada uno el 1.45% de *todos* los ingresos para el Fondo Fiduciario del Seguro Hospitalario de Medicare. A partir de enero de 2024, las personas que ganan más de $200 000 ($250 000 para parejas casadas que presentan una declaración conjunta) pagan un 0.9% adicional en impuestos de Medicare.

INFORMACIÓN TÉCNICA

Si eres trabajador por cuenta propia, eres responsable tanto de la parte del empleado como del empleador, que suma un total del 12.4% para el Seguro Social y el 2.9% para Medicare. Este impuesto se llama «SECA», que significa Ley de Contribuciones de Trabajo por Cuenta Propia.

La mayoría de los trabajadores pagan impuestos de Seguro Social sobre todos sus ingresos porque no exceden el límite. Más de la mitad, posiblemente hasta tres cuartas partes, de los hogares de EE.UU. pagan más en impuestos de Seguro Social que en impuestos federales sobre el ingreso. Aunque a nadie le gusta pagar impuestos, muchas personas aceptan el impuesto de Seguro Social porque les proporciona beneficios esenciales.

A dónde va tu dinero

Los impuestos que pagas durante tus años de trabajo financian beneficios para jubilados y otros beneficiarios que ya no están trabajando. Este sistema se conoce como "sistema de reparto". Imagina esto como una tubería que transfiere dinero de los trabajadores actuales a los beneficiarios actuales.

Cómo se utilizan los impuestos sobre tu salario

Las contribuciones de impuestos sobre tu salario a menudo se malinterpretan y están sujetas a varios rumores. Aquí están los hechos: el impuesto sobre el salario del Seguro Social que se deduce de tus ganancias se deposita en dos cuentas del Tesoro de EE.UU. para financiar beneficios. Aproximadamente el 85% del dinero va al Fondo Fiduciario del Seguro para Adultos Mayores y Sobrevivientes, mientras que el resto va al Fondo Fiduciario del Seguro por Incapacidad. Estos fondos fiduciarios combinados tenían activos de poco más de $2,8 billones a finales de 2022.

Inversión de los ingresos fiscales excedentes

Cualquier ingreso fiscal que exceda la cantidad necesaria para pagar beneficios se invierte en valores especiales del Tesoro. Históricamente, estos bonos han proporcionado ingresos adicionales para el Seguro Social. Los críticos argumentan que los fondos fiduciarios podrían estar en riesgo si el Tesoro no cumple con sus préstamos. Sin embargo, estos bonos están respaldados por la plena fe y crédito del gobierno de EE.UU., lo cual sigue siendo una inversión confiable en todo el mundo.

Fuentes adicionales de ingresos para el Seguro Social

Aunque la mayor parte de los ingresos del Seguro Social proviene de los impuestos sobre el salario, una porción más pequeña proviene de intereses y algunos ingresos fiscales pagados por personas adineradas sobre sus beneficios del Seguro Social. Consulta el Capítulo 13 para una discusión sobre los impuestos sobre el ingreso y el Seguro Social.

Aprovecha al máximo tus beneficios del Seguro Social

CONSEJO

Los trabajadores de hoy necesitan maximizar su seguridad de jubilación y, para la mayoría de las personas, el Seguro Social es la piedra angular. Aquí tienes algunos pasos para optimizar tus beneficios del Seguro Social:

- **Infórmate sobre el programa.** Al leer este libro, ya estás avanzando. En el Apéndice B, encontrarás recursos adicionales sobre el Seguro Social y otros temas de jubilación.
- **Considera cuándo reclamar los beneficios.** Retrasar tu reclamo puede aumentar el monto de tu beneficio. Este tema se explora en detalle en el Capítulo 3. Para más información, visita `www.ssa.gov/pubs/10147.html`.

» **Integra el Seguro Social en una estrategia de jubilación más amplia**
Ve el beneficio garantizado del Seguro Social como la base de tu plan de jubilación. Evalúa tus activos y hábitos de gasto. Los jóvenes tienen más tiempo para planificar, pero los trabajadores mayores también pueden tomar medidas para mejorar sus finanzas. Considera retrasar la jubilación y trabajar más tiempo, incluso a tiempo parcial, para extender tus activos.

Ponte en contacto con la Administración del Seguro Social

La Administración del Seguro Social (SSA) tiene como objetivo asegurarse de que recibas la cantidad correcta de beneficios según la ley. Aunque esto a veces puede ser complejo, puede ser necesario contactar a la SSA para resolver tu caso.

La SSA administra varios programas:

» **Seguro Social:** cubre beneficios de jubilación, para sobrevivientes y por incapacidad.

» **Seguridad de Ingreso Suplementario (SSI):** proporciona beneficios mensuales a personas con ingresos y recursos limitados que son ciegas, tienen 65 años o más, o tienen una discapacidad calificada. Los niños con discapacidades o que son ciegos también pueden calificar.

» **Solicitudes de Medicare:** maneja las solicitudes y deducciones de beneficios para las primas de Medicare (aunque el programa de Medicare en sí es administrado por los Centros de Servicios de Medicare y Medicaid).

Es tanta información, reglas y tecnicismos para tener en cuenta que puede resultar confuso. Sin embargo, el conocimiento es poder cuando se trata de la burocracia. Es crucial entender las reglas de tu situación personal. Te explico cómo solicitar beneficios en el Capítulo 5 y cómo navegar por la burocracia del Seguro Social en el Capítulo 7.

Contacta a la SSA

Puedes contactar a la SSA a través de varios métodos:

» **Oficinas locales:** hay alrededor de 1230 oficinas locales de la SSA en EE.UU. Para encontrar la más cercana, visita `www.ssa.gov/locator` e ingresa tu código postal. Si no tienes acceso a Internet, consulta tu guía telefónica local o llama a la SSA para obtener la dirección.

- **Teléfono:** llama gratis al 800-772-1213 (TTY 800-325-0778) de lunes a viernes, de 7 a. m. a 7 p. m.
- **En línea:** visita el sitio web de la SSA en www.ssa.gov para obtener información sobre beneficios, reglas, formularios y para iniciar solicitudes de ciertos beneficios, incluida la jubilación.

Las oficinas locales están abiertas al público de 9 a. m. a 4 p. m., de lunes a viernes.

CONSEJO

Para ahorrar tiempo al tratar con la SSA, ten en cuenta lo siguiente:

- **Momento:** los tiempos de espera son más largos a principios de mes y a principios de semana.
- **Citas:** llama al número gratuito para hacer una cita en una oficina local y reducir el tiempo de espera.

EN ESTE CAPÍTULO

» **Obtén beneficios de jubilación del Seguro Social**

» **Sobrevive a la muerte de un ser querido con la ayuda del Seguro Social**

» **Confía en el Seguro Social cuando no puedas trabajar**

» **Mira cómo el Seguro Social protege a los más pobres**

Capítulo **2**

Un desglose de beneficios

Las discusiones sobre el Seguro Social en las noticias a menudo se centran en la política. Aunque los debates políticos son importantes, pueden parecer distantes de los beneficios principales que el Seguro Social te proporciona a ti y a tus seres queridos. Muchas personas no son conscientes de la amplitud de lo que están pagando con el Seguro Social.

En este capítulo describo los principales beneficios del Seguro Social: cobertura de jubilación para jubilados y sus familiares dependientes, protecciones para miembros sobrevivientes de la familia cuando un ser querido fallece y cobertura por incapacidad para trabajadores con incapacidades y sus dependientes. Además, explico el programa de Seguridad de Ingreso Suplementario (SSI) para personas con ingresos muy bajos, que también es gestionado por la Administración del Seguro Social (SSA).

Aunque los beneficios del Seguro Social abordan diferentes necesidades, todos tienen como objetivo ayudar a las personas y sus familias a cumplir con las necesidades básicas de supervivencia. En este capítulo explico cómo estos beneficios se aplican a ti.

Seguridad en la vejez: beneficios de jubilación

Los beneficios de jubilación se establecieron para ayudar a los estadounidenses mayores a vivir con dignidad e independencia después de años de trabajo. Para calificar, necesitas cumplir con requisitos específicos de ingresos, que generalmente son alcanzables para la mayoría de las personas sanas que han trabajado durante varios años. Sin embargo, interrupciones en los ingresos, como la crianza de los hijos, el cuidado de familiares o el desempleo a largo plazo, pueden reducir tus beneficios.

Estos beneficios se diseñaron para reemplazar solo una parte de tus ingresos ganados, que coincide con el objetivo del Seguro Social de proporcionar una base que puedas complementar con ahorros personales, inversiones y otras fuentes de ingresos.

En esta sección explico quién califica para los beneficios de jubilación del Seguro Social y cuándo, cómo calificas a través de créditos de trabajo, razones por las que podrías no calificar y la cantidad que puedes esperar recibir.

Quién califica y cuándo

Los jubilados pueden comenzar a recibir beneficios a los 62 años. La elegibilidad comienza el primer mes completo después de tu cumpleaños número 62. Por ejemplo, si cumples 62 años el 19 de julio, te vuelves elegible el 1 de agosto, y el primer pago llega en septiembre debido a un retraso de un mes.

No estás obligado a tomar los beneficios a los 62 años. Retrasar los beneficios aumenta tu pago mensual hasta que alcances los 70 años, después de lo cual un retraso adicional no ofrece beneficios adicionales.

Si calificas para beneficios de jubilación, el Seguro Social también puede proporcionar beneficios a ciertos miembros de la familia sin reducir tus propios beneficios:

- **Cónyuge de 62 años o más:** cuando comienzas a cobrar beneficios de jubilación, un cónyuge que tenga 62 años o más también puede calificar para beneficios.
- **Cónyuge de cualquier edad que cuida a un hijo dependiente:** un cónyuge puede recibir beneficios según tu historial laboral si cuida a un hijo que depende de ti y tiene menos de 16 años o tiene alguna discapacidad.

La SSA sigue las pautas estatales para reconocer matrimonios de hecho y reconoce matrimonios del mismo sexo en todos los estados. Algunas relaciones no matrimoniales también son reconocidas para propósitos del Seguro Social, Medicare y Seguridad de Ingreso Suplementario (SSI). Consulta la sección "Cuando la necesidad es grande: Seguridad de Ingreso Suplementario", que se encuentra en este capítulo, para obtener más información sobre este programa.

- **Hijos:** tus hijos pueden calificar para beneficios si estás cobrando beneficios de jubilación o por incapacidad. Para que sean elegibles, deben estar en alguna de las siguientes categorías:
  - Solteros menores de 18 años;
  - Estudiantes a tiempo completo hasta los 19 años que no hayan completado la escuela secundaria y no estén casados;
  - Mayores de 18 años que tengan una incapacidad grave que haya comenzado antes de los 22 años.

Las definiciones de *padre* e *hijo* de la SSA son inclusivas, pero a veces pueden ser disputadas. Los hijos adoptivos y los hijastros también pueden calificar. En el Capítulo 10 brindo más información.

- **Nietos:** si un nieto depende económicamente de ti y no recibe apoyo de sus padres (en caso de muerte o por incapacidad de ambos padres), puede calificar para beneficios en base a tu historial laboral.
- **Excónyuge:** un excónyuge puede recibir beneficios si:
  - Estuvieron casados por al menos diez años;
  - Se divorciaron hace al menos dos años, tu ex tiene 62 años o más y no reclamó sus beneficios;
  - Tu ex tiene 62 años o más, no se volvió a casar y no es elegible para un beneficio mayor en otro historial laboral. (Además, si un excónyuge se vuelve a casar antes de cumplir 60 años pero se separa, puede calificar para beneficios en el historial de su pareja anterior).

Nota: si un excónyuge cobra beneficios en base a tu historial laboral, no reduce los beneficios que tú o tu cónyuge actual reciben. Esto se mantiene incluso si varios excónyuges califican.

Cómo calificas

Según las reglas, ganas *créditos* hacia la elegibilidad al ganar una cierta cantidad de dinero. La mayoría de los trabajadores acumulan los créditos necesarios sin mucho esfuerzo. En general, se requieren 40 créditos, que puedes lograr en diez años de empleo cubierto. Por *empleo cubierto*, me refiero a un trabajo donde tanto tú como tu empleador pagan impuestos del Seguro Social. (Si eres trabajador por cuenta propia, debes cubrir tanto la parte del empleador como la del empleado. Hoy en día, casi todos los trabajos están cubiertos).

INFORMACIÓN TÉCNICA

En 2024, el Seguro Social otorga un crédito por cada $1730 en ganancias, con un máximo de cuatro créditos por año. Esta cantidad generalmente aumenta todos los años para reflejar el crecimiento salarial. Por ejemplo, si ganas $6920 en 2024, recibes cuatro créditos ($1730 × 4 = $6920). Incluso si ganas $100 000 en 2024, aún recibes solo cuatro créditos, ya que este es el máximo anual independientemente de tus ganancias totales.

Cuánto recibes

Necesitas 40 créditos para calificar para los beneficios, pero esto no determina la cantidad de pago para ti o tus dependientes. La SSA calcula tu beneficio en base a tus ingresos de toda la vida, específicamente los 35 años mejor pagados en los que pagaste impuestos del Seguro Social. Estos 35 años no necesitan ser consecutivos ni los más recientes. Si tienes menos de 35 años de ingresos, la SSA añade ceros a la fórmula hasta alcanzar los 35 años, lo cual puede afectar tu beneficio según tu historial de ingresos.

Ingresos más altos a lo largo de tu carrera resultan en un beneficio mayor. Los trabajadores que pagaron más impuestos durante sus carreras reciben pagos mensuales más grandes del Seguro Social. Sin embargo, la fórmula de beneficios se ajusta para dar a los que ganan menos una mayor proporción de sus salarios de trabajo en la jubilación en comparación con los que ganan más.

Los beneficios del Seguro Social se ajustan todos los años debido a los aumentos en el costo de vida para ayudar a los jubilados a mantenerse al día con la inflación. Aunque el Congreso puede debatir para cambiar la fórmula del costo de vida, la protección contra la inflación sigue siendo una característica crucial y popular del Seguro Social.

RECUERDA

Varios factores afectan la cantidad de tu beneficio:

- **Edad en la que comienzas a cobrar los beneficios:** puedes comenzar a recibir beneficios a partir de los 62 años, pero tu pago será mayor si esperas hasta los 70 años. (Consulta el Capítulo 3 para obtener más información sobre cuándo comenzar a recibir los beneficios de jubilación).
- **Trabajos no cubiertos por el Seguro Social:** tu beneficio puede reducirse si trabajaste en empleos no cubiertos por el Seguro Social, lo que es común entre los trabajadores de gobierno estatales y locales.

» **Trabajar mientras cobras beneficios:** si ganas por encima de cierta cantidad mientras recibes beneficios y no has alcanzado la edad plena de jubilación (que hoy en día es de 67 años para las personas nacidas en 1960 o después), el Seguro Social puede retener una parte de tus beneficios. Consulta el Capítulo 13 para obtener detalles sobre cómo los ingresos afectan los beneficios.

RECUERDA

Si tienes 65 años o más y estás inscrito en Medicare, el Seguro Social también deduce dinero de tu beneficio de jubilación para la cobertura de este programa. La prima mensual para la Parte B de Medicare, que cubre a los médicos y algunos otros servicios, se deduce automáticamente. En 2024, la prima estándar de la Parte B es de $174,70. En general, tanto las primas como la deducción de Medicare aumentan con la inflación.

En las siguientes secciones te explicaré cómo calcular tu beneficio y cuánto es posible que tu cónyuge e hijos reciban en base a tu historial laboral.

Calcula tu beneficio de jubilación

El beneficio mensual promedio de jubilación en 2024 es de aproximadamente $1907, aunque esta cantidad varía. Los trabajadores con salarios más altos que comienzan a recibir beneficios en la edad plena de jubilación y que han pagado consistentemente las cantidades máximas imponibles a lo largo de sus carreras reciben aproximadamente el doble de esa cantidad ($3822). Si esperas más de la edad plena de jubilación, tus beneficios aumentarán significativamente.

CONSEJO

Para calcular tu beneficio de jubilación puedes utilizar la Calculadora Rápida del Seguro Social (`www.ssa.gov/oact/quickcalc`) o la Calculadora de beneficios por jubilación (`www.ssa.gov/estimator`). Consulta el Capítulo 6 para más información sobre las calculadoras del Seguro Social y para obtener una estimación de tus beneficios luego de crearte una cuenta en `www.ssa.gov/myaccount/`.

RECUERDA

Asegúrate de que los registros de tu empleador coincidan con los del Seguro Social. Cada año, tu empleador envía una copia de tu Formulario W-2 al Seguro Social, que usa el nombre y número en el formulario para acreditar tu historial de ingresos. Este registro determina tu elegibilidad y el monto de tu beneficio. Las discrepancias entre los registros de tu empleador y el Seguro Social pueden costarte dinero, por lo que es importante verificar y corregir cualquier error. Si tus registros laborales o ingresos reportados son incorrectos, informa a tu empleador. También puedes contactarte con la SSA (Capítulo 1) para corregir errores en tu tarjeta del Seguro Social.

Si eres trabajador por cuenta propia, tienes 3 años, 3 meses y 15 días desde el final del año en el que ganaste dinero para corregir cualquier error en tu historial de ingresos. De lo contrario, los registros de ingresos pueden corregirse en cualquier momento si hay evidencia suficiente de salarios. Si no reportas los errores a la SSA dentro de este período, es posible que no se corrijan.

Los empleadores son los responsables de señalar errores en el Formulario W-2 a la SSA. Si tu empleador se niega, contacta al Servicio de Impuestos Internos (IRS) al 800-829-1040.

Cubrir a tu cónyuge e hijos con beneficios de jubilación

Los beneficios del Seguro Social para cónyuges son cruciales para la estabilidad financiera de los hogares de adultos mayores. Un cónyuge puede recibir hasta la mitad del beneficio completo proporcionado al principal beneficiario jubilado.

Los cónyuges pueden calificar para beneficios a los 62 años, pero estos beneficios se reducen por cada mes que se reclaman antes de alcanzar la edad plena de jubilación. Si un cónyuge reclama beneficios a los 62 años y la edad plena de jubilación es 67 años, la cantidad recibida es del 32.5% del beneficio completo del principal beneficiario. Esperar hasta la edad plena de jubilación resulta en un beneficio del 50% del pago completo del principal beneficiario.

Una excepción importante es cuando el cónyuge cuida a un hijo que califica para beneficios. En este caso, el cónyuge recibe el 50% del pago completo del principal beneficiario sin importar la edad del cónyuge. Para obtener más detalles sobre los beneficios para los cónyuges, incluidos aquellos en base al propio historial laboral del cónyuge, consulta el Capítulo 9.

La reducción por cobros anticipados de los beneficios para cónyuges funciona de la siguiente manera: los beneficios se reducen en 25/36 del 1% por cada mes reclamado antes de la edad plena de jubilación, hasta 36 meses. Si un cónyuge reclama los beneficios más de 36 meses antes de la edad plena de jubilación, el beneficio se reduce adicionalmente en 5/12 del 1% por mes.

Por ejemplo, Max se jubila a los 67 años y recibe un beneficio de jubilación completo de $1600 por mes. Su esposa, Olivia, que tiene 64 años, califica para un beneficio para cónyuges de $800 si espera hasta su edad plena de jubilación de 67 años. Si Olivia reclama el beneficio ahora, se reduce en un 25% y queda en $600. (A diferencia de los beneficios básicos de jubilación que aumentan hasta alcanzar los 70 años, los beneficios para cónyuges no aumentan después de alcanzar la edad plena de jubilación).

CONSEJO

El Seguro Social proporciona una calculadora en línea para determinar el porcentaje del beneficio del principal beneficiario que un cónyuge recibirá según la edad en que comiencen a cobrar. Visita `www.ssa.gov/oact/quickcalc/spouse.html` para usar esta herramienta.

Los hijos dependientes también pueden recibir beneficios si mueres, te jubilas o te incapacitas. Si un padre mayor comienza a cobrar el Seguro Social mientras su hijo aún es lo suficientemente joven para calificar, el hijo puede recibir hasta la mitad del beneficio del padre (75% si el padre muere).

El Seguro Social no distingue entre hijos biológicos, adoptados e hijastros. Los nietos dependientes también pueden calificar. (Para obtener más detalles sobre beneficios para hijos y familias, consulta el Capítulo 10.)

Por ejemplo, Johnny, un abogado especializado en valores, está casado con una mujer mucho más joven. Cuando Johnny cumple 60 años, su esposa Larissa, de 30, da a luz a su hija Janniva. Johnny se jubila a los 67 años y reclama un beneficio del Seguro Social de $2466. Janniva califica para un beneficio para hijos de $1233 hasta que cumpla 18 años. Si Johnny muere a los 67 años, Larissa, como una joven viuda cuidando a un hijo dependiente, recibe $1850 por mes. La SSA aplica diferentes límites de tiempo a algunos beneficios familiares que involucran a hijos. En este caso, el beneficio de Larissa como madre de Janniva terminará cuando Janniva cumpla 16 años.

Sobrevivir a la pérdida del sostén principal de la familia

El Seguro Social ofrece más que solo beneficios de jubilación; también proporciona protección financiera para las familias cuando fallece el principal sostén económico. Piensa en estas protecciones como un seguro de vida que ayuda a las familias después de perder su fuente principal de ingresos. El Seguro Social paga beneficios a alrededor de 2 millones de niños cuyos padres han fallecido, así como a casi 4 millones de viudas, viudos y padres ancianos que dependían del trabajador fallecido para su sustento financiero.

Los beneficios para sobrevivientes pueden ser mayores que los beneficios de los dependientes de un jubilado vivo. Cuando hay múltiples beneficiarios involucrados, puede aplicarse un límite máximo familiar, que limita los pagos a alrededor del 150% al 180% de la cantidad principal del seguro del trabajador fallecido.

Cuando se alcanza este límite, los beneficios para los dependientes se reducen proporcionalmente.

En esta sección explico quién califica para los beneficios para sobrevivientes y cómo el sostén principal de la familia puede ganar estos beneficios antes de morir.

CONSEJO

Además de los pagos regulares y recurrentes de beneficios (que analizamos en esta sección), el Seguro Social proporciona un *pago global por fallecimiento* de $255. En general, este pago va al cónyuge sobreviviente después de que se informa la muerte a la SSA. Si el cónyuge no vivía con el fallecido, aún debe ser elegible para beneficios en base al historial de ganancias del cónyuge fallecido para recibir el pago. Si no hay cónyuge sobreviviente, el pago puede ir a un hijo, siempre y cuando el hijo califique para beneficios en base al historial del padre fallecido al momento de la muerte.

Quién califica

Los beneficios para sobrevivientes brindan apoyo a largo plazo a las familias después de la muerte del principal proveedor. Estos beneficios pueden asistir a niños en crecimiento, cónyuges sobrevivientes y, a veces, a padres mayores. Los siguientes familiares comúnmente califican para los beneficios para sobrevivientes del Seguro Social:

- **Viudas y viudos sin hijos pequeños:** estas personas pueden comenzar a recibir beneficios desde los 60 años, aunque a un nivel reducido. Los sobrevivientes viudos con incapacidades pueden empezar a recibir beneficios a los 50 años.
- **Viudas y viudos que crían al hijo del trabajador fallecido menor de 16 años:** en estos casos, el padre sobreviviente puede tener cualquier edad.
- **Niños:** para calificar, los niños deben ser menores de 18 años o tener hasta 19 años si son estudiantes a tiempo completo que aún no se han graduado de la escuela secundaria y están solteros. Los niños con discapacidades califican a cualquier edad si tienen una incapacidad desde antes de los 22 años. Los beneficios también pueden extenderse a hijastros, nietos y nietos por matrimonio.
- **Padres:** los padres sobrevivientes califican si dependían del trabajador para al menos la mitad de su apoyo financiero.
- **Cónyuges divorciados:** los excónyuges pueden calificar para beneficios para sobrevivientes si el matrimonio duró al menos diez años y no se volvieron a casar antes de los 60 años.

Cuánto recibes

La cantidad de beneficios por supervivencia que recibes depende de tu situación específica. En las siguientes secciones describo las principales categorías de sobrevivientes para que puedas entender qué ocurrirá contigo y tu familia.

Cónyuges sobrevivientes

Para calificar para los beneficios para sobrevivientes, los cónyuges deben haber estado casados por nueve meses. Hay excepciones a esta regla si la viuda o el viudo es el padre del hijo del trabajador fallecido o si el sostén de la familia muere en un accidente o mientras servía en un servicio uniformado.

Los cónyuges sobrevivientes que esperan hasta la edad plena de jubilación pueden recibir hasta el 100% del monto del beneficio de la pareja fallecida. Los beneficios pueden recibirse a partir de los 60 años, pero se reducen por cada mes que se recibió antes de la edad plena de jubilación, lo que resulta en diferencias financieras significativas con el tiempo.

INFORMACIÓN TÉCNICA

Para viudas y viudos, la tasa de reducción para aquellos con una edad plena de jubilación de 67 años es 19/56 del 1% por mes. Esta reducción se calcula desde el momento en que comienzan los beneficios hasta que se alcanza la edad plena de jubilación.

Los solicitantes viudos deben firmar el Formulario SSA-4111, que detalla que se reducirán los beneficios tomados antes de la edad plena de jubilación. El formulario está disponible en `www.ssa.gov/forms/ssa-4111.pdf`.

Nota: la edad plena de jubilación para los beneficios para sobrevivientes puede diferir de la de los trabajadores y cónyuges, según la fecha de nacimiento. La edad plena de jubilación es de 67 años tanto para los sobrevivientes nacidos en 1962 o después como para los trabajadores y cónyuges nacidos en 1960 o después.

Además, los montos de los beneficios para viudas y viudos dependen de si el fallecido había comenzado a recibir beneficios del Seguro Social:

» **Si el fallecido no había comenzado a recibir beneficios**, el cónyuge sobreviviente puede recibir el 100% del beneficio completo de jubilación del fallecido (es decir, la cantidad de seguro primario [PIA, por sus siglas en inglés]), según lo calculado por el Seguro Social.

» **Si el fallecido había comenzado a recibir beneficios**, el sobreviviente recibe el menor de los siguientes:

- El beneficio en base al 100% de la PIA del fallecido, reducido por los meses tomados antes de la edad plena de jubilación del sobreviviente
- El monto mayor que El monto mayor que recibía el fallecido o el 82.5% de la PIA del fallecido

CONSEJO

La muerte de un cónyuge de mayores ingresos puede resultar en beneficios más altos para el sobreviviente, incluso si ya están recibiendo beneficios de jubilación. Cuando el cónyuge muere, el sobreviviente debe informar a la SSA que recibe beneficios en base a su historial laboral. La SSA verificará si el monto del beneficio debe aumentarse debido a las protecciones para sobrevivientes. Si es así, la SSA proporciona un beneficio combinado: el beneficio de jubilación y una cantidad extra. Así, el total equivale al beneficio completo para sobrevivientes según el historial laboral del cónyuge fallecido

¿Qué ocurre si eres un sobreviviente con tu propio historial de ingresos? En estos casos dependerá de si ya comenzaste a obtener beneficios de jubilación:

» **Si no has comenzado a recibir tus propios beneficios de jubilación:** puedes recibir beneficios para sobrevivientes, lo que permite que tus beneficios de jubilación aumenten. Más adelante, puedes cambiar a tu propio beneficio si supera el beneficio para sobrevivientes. La SSA no permite que reclames ambos beneficios ni tampoco sumarlos. Estas reglas pueden ser confusas, así que consulta con un representante del Seguro Social para que te ayude.

» **Si ya estás recibiendo beneficios de jubilación:** Si el beneficio de sobrevivencia al que ahora calificas es mayor que el beneficio de jubilación que ya estás recibiendo, la SSA agregará un monto a tu beneficio de jubilación, creando un beneficio combinado equivalente al beneficio por sobrevivencia más alto. Si el beneficio para sobrevivientes es menor, tu beneficio de jubilación permanece sin cambios.

Ejemplo: Beverly, una ejecutiva de relaciones públicas, ganaba más que su esposo Marvin, un maestro de secundaria. Cuando Marvin murió a los 67 años, recibía $1400 por mes en beneficios de jubilación. Beverly, de 62 años, era elegible para un beneficio reducido de viuda de $1115,24. Ella cobró este beneficio durante varios años, lo que permitió que su propio beneficio de jubilación aumentara. A los 70 años, su beneficio de jubilación diferida aumentó a $2852 por mes. Si Beverly hubiera comenzado a recibir su beneficio de jubilación cuando Marvin murió, habría continuado recibiendo su propio beneficio, ya que era mayor que el beneficio para sobrevivientes.

ADVERTENCIA

Volverse a casar puede afectar los beneficios para sobrevivientes, según la edad de la persona. Si la viuda o el viudo se vuelve a casar antes de los 60 años, los beneficios pueden terminar (aunque los beneficios para los hijos sobrevivientes continúan). Las viudas que se vuelven a casar pueden calificar para beneficios en base al historial de ingresos de su nuevo cónyuge a los 62 años.

Cónyuges divorciados sobrevivientes

Los cónyuges divorciados pueden calificar para beneficios para sobrevivientes similares a los de una viuda o viudo si el matrimonio duró al menos diez años. Este requisito de diez años se anula si el cónyuge divorciado está cuidando al hijo del padre fallecido que tiene menos de 16 años o tiene una discapacidad. Sin embargo, los cónyuges divorciados pierden los beneficios para sobrevivientes si se vuelven a casar antes de los 60 años.

Hijos menores de 16 años sobrevivientes

Los beneficios para sobrevivientes del Seguro Social ofrecen un apoyo esencial para las familias con niños. Cuando una viuda o un viudo cría al hijo del trabajador fallecido, la edad del padre no es relevante para la SSA. Tanto el padre sobreviviente como el hijo pueden recibir beneficios.

Por ejemplo: Brandon y Samantha nacieron en la época de la posguerra y se reencuentran en su reunión de 40 años de la escuela secundaria. Brandon, de 58 años, tiene un hijo de 12 años, Tyler, de un matrimonio anterior. Samantha, de 57 años, no tiene hijos. Después de casarse rápidamente, Brandon y Samantha disfrutan de una buena vida. Brandon gana $100 000 por año como gerente de contratos en una empresa aeroespacial, mientras que Samantha trabaja a tiempo parcial en el centro comercial. Trágicamente, Brandon muere en un accidente automovilístico tres años después. Tras su muerte, tanto Samantha como Tyler califican para beneficios para sobrevivientes de aproximadamente $1570 por mes. Aunque el beneficio de Samantha aumentaría a unos $2090 cuando alcance su edad plena de jubilación, ella no puede permitirse esperar. Estos beneficios los ayudan a manejarse financieramente en su hogar hasta que Tyler se gradúe de la escuela secundaria y comience la universidad.

Padres sobrevivientes

Los padres mayores de un sostén de familia fallecido pueden calificar para beneficios para sobrevivientes. Para ser elegibles, deben tener al menos 62 años y demostrar que dependían de su hijo para al menos la mitad de su apoyo financiero. Además, no deben ser elegibles para sus propios beneficios del Seguro Social que excedan los beneficios para sobrevivientes.

Si ambos padres califican, cada uno puede recibir el 75% del beneficio básico del hijo fallecido. Si solo uno de los padres sobrevive, puede recibir el 82.5%.

Sobrevivientes con incapacidades

Se aplican reglas especiales a los sobrevivientes con incapacidades, lo que les permite recibir beneficios a una edad más temprana que las viudas saludables sin hijos dependientes. Las viudas y viudos con incapacidades pueden comenzar a cobrar beneficios para sobrevivientes a partir de los 50 años. Sin embargo, estos pagos se reducen en un 28.5% en comparación con lo que recibirían si esperaran hasta la edad plena de jubilación.

Cómo se obtienen los beneficios

Para que los miembros de la familia reciban beneficios para sobrevivientes, el trabajador fallecido debe haber acumulado créditos según su historial laboral. Los requisitos son diferentes a los de los beneficios de jubilación y dependen de la edad del trabajador.

Por ejemplo, los trabajadores en sus 20 años pueden calificar para beneficios para sobrevivientes con solo seis créditos, lo que equivale a aproximadamente un año y medio de trabajo. Un trabajador de 40 años necesita 18 créditos, lo que es menos de cinco años de trabajo. Un trabajador de 62 años necesita 40 créditos. Existen disposiciones especiales que permiten que los trabajadores con hijos pequeños califiquen con solo seis créditos.

Los requisitos en dólares para ganar créditos para beneficios para sobrevivientes son los mismos que para los beneficios de jubilación: los trabajadores pueden ganar hasta cuatro créditos por año, y el monto del crédito, que aumenta con el tiempo, se estableció en $1730 en 2024.

Pagar tus cuentas cuando no puedes trabajar: beneficios por incapacidad

La incapacidad puede afectar gravemente las finanzas de una persona o familia. El Seguro Social ofrece varios beneficios por incapacidad, que tienen reglas de calificación complejas y a veces ambiguas, distintas de otras áreas del Seguro Social.

En esta sección se proporciona una breve descripción del Seguro por Incapacidad del Seguro Social (SSDI). Consulta el Capítulo 11 para una explicación detallada, incluido cómo la SSA define *incapacidad* y la evidencia médica necesaria para una reclamación.

CONSEJO

Si tienes una incapacidad, puedes solicitar beneficios de SSDI o de Seguridad de Ingreso Suplementario (SSI), un programa separado para personas con bajos ingresos (consulta "Cuando la necesidad es grande: Seguridad de Ingreso Suplementario").

INFORMACIÓN TÉCNICA

La SSA también administra un programa federal especial para mineros con enfermedad pulmonar del minero. Para obtener más información, descarga la publicación en `www.dol.gov/owcp/dcmwc/regs/compliance/cm-6.pdf` o visita `www.dol.gov/owcp/dcmwc/`.

Quién califica

Los familiares dependientes de un trabajador incapacitado pueden calificar para los beneficios por incapacidad del Seguro Social si cumplen con ciertos requisitos:

- **Trabajadores incapacitados:** deben haber acumulado los créditos necesarios a través de trabajos cubiertos y haber trabajado recientemente.
- **Cónyuges de trabajadores incapacitados:** deben estar cuidando a un hijo menor de 16 años o a un hijo con discapacidad de cualquier edad, o tener al menos 62 años.
- **Hijos de trabajadores incapacitados:** deben cumplir con uno de los siguientes criterios:
  - Menores de 18 años, solteros y que asisten a la escuela a tiempo completo
  - Hasta 19 años, solteros y que asisten a la escuela a tiempo completo, pero aún no se han graduado de la escuela secundaria
  - Adultos y con incapacidades pero menores de 22 años

Estos requisitos también aplican para los hijastros y nietos.

Cómo calificas

Calificar para SSDI es desafiante. Según la SSA, para recibir beneficios, una persona debe estar completamente incapacitada, es decir que no pueda trabajar, o tener una condición que podría ser fatal. Los beneficios por incapacidad pueden continuar hasta la edad plena de jubilación, momento en el cual se convierten en beneficios de jubilación.

Cuánto recibes

Los pagos de SSDI se basan en tus ingresos promedio de por vida. Puedes calificar con menos créditos de los que normalmente se requieren para los beneficios de jubilación:

» **Trabajadores menores de 24 años:** necesitas seis créditos obtenidos en los tres años antes de tu incapacidad. Puedes ganar hasta cuatro créditos por año por trabajo cubierto.

» **Trabajadores de 24 años a 31 años:** debes haber trabajado en un empleo cubierto por el Seguro Social durante el 50% del tiempo entre los 21 años y el inicio de tu incapacidad.

» **Trabajadores de 31 años en adelante:** los requisitos de crédito aumentan con la edad. A los 31 años, necesitas 20 créditos. Esto aumenta a 40 créditos para aquellos trabajadores de 41 años o más. En general, debes haber ganado 20 créditos en los diez años antes de tu incapacidad.

Si cumples con los requisitos para el seguro por incapacidad, puedes recibir un beneficio igual al 100% de tu cantidad de seguro primario, que es igual que tu beneficio de jubilación a la edad plena de jubilación. Es importante destacar que un beneficio por incapacidad no se reduce por edad.

El beneficio mensual promedio para un trabajador incapacitado es de más de $1550. Si tus ingresos fueron superiores al promedio, tu beneficio será mayor. Cuando alcances la edad plena de jubilación, tu beneficio por incapacidad se convierte automáticamente en un beneficio de jubilación sin cambiar el nivel de pago.

Los miembros de tu familia también pueden recibir beneficios cuando calificas para SSDI. Tu hijo dependiente y cónyuge pueden recibir pagos y proporcionar ingresos adicionales al hogar. El beneficio de un hijo puede ser el 50% del monto del sostén de la familia si el hijo tiene menos de 18 años (o hasta 19 años si aún está en la escuela secundaria y está soltero). Un cónyuge dependiente sin hijos puede recibir el 50% del beneficio del trabajador incapacitado si alcanzó la edad plena de jubilación o a los 62 años si es más joven. Si cuida al hijo del trabajador incapacitado, el cónyuge puede recibir el 50% del beneficio a cualquier edad. Ten en cuenta que múltiples beneficios del Seguro Social en un hogar pueden ser reducidos por el máximo familiar (consulte el Capítulo 10).

Cuando la necesidad es grande: Seguridad de Ingreso Suplementario

El programa de Seguridad de Ingreso Suplementario (SSI) proporciona pagos en efectivo a los estadounidenses más necesitados (aquellos que tienen 65 años o más, son ciegos o incapacitados) para ayudarlos a cubrir las necesidades básicas como alimentos, ropa y vivienda. El programa de SSI también ofrece beneficios por incapacidad para niños menores de 18 años.

Aunque la SSA administra el programa de SSI, no es un beneficio del Seguro Social. En cambio, la SSI es un programa de asistencia en efectivo en base a la necesidad financiera, a diferencia de los beneficios básicos del Seguro Social, incluidos los del SSDI.

Contribuyes a los programas del Seguro Social, incluido el SSDI, a través de impuestos sobre el salario y obtienes beneficios según los créditos de trabajo acumulados.

En contraste, la SSI se financia con impuestos generales. La elegibilidad no requiere créditos de trabajo o historial laboral, sino un nivel extremo de necesidad. Los límites de ingresos y activos son estrictos: para calificar para la SSI en la mayoría de los estados, las personas deben ganar menos de $943 al mes, y las parejas menos de $1415 al mes (a partir de 2024). Los *activos*, salvo la vivienda, no deben exceder los $2000 para una persona y $3000 para una pareja.

RECUERDA

Mientras que el Seguro Social sirve a personas de todos los niveles de ingresos, la SSI asiste específicamente a aquellos con ingresos muy bajos.

EN ESTE CAPÍTULO

» Reconoce que el momento en que reclamas tus beneficios afecta lo que recibes

» Ten en cuenta tu esperanza de vida

» Piensa en tu cónyuge

» Trabaja para una mayor seguridad

» Decide cuándo comenzar a cobrar

Capítulo 3

Decide cuándo comenzar a cobrar beneficios de jubilación

Muchas personas están ansiosas por comenzar a cobrar el Seguro Social tan pronto como pueden, a menudo debido a la insatisfacción con sus trabajos. Otros, que disfrutan de su trabajo, temen la idea de la jubilación. ¿En qué categoría te encuentras *tú*?

La decisión de cuándo comenzar a cobrar el Seguro Social es profundamente personal: dependerá de tus prioridades, necesidades, recursos financieros, salud y longevidad esperada. Esta decisión puede ser la elección financiera más importante de tu vida. Comenzar demasiado pronto puede costarte decenas de miles de dólares y puede afectarte más durante tus últimos años, cuando es demasiado tarde para cambiar de rumbo.

En este capítulo describo los factores clave a considerar para tomar una decisión informada. No hay una única respuesta correcta, pero mi objetivo es proporcionarte toda la información que necesitas para tomar la mejor decisión para tu situación.

Presta atención a tu edad plena de jubilación

Un factor crucial al decidir cuándo comenzar a cobrar el Seguro Social es tu *edad plena de jubilación*. La Administración del Seguro Social (SSA) ofrece un rango de años antes y después de esta edad, comenzando a los 62 años, para que comiences a recibir tus beneficios. En las siguientes secciones, aprenderás cómo determinar tu edad plena de jubilación según tu año de nacimiento y cómo influye en tu monto mensual de beneficios.

Determina tu edad plena de jubilación

Tu principal preocupación podría ser: ¿cuánto recibiré del Seguro Social? La respuesta varía. El primer paso es conocer tu edad plena de jubilación. Si cobras el Seguro Social *antes* de alcanzar esta edad, recibirás menos cada mes, potencialmente mucho menos, de por vida. Sin embargo, si lo cobras *después* de alcanzar tu edad plena de jubilación, recibirás más cada mes.

RECUERDA

El beneficio completo de jubilación es la cantidad que obtienes si esperas hasta tu edad plena de jubilación para empezar a cobrar. Sin embargo, este no es el beneficio máximo que puedes recibir. Al esperar hasta los 70 años, puedes recibir hasta un 24% más si tu edad plena de jubilación es 67 años. La SSA usa tu beneficio completo como una base para determinar la cantidad que tú y tus dependientes recibirán (consulta la siguiente sección para más detalles).

Puedes comenzar a cobrar los beneficios de jubilación a partir de los 62 años, y el último momento para empezar es a los 70 años. Tu edad plena de jubilación está en algún punto intermedio. La Tabla 3-1 muestra la edad plena de jubilación según el año de nacimiento.

TABLA 3-1 **Edad plena de jubilación según el año de nacimiento**

Año de nacimiento*	Edad plena de jubilación
1943–1954	66 años
1955	66 años y 2 meses
1956	66 años y 4 meses
1957	66 años y 6 meses
1958	66 años y 8 meses
1959	66 años y 10 meses
1960 en adelante	67 años

**Si naciste el 1 de enero, toma como referencia el año anterior. Es posible que la edad plena de jubilación sea diferente para los beneficios para sobrevivientes.*

Calcula tus beneficios mensuales de jubilación

Después de determinar tu edad plena de jubilación, puedes calcular tu beneficio mensual. A partir de enero de 2024, el beneficio promedio de jubilación es de $1907 por mes, pero esta cantidad puede ser mayor según tu historial de ingresos y la edad en la que comiences a cobrar los beneficios.

CONSEJO

Para obtener una estimación aproximada de tus beneficios de jubilación, utiliza una de las calculadoras en línea de la SSA: la Calculadora Rápida del Seguro Social en la página `www.ssa.gov/oact/quickcalc` o la Calculadora de beneficios por jubilación en la página `www.ssa.gov/estimator`. Estas herramientas proporcionan montos proyectados para jubilarse a varias edades, como a los 62 años, tu edad plena de jubilación o a los 70 años. Además, para obtener estimaciones personalizadas puedes usar la Calculadora del Seguro Social de AARP en la página `www.aarp.org/work/socialsecurity/social-security-benefits-calculator`. Consulta el Capítulo 6 para obtener más detalles sobre cómo calcular tus beneficios.

La Calculadora de beneficios por jubilación de la SSA puede darte una buena idea de tus beneficios del Seguro Social, si es que tus ingresos se mantienen estables hasta la jubilación. Si aún no lo has hecho, usa esta herramienta para comenzar a planificar tus ingresos de jubilación. En el Capítulo 14 te brindo más detalles sobre la planificación de la jubilación.

CONSEJO

Otra herramienta útil es la cuenta personal "*my* Social Security" de la Administración del Seguro Social a la que puedes inscribirte en www.ssa.gov/myaccount/. Esta cuenta proporciona cálculos de beneficios futuros para jubilación, sobrevivientes e incapacidad. Para más información sobre las cuentas "*my* Social Security", dirígete al Capítulo 7.

RECUERDA

Ten en cuenta que el Seguro Social es solo *una parte* de tu base financiera.

Como mencioné más arriba, retrasar los beneficios del Seguro Social más allá de tu edad plena de jubilación puede aumentar significativamente tus pagos mensuales. Por ejemplo, si naciste en 1965, tu pago mensual a los 62 años es un 30% menor que a los 67 años. Si esperas hasta los 70 años, el beneficio aumenta en un 24%.

Estas diferencias pueden acumularse con el tiempo. Observa el siguiente ejemplo:

> Elisa, que nació en 1965, usa la Calculadora Rápida de la SSA (www.ssa.gov/OACT/quickcalc/index.html) con sus ingresos de $160 000 del año pasado. Si espera hasta los 67 años, recibirá alrededor de $3437 por mes. Si espera hasta los 70 años, recibirá alrededor de $4357 por mes. Si comienza a los 62 años, su beneficio es de $2322 por mes.
>
> Elisa calcula sus beneficios totales si vive hasta los 90 años:
>
> Si reclama sus beneficios a los 62 años, obtendrá $780 192 (336 meses × $2322)
>
> Si reclama sus beneficios a los 67 años, obtendrá $948 612 (276 meses × $3437)
>
> Si reclama sus beneficios a los 70 años, obtendrá $1 045 680 (240 meses × $4357)
>
> La diferencia entre reclamar los beneficios a los 62 años y a los 70 años es de $265 488 para Elisa.

CONSEJO

Retrasar los beneficios más allá de tu edad plena de jubilación puede ser especialmente beneficioso para las personas nacidas en la época de la posguerra y sus hijos de la Generación X. Para las personas que nacieron en 1943 o más adelante, el beneficio de jubilación aumenta en un 8% por año (o ⅔ de 1% por mes) por cada año que retrasen la reclamación, hasta los 70 años.

Examina la esperanza de vida cuando reclamas beneficios

La SSA tiene en cuenta la longevidad promedio al determinar cuánto reducir los beneficios si se reclaman temprano. Sin embargo, esto puede variar significativamente, lo que hace que tu decisión de cuándo reclamar tus beneficios sea crucial.

Predecir tu esperanza de vida exacta es imposible. Considera las edades de tus padres al morir y tu propia salud, incluida cualquier condición crónica que pueda acortar tu vida.

Puedes estimar tu esperanza de vida utilizando herramientas en línea. Visita www.livingto100.com y haz clic en "Take the Calculator" o prueba el Test de longevidad en www.bluezones.com. La Calculadora de longevidad, desarrollada por la Academia Americana de Actuarios y la Sociedad de Actuarios, proporciona estimaciones según diferentes edades de jubilación. Para conocer más, visita www.longevityillustrator.org.

En las secciones siguientes explico dos temas: realizar un análisis de equilibrio y gestionar la posibilidad de vivir más allá de tu esperanza de vida proyectada. Estos conceptos son más simples de lo que podrían parecer.

Realiza un análisis de punto de equilibrio: el beneficio de diferentes fechas de jubilación

Un *análisis de punto de equilibrio* compara tus beneficios totales del Seguro Social a lo largo de tu vida si eliges diferentes fechas de jubilación. Ayuda a calcular el beneficio de jubilarse antes (con pagos reducidos) frente a jubilarse después (con pagos más altos). Este método enfrenta críticas, ya que puede resultar en una decisión costosa si vives más tiempo del esperado. Factores como tu salud y recursos financieros también deben influir en tu decisión sobre cuándo reclamar los beneficios de jubilación.

Muchas personas están preocupadas por los beneficios del Seguro Social que recibirán a lo largo de su vida. En general, si mueres antes de alcanzar la edad de equilibrio y comenzaste a recibir beneficios temprano, sales ganando. De igual manera, si vives más allá de la edad de equilibrio y comenzaste los beneficios más tarde, también sales ganando debido a los pagos acumulativos. Por el contrario, pierdes si mueres antes de alcanzar la edad de equilibrio, después de haber comenzado con beneficios más grandes más tarde; o si mueres después de la edad de equilibrio tras haber comenzado con beneficios más pequeños antes.

El enfoque de punto de equilibrio es una herramienta frecuente, que brinda diferentes perspectivas, y está recomendada por los planificadores financieros. Sin embargo, es solo una consideración. Si priorizas cómo se suman tus beneficios a lo largo de tu vida, puedes darle más peso al cálculo de punto de equilibrio. En cambio, si priorizas tener un beneficio mensual más grande, puedes preferir retrasar tu reclamo del Seguro Social.

CONSEJO

Tu edad de equilibrio varía según tu historial de ingresos y fecha de nacimiento, pero calcularla no es difícil. Aquí tienes cómo comparar los resultados a lo largo de tu vida si comienzas los beneficios a los 62 años frente a tu edad plena de jubilación:

1. **Determina tu edad plena de jubilación** (consulta la Tabla 3-1).

   Por ejemplo, digamos que tu edad plena de jubilación es 67 años.

2. **Determina tu beneficio completo de jubilación** a esa edad en la página `www.ssa.gov/estimator`.

   Por ejemplo, digamos que tu beneficio completo de jubilación a los 67 años es $1500 por mes.

3. **Determina tu beneficio a los 62 años** usando la misma página `www.ssa.gov/estimator`.

   En este ejemplo, si reclamas beneficios a los 62 años, tu pago mensual es $1050.

4. **Calcula tu beneficio total desde los 62 años hasta los 67 años.**

   Multiplica $1050 por 60 meses (el número de meses entre 62 años y 67 años), lo que resulta en $63 000.

5. **Calcula cuántos meses necesitas vivir más allá de los 67 años para alcanzar el punto de equilibrio.**

   Divide el beneficio total del paso 4 ($63 000) por la diferencia en pagos mensuales ($450). Esto te da 140 meses, o alrededor de 11 años y 8 meses. Por lo tanto, si vives hasta los 79 años o más, te beneficia más comenzar los beneficios a los 67 años.

CONSEJO

Si las matemáticas te parecen complicadas y naciste en 1960 o después, considera estas pautas generales:

- **Jubilación a los 62 años frente a los 67 años:** tu edad de equilibrio suele estar entre los 78 años y 79 años. Si mueres antes, reclamar los beneficios de jubilación temprano resulta en más dinero. Si vives más tiempo, tomar los beneficios a los 67 años es mejor.
- **Jubilación a los 67 años frente a los 70 años:** tu edad de equilibrio es de aproximadamente 82 años y 6 meses. Si mueres antes de esta edad, comenzar los beneficios a los 67 años resulta en más dinero. Si vives más allá de esta edad, retrasar los beneficios hasta los 70 años es mejor.

RECUERDA

El Seguro Social ofrece una garantía en caso de quedarte sin dinero y proporciona ingresos protegidos contra la inflación a diferencia de las inversiones típicas. Para muchos, varios factores influyen en el momento del reclamo, siendo el análisis de punto de equilibrio solo una consideración.

Considera qué pasará si vives más de lo esperado

La mitad de las personas en cualquier grupo de edad superará su esperanza de vida, a veces por un margen significativo. ¿La longevidad es común en tu familia? Para las parejas mayores con buen estado de salud, las probabilidades de que al menos uno de los cónyuges viva hasta una edad avanzada son altas. La esperanza de vida puede ser mayor si tienes una buena educación, un ingreso estable, fuertes conexiones sociales y tienes una buena salud.

Vivir una vida larga puede tener un gran impacto en tu decisión de cuándo comenzar a recibir el Seguro Social. Podrías vivir mucho más tiempo del que anticipas, aumentando tus costos de jubilación mientras tus recursos financieros pueden disminuir. Considera los costos futuros de vida, facturas médicas y necesidades de cuidado a largo plazo. El pago más grande del Seguro Social que recibes al retrasar los beneficios hasta los 70 años puede ser muy beneficioso en los años posteriores.

Por ejemplo, un hombre que cumplió 65 años en 2015 podría vivir otros 17,9 años, mientras que una mujer podría vivir otros 20,5 años. A los 75 años, él podría vivir otros 11,2 años, y ella otros 13 años. Si alcanzan los 85, ambos probablemente superarán los 90 años. Entre las personas que hoy en día tienen 65 años, uno de cada tres superará los 90 años, y casi uno de cada diez alcanzará los 95 años.

RECUERDA

Saber tu esperanza de vida no es suficiente. También necesitas considerar qué te da tranquilidad financiera. ¿Qué es peor: vivir más tiempo del esperado y quedarte sin dinero, o vivir menos tiempo del esperado pero sentirte seguro financieramente?

Analicemos otro ejemplo: Edgar, el entusiasta, y Carmen, la constante, dos prejubilados con diferentes enfoques de jubilación. Ambos tienen 61 años y ganancias similares.

» **Edgar, el entusiasta,** sueña con jubilarse temprano y explorar la naturaleza mientras aún tiene energía. Sus padres murieron jóvenes, así que ve la jubilación temprana como su última oportunidad de vivir realmente. Tiene un par de cientos de miles de dólares en una IRA y paga un alquiler modesto. Edgar comienza a recibir su primer pago del Seguro Social de $1600 al mes siguiente de cumplir 62 años.

» **Carmen, la constante,** disfruta de su trabajo de contabilidad a pesar del estrés. No quiere preocuparse por el dinero en su vejez y tiene en cuenta que su madre vivió hasta los 90 años. Carmen decide esperar hasta los 66 años (su edad plena de jubilación) para reclamar el Seguro Social; busca un pago mensual más grande y así tener un ahorro mayor.

» Unos años después, la artritis de Edgar, el entusiasta, empeora, y los costos de sus medicamentos aumentan. Después de algunas aventuras, su equipo de senderismo acumula polvo. Los costos médicos imprevistos, un préstamo a su hijo desempleado y el aumento del costo de vida agotan sus ahorros. Una larga estancia en un residencia geriátrica le cuesta $30 000. Durante los últimos tres años de su vida, Edgar teme quedarse sin dinero y perder su independencia, por lo que sobrevive con beneficios reducidos del Seguro Social. Parte sus pastillas a la mitad, lo que aumenta su dolor, y muere a los 84 años.

» Carmen, la constante, se apega a su plan y ahorra todos los meses. A los 66 años, comienza a recibir su beneficio completo de jubilación de $2133 y disfruta de un nuevo y gratificante capítulo. Muere inesperadamente de un aneurisma a los 74 años, mucho antes de lo que esperaba.

Las cosas resultaron diferentes para Edgar, el entusiasta, y Carmen, la constante. El punto es que no puedes estar seguro de cuánto tiempo vivirás. Al decidir cuándo comenzar a recibir el Seguro Social, considera diferentes posibilidades y sus implicaciones para tu nivel de vida y bienestar.

Piensa en tu cónyuge al reclamar el Seguro Social

El momento en que eliges reclamar tus beneficios del Seguro Social no solo afecta tu situación financiera, sino también a tu hogar, especialmente a tu cónyuge. Las decisiones sobre cuándo comenzar a recibir beneficios pueden tener consecuencias a largo plazo, particularmente para los cónyuges dependientes y los sobrevivientes.

Si eres elegible para el Seguro Social como cónyuge dependiente, tienes la opción de cuándo comenzar a recibir beneficios. Puedes reclamar este beneficio si tienes al menos 62 años y tu pareja ha comenzado a recibir beneficios de jubilación. Sin embargo, tu beneficio conyugal se reduce por cada mes que lo reclames antes de alcanzar tu edad plena de jubilación. A tu edad plena de jubilación, tu beneficio conyugal puede ser el 50% del beneficio completo de jubilación de tu pareja. Reclamarlo desde los 62 años reduce esta cantidad significativamente.

Si tienes tu propio historial de ganancias con el Seguro Social, tu pago será el más alto entre tu propio beneficio o el beneficio conyugal.

Para trabajadores con una edad plena de jubilación de 67 años, reclamar el beneficio conyugal temprano reduce los beneficios hasta en un 17.5% si se reclama a los 62 años, y un poco más del 4% si se reclama a los 66 años. Por ejemplo, si el beneficio completo de jubilación de tu cónyuge es de $1000 por mes, recibirías $500 por mes a tu edad plena de jubilación de 67 años. Si comienzas a los 62 años, recibirías aproximadamente $325. Puedes encontrar más detalles sobre los beneficios conyugales en `www.ssa.gov/oact/quickcalc/spouse.html`.

INFORMACIÓN TÉCNICA

El Seguro Social aplica una tasa de reducción mensual a los beneficios conyugales que se tomaron antes de la edad plena de jubilación. La tasa de reducción es 25/36 del 1% por mes durante los primeros 36 meses antes de la edad plena de jubilación, y 5/12 del 1% por mes por cada mes luego de los primeros 36 meses hasta la edad plena de jubilación.

RECUERDA

Un cónyuge dependiente que comience a cobrar antes de la edad plena de jubilación tendrá una cantidad reducida. Sin embargo, el Seguro Social no ofrece un "bono" por esperar más allá de la edad plena de jubilación. El beneficio conyugal máximo es el 50% del beneficio completo de jubilación del sostén de la familia, sin importar cuándo el sostén de la familia comience a cobrar beneficios. Ten en cuenta que un cónyuge que ha alcanzado la edad plena de jubilación recibirá el 50% del beneficio completo de jubilación del sostén de la familia, *incluso si el sostén de la familia comienza a recolectar los beneficios temprano.*

En la Tabla 3-2 se muestran las reducciones mensuales que afectan los beneficios conyugales que recibe un cónyuge dependiente antes de alcanzar la edad plena de jubilación. También muestra que las reducciones mensuales varían según el año de nacimiento.

Tu decisión sobre cuándo cobrar beneficios también afecta la cantidad de Seguro Social que queda para un cónyuge sobreviviente. Si mueres, tu cónyuge puede recibir el 100% de tu beneficio a su edad plena de jubilación. Por lo tanto, cuanto mayor sea el beneficio que esperes recibir, más dejarás para tu cónyuge sobreviviente. Por ejemplo, un beneficio reclamado a los 70 años es un 76% más alto que uno reclamado a los 62 años.

TABLA 3-2 **Beneficios primarios y conyugales a los 62 años***

Año de nacimiento	Edad plena de jubilación	Cantidad de meses de reducción	Monto primario	Reducción primaria	Monto del cónyuge	Reducción del cónyuge
1943–1954	66 años	48	$750	25%	$350	30%
1955	66 años y 2 meses	50	$741	25.83%	$345	30.83%
1956	66 años y 4 meses	52	$733	26.67%	$341	31.67%
1957	66 años y 6 meses	54	$725	27.5%	$337	32.5%
1958	66 años y 8 meses	56	$716	28.33%	$333	33.33%
1959	66 años y 10 meses	58	$708	29.17%	$329	34.17%
1960 en adelante	67 años	60	$700	30%	$325	35%

**Según la cantidad de seguro primario de $1000*

Las viudas y viudos pueden cobrar beneficios para sobrevivientes desde los 60 años, pero con una reducción significativa. En general, cobrar a los 60 años reduce el beneficio en aproximadamente un 30% en comparación con esperar hasta la edad plena de jubilación.

CONSEJO

Para más información sobre los beneficios para sobrevivientes, visita `www.ssa.gov/pubs/EN-05-10084.pdf`.

Reconoce el posible beneficio de trabajar más años

Si estás cerca de los 62 años pero no has alcanzado la edad plena de jubilación, evalúa los beneficios de seguir trabajando. El plan de salud de tu empleador podría ser más asequible que otras opciones, y tus ingresos podrían aumentar tus futuros beneficios del Seguro Social si son más altos que tus ingresos anteriores.

A los 62 años, enfrentas una decisión: trabajar *y* comenzar a cobrar beneficios de jubilación. El Seguro Social paga menos por la jubilación anticipada, y hay que tener en cuenta el límite de ingresos.

El límite de ingresos afecta a aquellos que reclaman beneficios antes de la edad plena de jubilación (consulta el Capítulo 13 para más detalles). Si comienzas a recibir el Seguro Social mientras sigues trabajando y no has alcanzado la edad plena de jubilación, la SSA retendrá parte o la totalidad de tu beneficio si ganas por encima de una cierta cantidad por año. Sin embargo, al llegar a la edad plena de jubilación, la SSA aumentará tu pago para devolverte el dinero retenido.

Para las personas que reclaman el Seguro Social antes de la edad plena de jubilación pero siguen trabajando, la SSA retiene $1 por cada $2 ganados por encima de una cantidad establecida ($22 320 en 2024). En el año en que alcanzas la edad plena de jubilación, la SSA retiene $1 por cada $3 ganados por encima de un límite diferente ($59 520 en 2024). Esta retención se detiene una vez que alcanzas la edad plena de jubilación. El límite de ingresos aumenta todos los años para igualar el aumento de los salarios.

RECUERDA

Este límite de ingresos, combinado con las reducciones por jubilación anticipada, puede ser un golpe doble: un beneficio temporalmente menor debido a que trabajas y una reducción *permanente* por reclamar beneficios antes de tiempo. ¿Es esta una buena opción para ti? Podría ser. Puede que necesites el dinero de inmediato o que estés mejorando tu historial de ingresos, lo que podría aumentar tu beneficio del Seguro Social. Usa las calculadoras en línea del Seguro Social o contacta a la SSA para obtener más información. Considera tu esperanza de vida y necesidades financieras. Si ganas lo suficiente, podrías estar mejor trabajando sin cobrar el Seguro Social, lo que llevaría a un beneficio mayor más adelante.

RECUERDA

Recuerda, no pierdes el dinero retenido debido al límite de ingresos para siempre. Al alcanzar la edad plena de jubilación, la SSA te lo devuelve a través de pagos de beneficios más altos.

Conectando todo: el momento adecuado para comenzar a recibir beneficios

CONSEJO

Elegir cuándo comenzar a recibir beneficios es una decisión personal. Aquí hay algunos puntos clave que puedes considerar:

- **Conoce tu elegibilidad:** entiende cuándo calificas para recibir beneficios completos. Tienes flexibilidad para decidir cuándo reclamarlos.
- **Entiende tus beneficios:** usa calculadoras de jubilación del Seguro Social para calcular tu beneficio mensual según tu edad de jubilación. Esperar más allá de tu edad plena de jubilación aumenta tu beneficio en un 8% por año.

Recolectarlo antes lo reduce entre un 5% a 7% por año. Cuanto antes te jubiles, menos recibirás cada mes.

» **Considera tu esperanza de vida:** tu esperanza de vida debe influir en tu decisión. Los factores que tienes que considerar incluyen la longevidad familiar, salud personal, estilo de vida y manejo del estrés.

» **Evalúa ingresos y gastos:** evalúa todas las fuentes de ingresos, como pensiones, 401(k), IRA e inversiones. Calcula tus necesidades financieras de manera realista. Revisa tus hábitos de gasto e identifica cualquier desperdicio. Considera si tienes la opción y la capacidad física para seguir trabajando.

» **Piensa en tu cónyuge:** tu decisión afecta los futuros beneficios de tu cónyuge. Considera su esperanza de vida, recursos financieros y posibles costos de salud. En general, las esposas viven más que los esposos, así que planea en consecuencia.

» **Hablen del tema:** las parejas deben hablar sobre esta decisión. Consultar con un planificador financiero también puede ser beneficioso, especialmente si tienes ahorros sustanciales.

» **Ten en cuenta las compensaciones:** decide entre una cantidad menor antes o una cantidad mayor después. Consultar con un asesor financiero puede ayudarte a tomar una decisión informada.

En general, los expertos aconsejan no reclamar los beneficios del Seguro Social desde los 62 años, pero puede ser necesario para aquellos que carecen de otros recursos financieros o tienen una esperanza de vida más corta.

EN ESTE CAPÍTULO

» Obtén un número de Seguro Social

» Cuida tu tarjeta de Seguro Social

» Protege tu número de Seguro Social

Capítulo 4

Protege tu número y asegura tu tarjeta

Tu número de Seguro Social es crucial para tu identidad, lo que lo hace muy valioso. En este capítulo explico lo esencial sobre los números y tarjetas de Seguro Social: cómo y cuándo obtenerlos, cuándo reemplazarlos, los diferentes tipos de tarjetas y sus usos específicos, y los pasos a seguir si tu número es comprometido.

Obtén un número de Seguro Social

Aunque no es obligatorio, tener un número de Seguro Social (SSN) es muy beneficioso. Por lo general, necesitas un SSN para conseguir un empleo e informar tus ingresos al Servicio de Impuestos Internos (IRS). Además, un SSN es necesario para recibir los beneficios del Seguro Social. Varias instituciones, incluidos los bancos, escuelas y proveedores de atención médica, a menudo requieren tu SSN. Incluso si no eres ciudadano de los EE.UU., tener un SSN puede ser extremadamente útil, siempre que cumplas con los requisitos necesarios.

En general, los solicitantes necesitan presentar al menos dos documentos para verificar su edad, identidad y ciudadanía estadounidense o estado legal. Esta sección describe las reglas para obtener un SSN tanto para adultos como para niños, sean o no ciudadanos estadounidenses.

El Seguro Social tiene reglas técnicas que dictan quién recibe una tarjeta y que necesitas presentar. Para una visión general completa, visita `www.ssa.gov/ssnumber`.

Para ciudadanos de EE.UU.

La mayoría de los ciudadanos estadounidenses reciben un número de Seguro Social durante la infancia. En esta sección explico cómo los adultos pueden obtener un número de Seguro Social si aún no tienen uno y cómo obtener uno para un niño.

Adultos

Para obtener un número de Seguro Social, tendrás que completar el Formulario SS-5, disponible en `www.ssa.gov/forms/ss-5.pdf`. El formulario requiere información básica como tu nombre, género, lugar y fecha de nacimiento, y los nombres y números de Seguro Social de tus padres. (Si no conoces los números de Seguro Social de tus padres, puedes indicar Desconocido "Unknown").

Debes solicitarlo en persona en una oficina de la Administración del Seguro Social (SSA). Prepárate para proporcionar la siguiente información:

- **Prueba de edad:** se prefiere un certificado de nacimiento original establecido antes de los 5 años. Si no está disponible, la SSA verificará con la oficina estatal de estadísticas vitales. Otros documentos que puedes presentar son registros hospitalarios, registros religiosos del nacimiento o un pasaporte.
- **Prueba de identidad:** presenta evidencia actual de tu identidad con tu nombre legal, que aparecerá en tu tarjeta de Seguro Social. Otros documentos que puedes presentar son licencias de conducir de EE.UU., tarjetas de identificación estatal para no conductores o un pasaporte. También, pueden aceptar identificadores militares, de empleador o escolares como pruebas complementarias.
- **Prueba de ciudadanía:** un certificado de nacimiento es suficiente. Otros documentos que puedes presentar incluyen un pasaporte de EE.UU. o un documento religioso registrado poco después del nacimiento. Si naciste fuera de EE.UU., proporciona un pasaporte de EE.UU. u otra documentación como un informe consular de nacimiento en el extranjero, un certificado de ciudadanía o un certificado de naturalización.

RECUERDA

La SSA requiere documentos originales. Las copias deben estar certificadas oficialmente por la agencia emisora y no pueden ser fotocopias. No se aceptarán copias autorizadas por notarios públicos.

Niños

Los niños necesitan números de Seguro Social por las mismas razones que los adultos. Necesitas el número de Seguro Social de tu hijo para reclamarlo como dependiente en tu declaración de impuestos. Además, tener un número de Seguro Social te permite abrir una cuenta bancaria o comprar bonos de ahorro a su nombre. También puede facilitar la obtención de un seguro de salud u otros servicios para tus hijos.

CONSEJO

Los nuevos padres suelen solicitar números de Seguro Social en el hospital poco después de que nacen sus bebés. Puedes solicitar el número cuando solicitas el certificado de nacimiento. Las agencias estatales que manejan los certificados de nacimiento proporcionan la información del recién nacido a la SSA, que luego te envía por correo la tarjeta de Seguro Social del bebé.

Si esperas hasta que tu hijo tenga 12 años para solicitar su número de Seguro Social, debes seguir los mismos pasos que un solicitante adulto (consulta la sección anterior). El niño debe presentarse en una oficina del Seguro Social con un padre o tutor legal para solicitarlo.

CONSEJO

Para los niños adoptados, la SSA puede asignarle número antes de que la adopción finalice. Si el nombre legal del niño va a cambiar, espera hasta que el cambio de nombre sea definitivo para que el nombre correcto aparezca en la tarjeta y coincida con los registros de la SSA.

Para no ciudadanos

Los no ciudadanos y visitantes a Estados Unidos pueden obtener un número de Seguro Social si están autorizados a trabajar por el Departamento de Seguridad Nacional (DHS). Prepárate para proporcionar prueba de tu identidad. (En algunos casos, la SSA podría obtener tu información necesaria de otras agencias gubernamentales con las que has interactuado, pero siempre es mejor estar preparado.)

Cumplir con los requisitos como residente permanente

Si eres un residente permanente en Estados Unidos, es posible que necesites un número de Seguro Social. Afortunadamente, si solicitaste una tarjeta de Seguro

Social al aplicar para tu visa, no necesitas llenar formularios adicionales con la SSA. El Departamento de Estado, a través del DHS, proporcionará la información necesaria a la SSA. Después de tu llegada, la SSA enviará tu tarjeta de Seguro Social a la dirección que el DHS tiene registrada para tu tarjeta de residente permanente. Deberías recibir la tarjeta dentro de las tres semanas posteriores a tu llegada.

RECUERDA

Si no recibes la tarjeta dentro de las tres semanas, contacta a la SSA.

Si no solicitaste una tarjeta de Seguro Social al obtener tu visa, debes visitar una oficina de la SSA. Aunque se recomienda hacer una cita, no es obligatorio. Puedes programar una cita llamando a la SSA al 800-772-1213 (TTY 800-325-0778). Cuando estés allí, necesitarás presentar al menos dos documentos originales para verificar tu estado migratorio autorizado para trabajar, edad e identidad. Prepárate para brindar la siguiente información:

» Tu pasaporte extranjero vigente
» Tu visa de inmigrante legible por máquina (MRIV) o tarjeta de residente permanente (Formulario I-551)
» Tu certificado de nacimiento original

Para una tarjeta de reemplazo, solo necesitas prueba de tu estado migratorio autorizado para trabajar e identidad, como tu tarjeta de residente permanente, tarjeta MRIV, visa y pasaporte actual. Para una lista de documentos aceptados, visita www.ssa.gov/ssnumber/ss5doc.htm.

Cumplir con los requisitos como trabajador temporal

Ciertas clasificaciones de visa permiten a los trabajadores temporales en Estados Unidos obtener un número de Seguro Social. Consulta la Tabla 4-1 a continuación para conocer los tipos específicos de visa y sus definiciones.

Si eres un trabajador temporal, solicita un número de Seguro Social en una oficina local de la SSA. Necesitarás dos documentos originales que verifiquen tu estado migratorio autorizado para trabajar, edad e identidad. Prepárate para presentar tu pasaporte extranjero vigente, el Formulario I-551 (incluido un MRI) y tu informe de llegada/salida (Formulario I-94) o tu documento de autorización de empleo (Formulario I-766).

TABLA 4-1 **Clasificaciones de visa que permiten trabajar en los Estados Unidos**

Clasificación de visa	Definición
E1, E2	Comerciante o inversionista por tratado
F-1	Estudiante académico extranjero, cuando se cumplen ciertas condiciones
H-1B, H-1C, H-2A, H-2B, H-3	Trabajador temporal
I	Representante de medios de información extranjeros
J-1	Visitante de intercambio, cuando se cumplen ciertas condiciones
K-1	Prometido(a) de un ciudadano estadounidense
L-1	Transferido dentro de la misma empresa
M-1	Estudiante vocacional extranjero
O-1, O-2	Trabajador temporal en ciencias
P-1, P-2, P-3	Trabajador temporal en artes o deportes en un programa de intercambio cultural
Q-1, Q-2	Visitante de intercambio cultural
R-1	Trabajador religioso temporal con una organización sin fines de lucro
TC	Trabajador profesional admitido bajo el Tratado de Libre Comercio de EE.UU. y Canadá (NAFTA)
TN	Trabajador profesional admitido bajo el NAFTA

Adaptado de Administración del Seguro Social, http://www.ssa.gov/redbook/eng/overview-disability.htm#4, último acceso el 07 March 2025.

Requisitos adicionales para tipos de visa específicos:

- » **Estudiantes F-1:** proporciona el Formulario I-20 (Certificado de Elegibilidad para Estatus de Estudiante No Inmigrante). Si eres elegible para trabajar en el campus, incluye una carta de un funcionario designado de la escuela confirmando tu estado de estudiante, detalles del empleador y descripción del trabajo.
- » **Prueba de empleo:** presenta un recibo de pago reciente y una carta de tu supervisor que detalle tu trabajo, fecha de inicio, horas de trabajo y la información de contacto del supervisor. Los estudiantes F-1 en entrenamiento práctico curricular también deben proporcionar el Formulario I-20 con la página de empleo firmada por un funcionario designado de la escuela.

» **Visitantes de intercambio J-1:** proporciona el Formulario DS-2019 (Certificado de Elegibilidad para el Estatus de Visitante de Intercambio). Los estudiantes J-1, pasantes o visitantes internacionales necesitan una carta del patrocinador en papel membretado oficial con una firma original autorizando el empleo.

Pasos importantes: 1. Reportarse a tu escuela en los EE.UU. o al patrocinador del programa. 2. Esperar diez días antes de solicitar un número de Seguro Social. 3. Completar la solicitud de tarjeta de Seguro Social (Formulario SS-5). 4. Proporcionar prueba de estado migratorio, edad, identidad y autorización de trabajo del DHS.

Obtener una tarjeta si no estás autorizado para trabajar

No puedes obtener un número de Seguro Social (SSN) por conveniencia, como para solicitar una licencia de conducir, registrarte en la escuela, contratar un seguro o solicitar una vivienda subsidiada o programas de almuerzo escolar.

A menudo, los SSN no son necesarios incluso cuando se solicitan. En tales casos, explica que no tienes un SSN y pregunta si puedes ser identificado de otra manera.

Si no eres ciudadano y no tienes autorización para trabajar, obtener un número de Seguro Social es sumamente difícil, aunque en algunos casos puede lograrse. La SSA puede emitir un SSN si:

» una ley estatal o local requiere que proporciones un SSN para recibir beneficios de bienestar a los que eres elegible o

» una ley federal requiere que proporciones un SSN para recibir ciertos servicios o beneficios gubernamentales.

Si necesitas un número para presentar impuestos, puedes solicitar un Número de Identificación Personal del Contribuyente (ITIN). Un ITIN es un número de nueve dígitos que no es un número de Seguro Social. Para más información, visita `www.irs.gov/individuals/article/0,,id=96287,00.html` o llama al Servicio de Impuestos Internos al 800-829-3676 y pide la Solicitud para el Número de Identificación Personal del Contribuyente (Formulario W-7). También puedes descargar el Formulario W-7 en `www.irs.gov/pub/irs-pdf/fw7.pdf`.

A partir del 1 de enero de 2020, los ITIN que no se hayan utilizado en una declaración de impuestos federal al menos una vez en los últimos tres años expirarán. Además, los ITIN emitidos antes de 2013 con dígitos medios de 83, 84, 85, 86 u 87 (por ejemplo, 9NN-83-NNNN) expiraron a finales de 2019. Para más información, visita `www.irs.gov/individuals/itinexpiration-faqs`.

Notifica a la SSA si tu estado migratorio cambia o si te conviertes en ciudadano, ya que esto puede afectar el tipo de tarjeta que recibes.

Cómo manejar tu tarjeta de Seguro Social

Cuando recibes un número de Seguro Social, también obtienes una tarjeta con tu nombre y número en ella. Hay tres tipos principales de tarjetas de Seguro Social:

- **Tarjetas para ciudadanos estadounidenses y residentes permanentes legales:** esta tarjeta básica muestra tu nombre y número de Seguro Social sin restricciones. Puedes trabajar en cualquier lugar de los EE.UU. sin necesitar permiso del gobierno.
- **Tarjetas para no inmigrantes legales con autorización de trabajo:** esta tarjeta incluye tu nombre, número y la restricción: "VÁLIDA PARA TRABAJAR SOLO CON AUTORIZACIÓN DEL DHS". Se entrega a individuos que tienen un documento del Departamento de Seguridad Nacional (DHS) que les permite trabajar temporalmente en los EE.UU.
- **Tarjetas para no inmigrantes legales sin autorización de trabajo:** esta tarjeta muestra tu nombre y número, junto con la declaración: "NO VÁLIDA PARA EMPLEO". Se entrega a aquellos que necesitan un número de Seguro Social para propósitos no laborales (consulta la sección anterior "Obtener una tarjeta si no estás autorizado para trabajar"). Si te conviertes en ciudadano o recibes la aprobación del DHS para trabajar, puedes solicitar una nueva tarjeta sin esta restricción. (Tu nueva tarjeta tendrá el mismo número de Seguro Social que la original).

Piensa en tu tarjeta de Seguro Social como una parte clave de tu identificación personal, similar a una licencia de conducir. Sin embargo, en la mayoría de los casos, el número en sí es más importante que la tarjeta. Debido a que los números de Seguro Social son muy buscados por los ladrones, guarda tu tarjeta en un lugar seguro en lugar de llevarla en tu billetera. Ten cuidado en dónde escribes tu número y a quién se lo compartes.

Una vez que tienes tu tarjeta de Seguro Social, requiere un mantenimiento mínimo: no necesitas renovarla con regularidad como una licencia de conducir. En las siguientes secciones cubro situaciones en las que podrías necesitar contactar a la Administración del Seguro Social (SSA) en relación con tu tarjeta.

Si tu tarjeta se pierde o se daña

Perder o dañar tu tarjeta de Seguro Social no es un gran problema ya que puedes reemplazarla de forma gratuita. Sin embargo, el Seguro Social estableció límites para prevenir un exceso de tarjetas en circulación para mantener la seguridad.

Límites anuales y de por vida: puedes reemplazar hasta tres tarjetas por año y un máximo de diez tarjetas en toda tu vida.

Excepciones:

- **Cambio de nombre:** si cambias tu nombre, puedes obtener una tarjeta de reemplazo sin que cuente para tu límite de reemplazos.
- **Cambio de estado de ciudadanía:** un cambio en tu estado de ciudadanía también permite que obtengas una nueva tarjeta.
- **Casos de dificultad económica:** si necesitas una nueva tarjeta para evitar dificultades económicas, el límite puede no aplicarse. En tales casos, tu empleador o la agencia de asistencia pública debe proporcionar una carta que indique que necesitas la tarjeta para conservar tu trabajo o beneficios.

Si eres ciudadano estadounidense, tienes 18 años o más, una dirección postal en EE.UU., y estás solicitando solo una tarjeta de reemplazo, puedes usar una cuenta "*my* Social Security" en línea en los estados participantes. Visita `www.ssa.gov/myaccount/` para obtener más detalles.

El robo de tu tarjeta es un asunto más serio ya que puede llevar al robo de tu identidad. Para más información sobre cómo protegerte, consulta la sección "Protege tu número para protegerte".

Si cambias tu nombre

Un cambio de nombre es una actualización importante para tu registro de Seguro Social. Tu nombre legal debe coincidir con los registros de la SSA para asegurar que tus ganancias se acrediten correctamente hacia tus beneficios. Una discrepancia también puede retrasar cualquier reembolso de impuestos que puedas recibir.

Para cambiar tu nombre con la SSA, necesitas proporcionar documentos recientes que comprueben el cambio. Los documentos que se requieren varían según el motivo del cambio de nombre:

- **Matrimonio, divorcio o anulación:** proporciona documentación del matrimonio o su terminación. Además, necesitas un documento de identidad con tu nombre anterior y otra información identificativa. En este caso, un documento expirado con tu nombre anterior es aceptable.

» **Adopción o naturalización:** proporciona documentos que demuestren tu nuevo nombre, como un decreto de adopción o un certificado de naturalización. También necesitas otros dos documentos para establecer tu identidad, incluidos un documento de identidad con tu nombre anterior y un documento de identidad que no haya expirado con tu nuevo nombre.

La SSA puede solicitar evidencia adicional, especialmente si el cambio de nombre ocurrió hace más de dos años.

Protege tu número para protegerte

El robo de identidad es un problema en crecimiento en Estados Unidos. Los ladrones de identidad pueden mal utilizar tu crédito al abrir cuentas a tu nombre, hacer grandes compras, acumular deudas significativas e incluso reclamar reembolsos de impuestos. A menudo hacen esto al obtener tu número de Seguro Social, por lo que es crucial protegerlo.

En algunos casos, los estafadores intentan abrir cuentas personales falsas con la Administración del Seguro Social (SSA) para apropiarse de beneficios. Si la SSA te informa que abriste una cuenta personal "*my* Social Security" y no lo hiciste, contáctalos de inmediato. Establecer una cuenta de este tipo por ti mismo es una buena manera de prevenir este tipo de fraude.

Proteger tu identidad

Trata tu tarjeta y número de Seguro Social como activos valiosos. No muestres tu tarjeta de manera imprudente ni la dejes por ahí. Guárdala en un lugar seguro, como una caja de seguridad.

Tienes derecho a saber por qué alguien te pide tu número de Seguro Social. Proporcionar tu número es rutinario en ciertas situaciones, como abrir una cuenta bancaria, solicitar una tarjeta de crédito o pedir un préstamo. Sin embargo, no lo compartas casualmente. Si tienes dudas, pregunta por qué lo necesitan, qué harán con él y qué pasa si no lo proporcionas.

Incluso si tu tarjeta de Seguro Social está en un lugar seguro, ten cuidado con otros documentos que revelen tu número. Ten cuidado con cualquier documento que contenga tu número de Seguro Social.

Anteriormente, los números de Medicare y Seguro Social eran los mismos, lo que ponía en riesgo tu número de Seguro Social. Entre abril de 2018 y diciembre de 2019, el gobierno emitió nuevas tarjetas de Medicare con identificadores únicos de beneficiarios de Medicare compuestos por 11 caracteres, entre letras y números. Sin embargo, los estafadores aún pueden robar tu número de Seguro Social de varias maneras:

- **Si roban tu correo:** tu correo puede contener estados financieros o sobres de impuestos con tu número. Los criminales lo saben. No dejes tu correo sin supervisión por mucho tiempo.
- **Si obtienen tu información en internet:** la mayoría del comercio en internet es seguro, pero algunos sitios no lo son. Ingresar tu número de Seguro Social en un sitio web que no es seguro puede permitir que un estafador lo intercepte. Asegúrate de que el sitio web comience con `https://` para confirmar que es seguro. Los sitios web del gobierno generalmente terminan con `.gov`.
- **A través de filtraciones de datos:** las filtraciones de datos exponen números de Seguro Social, que luego se compran y venden en la web oscura. Congela tu crédito y configura acceso electrónico a todas tus cuentas financieras para protegerlo y monitorear actividades sospechosas.
- **Si buscan en la basura:** los criminales buscan registros personales en la basura. Tritura cualquier documento que contenga tu número de Seguro Social antes de desecharlo. Usa una trituradora de microcorte o de corte cruzado de calidad para obtener mejores resultados. (Puedes comprar trituradoras de papel personales económicas en cualquier tienda grande de artículos de oficina).

- **Por suplantación:** los estafadores pueden hacerse pasar por representantes de compañías de tarjetas de crédito o propietarios por teléfono o correo electrónico. Si suena sospechoso, probablemente lo sea. Dile a la persona que llamarás de vuelta y usa un número verificado.
- **Si colaboran con personas internas:** algunas estafas involucran a empleados con acceso a tu solicitud de crédito. Ten cuidado al escribir tu número.

Si sigues estas pautas, puedes proteger mejor tu número de Seguro Social y reducir el riesgo de robo de identidad.

Qué hacer si los estafadores obtienen tu número

Incluso con precaución, las cosas pueden salir mal. Si sospechas que alguien está usando tu número de Seguro Social para hacer compras a tu nombre, sigue estos pasos para proteger tu crédito y finanzas:

» **Reporta el delito.** Informa del incidente al gobierno federal en www.identitytheft.gov o llama al 1-877-IDTHEFT (1-877-438-4338; TTY 1-866-653-4261). Este recurso te guiará a través de los pasos a seguir.

» **Cierra cuentas manipuladas.** Contacta a tus compañías de tarjetas de crédito y bancos de inmediato para cerrar cualquier cuenta que haya sido manipulada. Prepárate para proporcionar documentación por escrito y guarda toda la correspondencia.

» **Coloca una alerta de fraude.** Contacta a una de las tres principales agencias de informes de crédito para colocar una alerta de fraude en tu informe de crédito. Solo necesitas contactar a una, y ellos notificarán a las otras dos:

- **Equifax**: 888-766-0008; www.equifax.com
- **Experian**: 888-397-3742; www.experian.com
- **TransUnion**: 800-680-7289; www.transunion.com

» **Monitorea tu informe de crédito.** Revisa regularmente tu informe de crédito de las tres principales agencias de informes de crédito. Puedes obtener una copia gratuita todos los años de cada agencia en www.annualcreditreport.com. Ten cuidado con otros sitios web que pueden cobrar tarifas ocultas.

» **Presenta una denuncia policial** Presenta una denuncia ante la policía local. Esto puede respaldar tu reclamo si los acreedores solicitan documentación del robo.

» **Notifica al IRS.** Si sospechas que el ladrón de identidad puede presentar una declaración de impuestos con tu número de Seguro Social, contacta a la Unidad Especializada en Protección de Identidad del IRS al 800-908-4490. Encuentra más información en www.irs.gov/uac/taxpayer-guide-to-identity-theft.

» **Notifica al Centro de Quejas de Delitos en Internet.** Informa del delito en línea en www.ic3.gov. Esta asociación entre el FBI y el Centro Nacional de Delitos de Cuello Blanco puede remitir tu queja a las autoridades.

Obtener un nuevo número de Seguro Social es difícil. La SSA requiere pruebas de uso indebido y espera que intentes resolver el problema primero. Si el problema es grave, pueden emitir un nuevo número.

RECUERDA

Sin embargo, un nuevo número no es una solución completa. Los registros vinculados a tu antiguo número, como los del IRS, departamentos de vehículos motorizados estatales, bancos y otras empresas privadas, seguirán existiendo. Además, un nuevo número puede complicar tu historial crediticio y será más difícil obtener crédito.

Tomar la decisión: solicitar el Seguro Social

EN ESTA PARTE . . .

Aprende cómo inscribirte en varios tipos de beneficios del Seguro Social. Entiende cuándo puedes comenzar a recibir pagos.

Calcula tus ingresos y beneficios futuros.

Mantente organizado con la documentación adecuada y cumple con los plazos.

Obtén consejos para evitar problemas con la Administración del Seguro Social.

Descubre cómo manejar el proceso de apelación si tu solicitud es denegada.

EN ESTE CAPÍTULO

» Cuándo solicitar los beneficios

» Dónde ir para aplicar

» Qué se necesita para aplicar

» Cómo y cuándo llegará tu pago

Capítulo 5

Inscribirse para beneficios

Solicitar beneficios del Seguro Social es un paso importante, pero puede ser sencillo si estás bien preparado. En este capítulo te brindo información esencial sobre cuándo, dónde y cómo solicitar los beneficios. Ya sea que estés solicitando beneficios de jubilación en base a tu historial laboral o en caso de beneficios para sobreviviente para un hijo dependiente, aquí encontrarás la información que necesitas. El capítulo concluye con detalles sobre cómo y cuándo llegarán de tus pagos.

Cuándo solicitar beneficios del Seguro Social

La Administración del Seguro Social (SSA) recomienda solicitar los beneficios cuatro meses antes de que desees recibirlos. El proceso de solicitud puede demorar más de lo que piensas.

Es normal comenzar tu solicitud sin tener todos los documentos de respaldo. Es posible que la SSA tenga alguna información si la solicitud involucra a alguien que ya está en el sistema, como un jubilado que fallece y deja un beneficio para sobrevivientes.

Si ya estás recibiendo beneficios del Seguro Social, la SSA puede ajustar tus beneficios sin requerir una nueva solicitud. Por ejemplo, los beneficios por incapacidad se convierten automáticamente en beneficios de jubilación al alcanzar la edad plena de jubilación. Si estás recibiendo un beneficio conyugal y el sostén de la familia fallece, la SSA cambiará tu estado a un beneficio para sobrevivientes luego de que informes la muerte.

CONSEJO

Los beneficios para jubilados mayores de su edad plena de jubilación, los incapacitados y ciertos dependientes pueden ser *retroactivos*. Esto significa que los solicitantes podrían recibir pagos retroactivos meses antes de los que hayan solicitado. Para más detalles, consulta la sección "Cómo solicitar beneficios del Seguro Social".

Dónde solicitar beneficios del Seguro Social

Puedes solicitar los beneficios del Seguro Social de tres maneras: en línea, en persona o por teléfono. Cada método tiene sus ventajas y desventajas, y uno puede adaptarse mejor a tus necesidades que otro. Aunque teóricamente las solicitudes pueden procesarse en un día, puede llevar meses si se requiere documentación adicional.

A continuación, te doy más detalles sobre cada método de solicitud para ayudarte a elegir el mejor para tu situación. Para obtener más información, consulta la sección "Cómo solicitar beneficios del Seguro Social".

En línea

La Administración del Seguro Social (SSA) incentiva las solicitudes en línea para beneficios de jubilación, cónyuge, Medicare e incapacidad. Para comenzar, reúne la información que necesitas (consulta la sección "Cómo solicitar beneficios del Seguro Social") y visita `www.ssa.gov/applyonline`. **Nota:** el sistema de solicitud en línea está disponible de lunes a viernes de 5 a. m. a 1 a. m., los sábados y días festivos de 5 a. m. a 11 p. m., y los domingos de 8 a. m. a 11:30 p. m. (hora del este).

CONSEJO

No necesitas completar tu solicitud en una sola sesión. Si necesitas hacer una pausa, sigue las instrucciones para guardar tu progreso. Cuando decidas continuar, necesitarás tu número de solicitud.

Si no hay actividad en la página durante 25 minutos, recibirás una advertencia y tendrás la oportunidad de extender la sesión. Después de tres advertencias, si no continúas o cierras la sesión, perderás lo que hiciste en esa página.

ADVERTENCIA

Es posible que cometas errores al completar una solicitud en línea sin la ayuda de un representante de la SSA, lo que requerirá un seguimiento. Si no estás seguro, considera realizar la solicitud por teléfono o en persona, como se detalla en las siguientes secciones.

CONSEJO

Un amigo o familiar puede ayudarte con la solicitud en línea. Incluso pueden completarla por ti, y la SSA te enviará la solicitud por correo para que la firmes. Tu ayudante debe indicar en la primera página de la solicitud que la está llenando en tu nombre y declarar si estás presente durante el proceso.

Luego de presentar la solicitud en línea, no puedes eliminarla. Si necesitas cancelarla o corregirla, contacta a la SSA. Llama a la oficina que está procesando tu solicitud (esta información está disponible en la página "Novedades" [What's Next] de tu solicitud) o a la SSA al 800-722-1213 (TTY 800-325-0778).

RECUERDA

Realizar una solicitud en línea evita tener que enviar por correo o entregar tu solicitud en una oficina, aunque es posible que debas enviar documentos de respaldo.

CONSEJO

Puedes verificar el estado de tu solicitud cinco días después de enviarla. Visita `www.ssa.gov/applyonline` y haz clic en "Verificar el estado de tu solicitud en línea" (Check the status of your application online). Necesitarás tu número de Seguro Social y el número de confirmación que te brindaron cuando aplicaste.

En persona

Solicitar los beneficios del Seguro Social en persona tiene sus ventajas y desventajas. El principal beneficio es la comunicación directa y bidireccional. Sin embargo, es posible que tardes mucho tiempo en llegar a la oficina de la SSA y que debas esperar para ser atendido. Los tiempos de espera típicos en una oficina de la SSA, desde que tomas un número hasta el inicio de la entrevista, son de alrededor de media hora. Sin embargo, hay momentos en los que podrías esperar más de una hora.

CONSEJO

Para reducir tu tiempo de espera, llama al 800-772-1213 (TTY 800-325-0778) y haz una cita con anticipación. Ten en cuenta que la línea telefónica de la SSA está más ocupada por la mañana, a principios de la semana y a principios del mes.

La SSA también ofrece una herramienta en línea para ayudarte a encontrar la oficina más cercana. Visita `www.ssa.gov/locator`, haz clic en "Encuentra una oficina con el código postal" (Locate An Office By Zip) y escribe tu código postal. Recibirás la dirección y el horario de atención de la oficina más cercana.

Por teléfono

Si prefieres hablar con un representante, llama a la SSA sin costo al 800-772-1213 (TTY 800-325-0778). Las líneas telefónicas funcionan de lunes a viernes, de 7 a. m. a 7 p. m. hora local. Fuera de este horario, aún puedes acceder a información sobre beneficios, elegibilidad y servicios en línea.

Cómo solicitar beneficios del Seguro Social

El Seguro Social proporciona beneficios para la jubilación, sobrevivientes e incapacidad. También administra el programa de Seguridad de Ingreso Suplementario (SSI) para personas con ingresos limitados (consulta el Capítulo 2 para más detalles). Al solicitar cualquiera de estos beneficios, la Administración del Seguro Social (SSA) requerirá información y pruebas de elegibilidad, que puede ser poca si ya tiene parte de la información que necesita en sus archivos.

RECUERDA

La elegibilidad para los beneficios tiene reglas específicas, incluidos los requisitos de edad y documentación necesaria. Estas reglas también determinan si tú o tus dependientes pueden recibir beneficios que te corresponden antes de la fecha de tu solicitud y si tu beneficio se reduce si lo inicias antes de alcanzar la edad plena de jubilación.

La SSA requiere documentos originales o copias certificadas de la agencia emisora para respaldar tu solicitud. No se aceptan fotocopias notarizadas. Si necesitas comprobar nacimiento, muerte o matrimonio y no tienes los certificados adecuados, la SSA puede aceptar otras pruebas, como un registro religioso de nacimiento, una declaración de un director de funeraria sobre una muerte o una licencia de matrimonio.

Las siguientes secciones describen la información y los documentos necesarios para solicitar cada tipo de beneficio del Seguro Social.

Beneficios de jubilación

Al solicitar beneficios de jubilación, la SSA requiere información detallada sobre tus ingresos recientes, historial matrimonial, antecedentes militares, elegibilidad para pensión federal y posibles beneficios del Seguro Social para miembros de la familia según tu historial laboral. Tienes varios años para aplicar, lo que dependerá de cuándo desees comenzar a recibir los beneficios.

Las siguientes secciones proporcionan los detalles necesarios para solicitar beneficios de jubilación según tu propio historial laboral o para beneficios auxiliares del Seguro Social según el historial de un trabajador jubilado.

Según tu propio historial laboral

Cuándo presentar la solicitud: cuatro meses antes de querer que tus beneficios comiencen.

RECUERDA

Ten en cuenta que tus beneficios se reducirán si empiezas a recibirlos antes de alcanzar la edad plena de jubilación. Para más detalles, consulta el Capítulo 2. Para determinar el mejor momento para comenzar a cobrar los beneficios de jubilación, consulta el Capítulo 3.

Dónde presentar la solicitud: en persona, por teléfono o en línea.

Documentos necesarios: la SSA establece que podrías necesitar la siguiente información y documentos para solicitar los beneficios de jubilación. (Sin embargo, no retrases tu solicitud si aún no has reunido todos estos materiales):

- Número de Seguro Social.
- Certificado de nacimiento (original o copia certificada) o un registro religioso aceptable (por ejemplo, un certificado de bautismo) de antes de los 5 años.
- Declaraciones de ingresos del Formulario W-2 de cada uno de tus empleadores o declaración de impuestos si eres trabajador por cuenta propia del año anterior. Se aceptan fotocopias.
- Documentos de la licencia militar absoluta, como el Formulario DD 214 (Certificado de Liberación o Baja del Servicio Activo). Se aceptan fotocopias.
- Prueba de ciudadanía estadounidense o estado de extranjero legal si no naciste en Estados Unidos. Los documentos de ciudadanía y naturalización deben ser originales o certificados por la oficina emisora.

Beneficios retroactivos: si tienes al menos seis meses más de la edad plena de jubilación, podrías ser elegible para recibir hasta seis meses de beneficios antes de la fecha de tu solicitud.

Según el historial laboral de un padre, abuelo, cónyuge actual o anterior

Podrías ser elegible para beneficios auxiliares del Seguro Social según el historial laboral de un padre jubilado, abuelo, cónyuge o excónyuge. Para detalles sobre la elegibilidad, consulta el Capítulo 2. Esta sección proporciona información sobre cómo aplicar.

CÓNYUGES ACTUALES O ANTERIORES

Cuándo presentar la solicitud: hasta tres meses antes de que quieras que los beneficios comiencen. Sin embargo, no puedes presentar la solicitud más de tres meses antes de cumplir 62 años. El principal beneficiario debe haber solicitado beneficios de jubilación para que tú puedas aplicar, excepto en el caso de cónyuges divorciados.

Dónde presentar la solicitud: en persona, por teléfono o en línea.

Documentos necesarios: los mismos documentos requeridos para los beneficios de jubilación según tu propio historial laboral (consulta la sección "Según tu propio historial laboral" para más detalles). Si aún estás casado con el principal beneficiario, la SSA puede necesitar pruebas, como un certificado de matrimonio. Si no está disponible, una licencia de matrimonio o una declaración jurada puede ser suficiente. Si estás divorciado, debes proporcionar las fechas de inicio y fin del matrimonio y el decreto final de divorcio.

Beneficios retroactivos: si tu cónyuge alcanzó la edad plena de jubilación, puedes calificar para hasta seis meses de beneficios antes de la fecha de tu solicitud.

NIÑOS O NIETOS

Cuándo presentar la solicitud: presenta la solicitud de beneficios en nombre de los hijos o nietos dependientes cuando el principal proveedor de ingresos presente su solicitud de beneficios de jubilación.

Nota: un padre o tutor puede presentar la solicitud de beneficios para un niño menor de 18 años. En ciertos casos, los niños de 16 años o más que sean mentalmente competentes pueden firmar sus propias solicitudes.

Dónde presentar la solicitud: en persona, por teléfono o en línea.

Documentos necesarios: necesitarás los mismos documentos requeridos para los beneficios de jubilación según tu propio historial laboral. Consulta la sección "Según tu propio historial laboral" para obtener la lista. También se requiere el número de Seguro Social del niño.

Beneficios para sobrevivientes

Cuándo presentar la solicitud: puedes solicitar beneficios para sobrevivientes a partir del mes en que fallece el trabajador o jubilado cubierto. El momento depende de la edad del solicitante y otros factores:

» Viudos y viudas:

- Beneficios reducidos a los 60 años.
- Beneficios completos a la edad plena de jubilación.
- A partir de los 62 años, reciben el mayor del beneficio para sobrevivientes o su propio beneficio de jubilación.
- Viudos y viudas incapacitados pueden calificar a los 50 años.
- A cualquier edad si cuidan al hijo del trabajador fallecido que tenga menos de 16 años o tenga una discapacidad y reciba beneficios.

» Hijos:

- Hijos solteros menores de 18 años o hasta 19 años si aún están en la escuela secundaria. Un padre o tutor puede presentar la solicitud en nombre del niño.
- Hijos de cualquier edad incapacitados antes de los 22 años.

» Padres:

- Padres dependientes económicamente a los 62 años.

Nota: la edad plena de jubilación para viudos y viudas se calcula de manera diferente a la de los trabajadores y sus cónyuges (ver Capítulo 2).

Dónde presentar la solicitud: en persona o por teléfono.

Documentos necesarios: podrías necesitar la siguiente información para solicitar beneficios para sobrevivientes:

» Número de Seguro Social de la persona fallecida.

» Tu número y el número de Seguro Social de cualquier hijo dependiente.

» Tu certificado de nacimiento (original o copia certificada) o un registro religioso aceptable (como un certificado de bautismo) de antes de los 5 años.

» Declaración de ingresos del Formulario W-2 (una de cada empleador) o tu declaración de impuestos (si eres trabajador por cuenta propia) del año anterior. Se aceptan fotocopias.

» El certificado de defunción de la persona fallecida o una declaración de defunción de un director de funeraria.

» Certificado de matrimonio o papeles de divorcio (si solicitas como viudo/viuda o excónyuge).

Los padres que soliciten beneficios para sobrevivientes en el registro de un hijo adulto fallecido deben demostrar que dependían del hijo para la mitad de su apoyo financiero.

Beneficios retroactivos: puedes ser elegible para hasta seis meses de beneficios antes de la fecha de tu solicitud (12 meses para viudos/viudas incapacitados de 50 años a 59 años), pero no antes de que muriera el sostén de la familia. En general, los beneficios no son retroactivos para viudos/viudas sin hijos que no han alcanzado la edad plena de jubilación.

Devuelve cualquier pago enviado a un beneficiario fallecido. Si se pagó por depósito directo, notifica al banco; si se pagó por cheque, devuelve el cheque a la SSA. La SSA realiza pagos con un retraso de un mes. Si alguien muere en febrero, el pago de marzo (y cualquier pago posterior a marzo) debe ser devuelto. Contacta a la SSA poco después de la muerte de una persona para evitar esta situación.

Además de los beneficios para sobrevivientes, puedes ser elegible para un pago global por fallecimiento, un pago único de $255 a los sobrevivientes después de la muerte de un trabajador cubierto. Debes solicitar este beneficio dentro de los dos años posteriores a la muerte del trabajador. Puedes presentar la solicitud en persona o llamar a la SSA.

Beneficios por incapacidad

Cuándo presentar la solicitud: tan pronto como resultes incapacitado. (Es posible que los beneficios se paguen si han pasado cinco meses completos desde el inicio de una condición incapacitante).

Nota: los miembros dependientes de la familia pueden solicitar beneficios auxiliares según el historial de un trabajador incapacitado. Un padre o tutor puede solicitar beneficios para un niño soltero menor de 18 años. En algunos casos, los niños de 16 años o más, que sean mentalmente competentes, pueden firmar sus propias solicitudes.

Dónde presentar la solicitud: en persona, por teléfono o en línea.

Algunos defensores sugieren que las personas con incapacidades evidentes pueden mejorar sus posibilidades de aprobación si presentan una solicitud en persona en una oficina de la Administración del Seguro Social (SSA).

Documentos necesarios:

- » Tu número de Seguro Social, de tu cónyuge y tus hijos menores.
- » Tu certificado de nacimiento (original o copia certificada) o un registro religioso aceptable (por ejemplo, certificado de bautismo) de antes de los 5 años.
- » Información de contacto de los médicos, hospitales y personal médico que te atendieron.
- » Fechas de citas médicas relacionadas con tu condición.
- » Información sobre recetas médicas.
- » Registros médicos y resultados de laboratorios relacionados con tu condición.
- » Resumen de tu historial laboral (los últimos cinco trabajos que has tenido).
- » Las declaraciones de ingresos más recientes del Formulario W-2 o declaraciones de impuestos si eres trabajador por cuenta propia (se aceptan fotocopias).
- » Documentos de la licencia militar absoluta, como el Formulario DD 214 (se aceptan fotocopias).
- » Información sobre otras reclamaciones por incapacidad presentadas ante seguros o compensación de trabajadores.
- » Detalles de contacto de un amigo o familiar que pueda ayudarte con tu solicitud.

Beneficios retroactivos: puedes ser elegible para recibir hasta 12 meses de beneficios antes de la fecha de tu solicitud, pero no antes de resultar incapacitado. (Los beneficios retroactivos dependen de cuándo la SSA determine que comenzó tu incapacidad).

RECUERDA

Cuando un trabajador que recibe beneficios por incapacidad del Seguro Social alcanza la edad plena de jubilación, la SSA convertirá automáticamente esos beneficios en beneficios de jubilación. El monto del beneficio permanece sin cambios.

CONSEJO

Los militares heridos que resultaron incapacitados mientras estaban en servicio militar activo el 1 de octubre de 2001 o después de esa fecha recibirán un procesamiento acelerado de sus reclamaciones de incapacidad del Seguro Social en `www.ssa.gov/woundedwarriors`. Ten en cuenta que los beneficios a través del Seguro Social son diferentes de los proporcionados por el Departamento de Asuntos de Veteranos.

Beneficios de la Seguridad de Ingreso Suplementario

Cuándo presentar la solicitud: tan pronto como sea necesario.

Dónde presentar la solicitud: en persona o por teléfono.

Documentos necesarios: es posible que al solicitar la SSI debas proporcionar lo siguiente:

CONSEJO

- Número de Seguro Social.
- Prueba de edad, como un certificado de nacimiento (original o copia certificada), registro hospitalario, certificado de bautismo, pasaporte u otro documento que demuestre tu nombre y fecha de nacimiento.
- Documentación de residencia, como un contrato de arrendamiento o factura de servicios públicos a tu nombre.
- Registros financieros, incluidos comprobantes de ingresos y estados de cuenta bancarios.
- Información sobre activos, como una lista de propiedades y vehículos que posees, y estados financieros que muestren saldos en cualquier cuenta de inversión o bancaria. En general, los activos no deben exceder los $2000 para las personas solteras y $3000 para parejas (a partir de 2024), aunque algunos recursos como tu vehículo y hogar están exentos.
- Prueba de ciudadanía, como un certificado de nacimiento si naciste en EE.UU. Si *no* naciste en EE.UU. pero eres ciudadano estadounidense, deberás presentar un informe consular de nacimiento de EE.UU., pasaporte de EE.UU., certificado de naturalización o certificado de ciudadanía.
- Documentos del Departamento de Seguridad Nacional, como el Formulario I-551 (tarjeta de residente permanente), Formulario I-94 (registro de entrada/salida) o una orden de un juez de inmigración que te otorgue asilo o suspensión de deportación.
- Para las solicitudes de incapacidad de la SSI, también necesitarás presentar:
  - Información de contacto de médicos, hospitales y personal médico que te atendieron.
  - Fechas de citas médicas.
  - Información de recetas.
  - Resultados de laboratorio.

Beneficios retroactivos: no están disponibles.

Si recibes SSI, eres automáticamente elegible para Medicaid. Para más información sobre Medicaid, visita www.medicaid.gov.

Cómo recibir tu dinero: el cheque no está en el correo

El término *tu cheque del Seguro Social* está quedando obsoleto a medida que se eliminan los cheques en papel. Ahora, casi todos los que reciben beneficios del Seguro Social deben usar pagos electrónicos, excepto las personas a las que les otorgaron una exención. Puedes recibir tus beneficios a través de uno de los siguientes métodos:

- **Depósito directo:** se recomienda a los nuevos solicitantes que elijan el depósito directo cuando soliciten beneficios del Seguro Social. Para configurarlo, necesitarás tu número de cuenta bancaria y el número de ruta de tu banco. Puedes encontrar esta información en un cheque personal o llamar a tu banco.
- **Tarjeta de débito Direct Express:** si no tienes una cuenta bancaria, puedes usar la tarjeta de débito prepaga Direct Express. Para inscribirte, llama al 1-800-333-1795 o al 877-874-6347 o visita https://godirect.gov/gpw/.

El Departamento del Tesoro de EE.UU. estima un ahorro de $1 mil millones en la próxima década al cambiar a pagos electrónicos, que son más baratos que enviar cheques por correo. Este cambio también protege a los beneficiarios de cheques perdidos o robados. Si ya estás recibiendo el Seguro Social y necesitas cambiar a pagos electrónicos, visita https://godirect.gov/gpw o www.ssa.gov/deposit/o llama al 800-333-1795 para obtener ayuda.

Algunas personas están exentas de los pagos electrónicos. Esto incluye a las personas nacidas el 1 de mayo de 1921 o antes y personas con discapacidades mentales o que viven en áreas aisladas sin bancos. Para solicitar una exención, descarga el formulario en www.ssa.gov/deposit/ y haz clic en el enlace del Formulario de exención (Waiver Form).

EN ESTE CAPÍTULO

» Lee tu estado de cuenta personal del Seguro Social

» Usa una calculadora en línea para calcular tus beneficios

Capítulo 6

Determina cuánto has ganado

No necesitas esperar hasta que solicites beneficios del Seguro Social para saber cuánto has ganado. Hay varias formas de verificar tus ganancias y calcular tus futuros beneficios. Entender tus posibles beneficios es crucial para planificar tu jubilación.

Una herramienta útil es tu estado de cuenta personalizado del Seguro Social, disponible en línea en `www.ssa.gov/myaccount`. También puedes solicitar un estado de cuenta en papel con el Formulario SSA-7004, que se puede descargar en `www.ssa.gov/forms/ssa-7004.pdf`. El estado de cuenta en papel tarda alrededor de cuatro a seis semanas en llegar. Además, la Administración del Seguro Social (SSA) y organizaciones como AARP ofrecen herramientas en línea gratuitas para calcular tus beneficios. Estas herramientas te permiten ingresar diferentes variables, como cambios en los ingresos o diferentes fechas de jubilación, para ver cómo impactarían en tus beneficios.

En este capítulo cubro las opciones básicas para calcular tus beneficios y cómo usarlas eficazmente. Si aún estás trabajando, la cantidad de tu beneficio del Seguro Social puede cambiar según tus ingresos futuros. Incluso si tuviste años sin ingresos, nuevos años con ingresos modestos pueden afectar tu beneficio.

Evita sorpresas con las herramientas disponibles para tener una buena idea de tus futuros beneficios. Este conocimiento puede ayudarte a planificar tu jubilación, y en este capítulo te proporciono las herramientas que necesitas.

Examina tu estado de cuenta del Seguro Social

Tu estado de cuenta del Seguro Social es un recordatorio personal de la SSA, que detalla los beneficios que has ganado para ti y tu familia. Incluye un resumen de tus ingresos anuales y tus contribuciones al Seguro Social y Medicare durante toda tu carrera.

El estado de cuenta también proporciona orientación adaptada a personas de diferentes edades: trabajadores jóvenes (25–34), trabajadores a mitad de carrera (35–54) y aquellos que se acercan a la jubilación (55 en adelante). Por ejemplo, a los trabajadores jóvenes se les aconseja sobre la importancia del ahorro y la planificación financiera.

Cómo acceder a él

Cada vez más, acceder a tu información del Seguro Social se hace en línea, donde puedes imprimir fácilmente tu propia copia. Anteriormente, esta información se enviaba todos los años por correo a más de 150 millones de trabajadores mayores de 25 años, aproximadamente tres meses antes de su cumpleaños. Luego, la SSA redujo esto a una vez cada cinco años hasta los 60 años, cuando se enviaría todos los años. Debido a restricciones presupuestarias, el estado de cuenta ahora solo se envía por correo a los trabajadores de 60 años o más que aún no reciben beneficios o que no se han registrado a una cuenta en línea "*my* Social Security".

Puedes acceder a la misma información si creas una cuenta en línea en `www.ssa.gov/myaccount`. Esta cuenta en línea es útil para personas de todas las edades ya que muestra tu historial de ganancias actual. Para más detalles sobre las cuentas en línea del Seguro Social, consulta el Capítulo 7.

Si recibes una copia de tu estado de cuenta del Seguro Social por correo, guárdalo. Este documento contiene estimaciones importantes de tus beneficios del Seguro Social, incluidos los beneficios de jubilación, incapacidad y sobreviviente, y también incluye tu historial de ganancias registrado con la agencia. Sin importar tu edad o si tienes una cuenta en línea, puedes obtener un estado de cuenta escrito al enviar por correo un formulario disponible en `www.ssa.gov/forms/ssa-7004.pdf`.

Aunque el estado de cuenta es muy útil, no proporciona toda la información. No explica el vínculo entre el beneficio de jubilación de un trabajador y el beneficio de sobreviviente que el mismo trabajador puede dejar para un cónyuge. Además, no detalla la posibilidad de que los beneficios para algunas personas puedan estar parcialmente sujetos a impuestos sobre el ingreso (consulta el Capítulo 13 para más detalles).

Cómo entenderlo

Tu estado de cuenta del Seguro Social incluye varias secciones clave:

- Una estimación de los beneficios mensuales de jubilación, incapacidad y sobrevivientes que recibirían los miembros de tu familia.
- Tu registro de ingresos año por año en los archivos de la SSA, que se utilizó para determinar tus beneficios.
- Información básica sobre cómo se calculan los beneficios y descripciones de los principales tipos de beneficios.

El estado de cuenta también proporciona instrucciones para que tu registro de ingresos coincida con la SSA. Muestra tus contribuciones de impuestos sobre los ingresos de tu vida para el Seguro Social y Medicare y explica la Eliminación de Ventaja Imprevista y la Ley de Ajuste por Pensión del Gobierno, que pueden reducir los beneficios para individuos con trabajos no cubiertos por el Seguro Social.

En esta sección, te guiaré a través de un estado de cuenta del Seguro Social. Si tienes tu propio estado de cuenta, puedes guiarte por él. De lo contrario, puedes descargar una muestra para una persona imaginaria llamada Wanda Worker en línea en `www.ssa.gov/myaccount/assets/materials/statement-redesign-si-bw.pdf`.

Estimación de beneficios mensuales

En la Página 2 del estado de cuenta de muestra (o de tu propio estado de cuenta), notarás que la edad a la que solicitas beneficios impacta significativamente la cantidad que recibirás todos los meses. El estado de cuenta de 2023 (para trabajadores de 60 años o más) ilustra esto con el ejemplo de Wanda Worker:

- Si solicita a los 62 años, recibirá $1465 por mes.
- Si solicita a su edad plena de jubilación de 67 años, recibirá $2119 por mes (un aumento del 45%).
- Si solicita a los 70 años, recibirá $2634 por mes (un aumento adicional del 24% por jubilación aplazada).

RECUERDA

Si bien el estado de cuenta del Seguro Social usa tus ingresos reales para calcular los beneficios por incapacidad y sobrevivientes ya ganados, también hace suposiciones sobre tus ingresos futuros para calcular los beneficios de jubilación. Cuanto más lejos estés de la jubilación, más incierta será la estimación.

El estado de cuenta también destaca beneficios que a menudo se pasan por alto. En el ejemplo de Wanda Worker ocurrió lo siguiente:

- Ha ganado beneficios por incapacidad de $2083 por mes si tiene un accidente.
- Si fallece, ha ganado beneficios para sobrevivientes de aproximadamente $1562 por mes para un hijo y hasta $2083 por mes para un cónyuge (a la edad plena de jubilación del cónyuge).

Registro de ingresos

El estado de cuenta muestra tu registro de ingresos al documentar la cantidad de deducciones de tus ingresos para el Seguro Social y Medicare cada año. Por ejemplo, Wanda Worker tiene registros desde 1978 hasta 2020. Aunque Wanda tiene 42 años de ingresos, su beneficio del Seguro Social se calculará en base a sus 35 años de ingresos más altos. Si tuviera menos de 35 años, la SSA añadiría ceros a la fórmula para hacer el cálculo para alcanzar un total de 35 años.

RECUERDA

Tu registro de ingresos es crucial para determinar tus beneficios del Seguro Social. Revisa estos números cuidadosamente y contacta a la SSA si encuentras algún error.

CONSEJO

No necesitas un estado de cuenta del Seguro Social para revisar el historial de ingresos que la SSA tiene archivado para ti. Puedes obtener esta información de las siguientes maneras:

- **Visita tu oficina local de la SSA: solicita un resumen en la oficina.**
- **Llena y envía un formulario a la SSA:** para información detallada, incluidos nombres y direcciones de empleadores, visita www . ssa . gov, desplázate hasta "Formularios" (Forms) y usa el Formulario 7050-F4. Ten en cuenta que hay una tarifa por esta información.

Utiliza calculadoras del Seguro Social

No necesitas un estado de cuenta oficial para estimar tus beneficios del Seguro Social. Existen muchas calculadoras fáciles de usar que están disponibles en línea que te ayudan a explorar diferentes escenarios para tu futuro.

Estas calculadoras necesitan información básica como tu fecha de nacimiento y ganancias para estimar tus beneficios. Varían en complejidad, detalles requeridos y la información proporcionada. (Muchas son gratuitas. A continuación, hablo de algunas calculadoras públicas y gratuitas).

Algunas calculadoras se pueden personalizar para reflejar tu situación específica al considerar factores como el estado civil y los ahorros. Otras tienen en cuenta las obligaciones fiscales futuras para darte una imagen financiera más clara.

Muchas personas usan calculadoras para decidir *cuándo* comenzar a cobrar los beneficios de jubilación. Debido a eso, algunas calculadoras enfatizan el momento que maximiza tus beneficios de por vida para ti y tu cónyuge, mientras que otras se centran en maximizar tus beneficios mensuales. (Para más información sobre cuándo comenzar a cobrar los beneficios de jubilación, consulta el Capítulo 3).

Independientemente de la calculadora que elijas, debería mostrar claramente que tu monto de beneficio será menor a los 62 años, aproximadamente entre un 25% a 30% mayor a tu edad plena de jubilación (66 años o 67 años), y entre un 24% a 32% mayor si esperas hasta los 70 años.

CONSEJO

Al calcular tus beneficios, es útil conocer tus 35 años de trabajo mejor pagados. Si has guardado los estado de cuenta del Seguro Social, tienes mucha de la información necesaria (para más información sobre cómo acceder a tu estado de cuenta del Seguro Social, consulta la sección "Cómo acceder a él" en este capítulo). También puedes encontrar tus ingresos sujetos al Seguro Social en la casilla 3 del Formulario W-2 Comprobante de salarios e impuestos que obtienes de tu empleador cada año.

RECUERDA

Tu ganancia del Seguro Social es la cantidad sujeta al impuesto sobre tus ingresos. Es posible que hayas ganado más, pero estas son los ingresos máximos que la SSA considera para calcular tu beneficio de jubilación. El límite de ingresos del Seguro Social para 2024 es $168 600. Si ganas $174 000, solo pagas el impuesto del Seguro Social sobre $168 600. No pagas impuestos sobre los $5400 restantes, aunque sí pagas el impuesto de Medicare. Consulta el Capítulo 1 para más detalles acerca del impuesto sobre tus ingresos.

CONSEJO

Puedes encontrar los ingresos máximos imponibles actuales y los de años anteriores en `www.ssa.gov/OACT/COLA/cbb.html`.

Herramientas propias del Seguro Social

La Administración del Seguro Social (SSA) ofrece varias herramientas para calcular tus beneficios sin tener que esperar a que recibas un estado de cuenta. Puedes acceder a estas calculadoras en `www.ssa.gov/planners/benefitcalculators.htm`.

ADVERTENCIA

La precisión es crucial al usar estas herramientas. Las calculadoras dependen de la información que proporcionas y la mayoría no se conecta a la base de datos de la SSA para obtener tus ingresos reales. Por lo tanto, sé realista al proyectar tus ingresos futuros y preciso con tus ingresos pasados. Verifica tus registros para evitar discrepancias significativas en tus estimaciones de beneficios.

ADVERTENCIA

Las calculadoras en línea son un buen punto de partida para planificar tus beneficios del Seguro Social, pero sus resultados pueden variar, a veces por cientos de dólares al mes. Es prudente usar múltiples calculadoras, incluidas las proporcionadas por la SSA.

Aquí tienes algunas herramientas en línea clave de la SSA para estimar tus futuros beneficios de jubilación:

- **Calculadora Rápida del Seguro Social** (www.ssa.gov/OACT/quickcalc/index.html.): esta herramienta es rápida y sencilla, pero no está vinculada a tu registro de ingresos de la SSA. Ingresa tu fecha de nacimiento, ingresos actuales y fecha proyectada de jubilación. Puedes ajustar los ingresos utilizados en el cálculo para reflejar cifras más precisas.
- **Calculadora de beneficios por jubilación** (www.ssa.gov/estimator): esta calculadora utiliza tu registro real de ingresos de la SSA. Proporciona detalles personales como tu nombre, número de Seguro Social, fecha de nacimiento, estado donde naciste y los ingresos del año pasado. Calcula tus beneficios a los 62 años, a la edad plena de jubilación y a los 70 años. También puedes crear escenarios cambiando las edades de jubilación y los ingresos futuros.
- **Calculadora por internet** (www.ssa.gov/planners/retire/AnypiaApplet.html): esta herramienta requiere información detallada de ingresos pasados, lo que aumenta la posibilidad de errores.

INFORMACIÓN TÉCNICA

Además, no está conectada a la base de datos de la SSA. Existen versiones para casos específicos, como la página www.ssa.gov/planners/retire/anyPiaWepjs04.html que te brinda una estimación de cómo se reduciría tu beneficio por trabajo no cubierto en el caso de Eliminación de Ventaja Imprevista o para las personas afectadas por la Ley de Ajuste por Pensión del Gobierno en www.ssa.gov/planners/retire/gpo-calc.html.

- **Calculadora detallada del Seguro Social** (www.ssa.gov/OACT/anypia/anypia.html): esta es la herramienta más compleja y no es fácil de usar. Requiere descargar e ingresar manualmente los ingresos pasados. Es la más precisa para los trabajadores afectados por la Eliminación de Ventaja Imprevista.

Además de estas calculadoras, la SSA ofrece herramientas para estimar cómo los ingresos afectan los beneficios antes de la edad plena de jubilación, reducciones por jubilación anticipada, aumentos por retrasar la jubilación y el impacto del trabajo no cubierto en los beneficios. Estas herramientas están disponibles en `www.ssa.gov/planners/morecalculators.htm`.

Calculadora del Seguro Social de AARP

Algunas calculadoras ofrecen un enfoque más personalizado para calcular tus beneficios del Seguro Social que las herramientas de la SSA. Por ejemplo, podrías querer saber si tu pago de Seguro Social cubrirá los gastos del hogar cada mes. Esta información puede ayudarte a decidir cuándo reclamar tus beneficios, ya que los pagos varían según tu fecha de nacimiento y cuándo comienzas a cobrarlos.

Ciertas calculadoras te permiten ajustar suposiciones, como los gastos personales, lo que logra que la estimación sea más relevante para tu situación.

Una de estas herramientas es la Calculadora del Seguro Social de AARP, disponible de forma gratuita en `www.aarp.org/work/social-security/social-security-benefits-calculator`. Esta calculadora de AARP ofrece más opciones de personalización que muchas otras.

Aborda preocupaciones conyugales al brindar pasos a seguir para que las parejas maximicen sus beneficios y muestra cómo los ingresos obtenidos reducen los beneficios antes de alcanzar la edad plena de jubilación. Un gráfico interactivo calcula la retención de beneficios si trabajas, según tu edad e ingresos, y muestra posibles aumentos de pago después de alcanzar la edad plena de jubilación.

La calculadora de AARP sugiere que esperar el mayor tiempo posible para reclamar beneficios suele ser la mejor decisión. De todas formas, muestra claramente los montos de los beneficios para diferentes edades de reclamación. Está diseñada para guiar a varias personas, incluidas personas casadas, solteras, viudas y divorciadas.

Probemos esta calculadora con Dori, una mujer soltera de 56 años que gana $80 000 al año como gerente de recursos humanos. Según la herramienta de AARP, si Dori deja de trabajar a los 62 años, el beneficio mensual estimado de jubilación será el siguiente:

- Si lo reclama a los 62 años, será de $1970.
- Si lo reclama a los 67 años (su edad plena de jubilación), será de $2814.
- Si lo reclama a los 70 años, será de $3489.

La calculadora también muestra hasta qué punto su ingreso de Seguro Social cubrirá sus gastos. Con los números prellenados y al mirar los "Gastos mensuales cubiertos por el Seguro Social", Dori ve que retrasar los beneficios hasta los 70 años cubre el 95% de sus gastos proyectados, mientras que reclamarlos a los 62 años cubre solo el 54%.

Dori nota que la calculadora asume $1723 por mes para vivienda y servicios públicos. Dado que ella es dueña de su hogar, reduce esta categoría a $800 por mes. Con este ajuste, la calculadora muestra que reclamar los beneficios a los 70 años cubre el 100% de sus gastos, mientras que reclamarlos a los 62 años cubre el 72%, que es una brecha significativa.

La calculadora también proporciona una guía sobre cómo el trabajo continuo y los ingresos pueden afectar los pagos del Seguro Social. Bajo el límite de ganancias del Seguro Social, los ingresos por encima de un cierto umbral resultan en beneficios retenidos si no has alcanzado la edad plena de jubilación (consulta el Capítulo 13).

Otros calculadores en línea

Aquí tienes algunas calculadoras en línea útiles:

- **Planifica tu jubilación de la Oficina para la Protección Financiera del Consumidor** www.consumerfinance.gov/retirement/before-you-claim: esta calculadora fácil de usar proporciona información valiosa sobre los beneficios para sobrevivientes del Seguro Social, las ventajas de retrasar la solicitud y otros temas relevantes.
- **Calculadora de beneficios del Seguro Social de Bankrate:** www.bankrate.com/calculators/retirement/social-security-benefits-calculator.aspx: esta herramienta te permite proyectar fácilmente los ingresos futuros y las tasas de inflación.

EN ESTE CAPÍTULO

» Mantente organizado y obtén ayuda

» Declara sucesos de tu vida y lleva un registro de tus ingresos

» Pon en pausa los beneficios de jubilación

» Evita el pago en exceso por tus beneficios

» Recibe beneficios desde el extranjero

» Presenta una queja

Capítulo 7

Navega el sistema

Lidiar con una gran burocracia como la Administración del Seguro Social (SSA) puede ser intimidante, pero no tiene que ser estresante si sabes qué hacer. En este capítulo, cubro los problemas más comunes con los que te puedes encontrar y te brindo estrategias para evitar problemas y mantener tus beneficios sin interrupciones. Mantenerse organizado, cumplir con las fechas límite y proporcionar los materiales solicitados puede hacer que tus interacciones con la SSA sean mucho más fáciles.

CONSEJO

Puedes solicitar beneficios, inscribirte para el depósito directo, cambiar tu información de contacto u obtener una carta de prueba de ingresos al llamar al 800-772-1213 (TTY 800-325-0778) de lunes a viernes, de 9 a.m. a 4 p.m., o visitar www.ssa.gov. Si prefieres hablar con alguien en persona, puedes ahorrar tiempo si llamas al número de teléfono sin cargo para programar una cita en la oficina local de la SSA más cercana.

CONSEJO

La SSA ofrece servicios especiales para personas ciegas, incluidos avisos en braille, letra grande y CD de audio. Aunque la SSA ya no programa reuniones en persona fuera de sus oficinas, es posible que puedas organizar una reunión telefónica o por videollamada si vives lejos de una oficina de la SSA. Para los hablantes de otros idiomas, el portal multilingüe de la SSA (www.ssa.gov/multilanguage) brinda instrucciones en varios idiomas, como español, chino, vietnamita, ruso y árabe.

Sé un consumidor inteligente del Seguro Social

Mantenerte organizado puede ayudarte en tus interacciones con la SSA. Si eres diligente y organizado, puedes saltarte los próximos párrafos. Sin embargo, la organización no es fácil para todos y aquí es crucial. La SSA se enfoca en los detalles y procedimientos. Si se acercan los plazos para presentar tu solicitud, no quieres olvidarte de algún documento que la SSA te pidió hace semanas. En algunos casos, esto puede llevar a perder beneficios que has ganado.

En esta sección te brindo consejos simples para reducir el estrés, asegurarte de recibir todos los beneficios a los que tienes derecho y manejar cualquier problema que surja con la SSA.

Mantén buenos registros

Crea un archivo. Usa una carpeta de papel manila que quepa en un cajón. Esta carpeta será el hogar para todos tus papeles del Seguro Social. Incluye tu número de solicitud si has solicitado un beneficio. Además, guarda cualquier correspondencia con la SSA. Toma notas durante o después de llamadas telefónicas y visitas a la oficina, incluidos los nombres de las personas con las que hablaste, y coloca esas notas en la carpeta. Escribe recordatorios sobre tareas pendientes y fechas límite. Si tienes copias de tu estado de cuenta del Seguro Social, guárdalas aquí. Si has configurado una cuenta en línea, guarda una copia de tu nombre de usuario y contraseña en esta carpeta.

CONSEJO

Guarda los números de teléfono sin cargo de la SSA, que se mencionan al principio de este capítulo, así como el número de teléfono y la dirección de tu oficina local. Puedes encontrar la dirección de tu oficina local `www.ssa.gov/agency/contact/` si llamas a la SSA, revisas las páginas del Gobierno en tu guía telefónica local o visitas y te diriges hasta *Office Locator* (Localizador de oficinas).

Entiende la correspondencia del Seguro Social

Lee toda la correspondencia con atención y guárdala en tu archivo del Seguro Social (consulta la sección anterior). No pases por alto las cartas, ya que pueden contener fechas límite o solicitar documentos adicionales.

Aunque puede ser necesario llamar o visitar a la SSA, escribir una carta puede ser útil para asuntos que no son urgentes. Una carta crea un registro escrito. Siempre escribe tu número de Seguro Social y los nombres de cualquier representante de la SSA con quien hayas interactuado.

Si envías información o documentos importantes, usa un correo certificado y conserva el recibo. Haz fotocopias de todo lo que envíes y guárdalas. Siempre adjunta tu nombre y número de Seguro Social en cualquier documento que envíes o entregues.

No envíes registros de nacimiento extranjeros o documentos del Departamento de Seguridad Nacional por correo ya que son difíciles de reemplazar. En cambio, llévalos a tu oficina local del Seguro Social.

Haz (y asiste a) citas

Antes de visitar una oficina de la SSA, haz una cita y asegúrate de cumplirla. Tener una cita reduce significativamente el tiempo de espera. Además, las reuniones en persona pueden ayudar a prevenir errores al presentar solicitudes.

Durante o después de tu cita, escribe lo que te dijeron y guarda esta información en tu archivo de la SSA. Mantén un registro de tu visita, incluido cualquier recibo del quiosco de la oficina.

En los últimos años, el Seguro Social cerró muchas oficinas de campo y estaciones móviles. De acuerdo con tu ubicación, esto puede hacer que el servicio en persona sea menos conveniente.

Obtén las respuestas y la ayuda que necesitas

Cuando tratas con la gran burocracia de la SSA, pueden surgir preguntas. Por suerte, existen respuestas disponibles si sabes dónde buscar. En esta sección te explico cómo usar el sitio web de la SSA para encontrar la información que necesitas. También describo las opciones que existen para recibir asistencia con la SSA, así no tienes que manejarlo solo.

Encuentra respuestas en línea

El sitio web de la SSA (www.ssa.gov) ofrece mucha información sobre los beneficios y reglas que pueden afectarte. Aunque el sitio puede no abordar cada pregunta específica, pasar unos minutos allí puede proporcionarte ideas útiles sobre tus beneficios y problemas. Esto puede ayudarte para prepararte antes de contactar a la SSA.

Al visitar el sitio web de la SSA, puedes hacer lo siguiente:

- **Solicitar tu jubilación y otros beneficios:** puedes iniciar solicitudes para beneficios de jubilación, incapacidad, sobreviviente y Seguridad de Ingreso Suplementario (SSI). También están disponibles solicitudes para Medicare y asistencia con los costos de medicamentos recetados de Medicare.
- **Configurar una cuenta personal:** crea una cuenta "*my* Social Security" para verificar registros de ingresos por trabajo, actualizar información personal, cambiar detalles de depósito directo y obtener cartas de verificación de beneficios. Aquellos que aún no reciben beneficios pueden calcular beneficios futuros y revisar su registro de ganancias. Visita `www.ssa.gov/myaccount` para comenzar. (Más adelante en este capitulo, en "Registrarse para una cuenta 'my Social Security'", proporciono información detallada sobre cómo registrarse).
- **Apelar decisiones de solicitudes por incapacidad:** si necesitas apelar una decisión desfavorable sobre una solicitud de incapacidad, ve a `secure.ssa.gov/iApplsRe/start`.
- **Acceder a formularios y publicaciones:** descarga varios formularios y guías de forma gratuita. Los formularios están disponibles en `www.ssa.gov/forms`, y las publicaciones se pueden encontrar en `www.ssa.gov/pubs`.

CONSEJO

Asegúrate de que cualquier formulario impreso cumpla con los estándares de la SSA: papel blanco de 8½ × 11 pulgadas, impreso en tinta azul o negra.

- **Calcular beneficios:** utiliza las calculadoras del Seguro Social en `www.ssa.gov/planners/benefitcalculators.htm` para obtener una idea aproximada de tus montos de beneficios. Existen herramientas adicionales disponibles para ayudarte a entender los factores que afectan tus beneficios, como el límite de ingresos anuales para la jubilación anticipada y el impacto de una pensión gubernamental. (Para obtener más información sobre estas calculadoras en línea, incluida la Calculadora para la jubilación de AARP, consulta el Capítulo 6).
- **Solicitar o reemplazar una tarjeta de Seguro Social:** visita `www.ssa.gov/ssnumber`. Necesitarás configurar una cuenta "*my* Social Security".

En las siguientes secciones, proporciono información más detallada sobre cómo maximizar los beneficios de usar el sitio web de la SSA.

Registrarse para una cuenta "my Social Security"

Configurar una cuenta personal "*my* Social Security" puede ahorrarte tiempo y esfuerzo, especialmente ahora que las oficinas de la SSA enfrentan restricciones presupuestarias. Más de 38 millones de estadounidenses ya han creado sus cuentas. Con una cuenta personal, puedes seguir tu historial de ganancias, calcular futuros beneficios, cambiar tu dirección, la información de depósito directo y reemplazar una tarjeta de Seguro Social o Medicare, todo sin necesidad de llamar o visitar una oficina de la SSA.

Una cuenta en línea también te permite obtener un reemplazo del formulario SSA-1099, la declaración anual sobre la cantidad de ingresos del Seguro Social que debes reportar al Servicio de Impuestos Internos (IRS). (Las personas que no son ciudadanas y que viven en el extranjero también pueden reemplazar su formulario SSA-1042S a través de la cuenta).

Para registrarte en una cuenta "my Social Security", debes tener al menos 18 años, un número de Seguro Social, una dirección postal en EE.UU. y una dirección de correo electrónico válida. Si tienes un bloqueo de seguridad o una alerta de fraude en tu informe crediticio, necesitas suspenderlo temporalmente para crear la cuenta y luego puedes restablecerlo. También puedes visitar una oficina de la SSA para abrir una cuenta en persona.

Para configurar tu cuenta, visita `www.ssa.gov/myaccount`. Para mayor seguridad, necesitas un teléfono celular con mensajes de texto o una dirección de correo electrónico para la autenticación de dos factores, lo cual ayuda a prevenir el fraude de identidad.

Ten cuidado con los estafadores que pueden intentar robar cuentas personales. (Visita `www.ssa.gov/myaccount/security.html#h4`). Por ejemplo, pueden enviar correos electrónicos falsos dirigiéndote a enlaces fraudulentos para robar tu información. Si recibes un correo electrónico no solicitado pidiéndote que configures una cuenta de Seguro Social, elimínalo.

Los correos electrónicos legítimos de la SSA terminarán en `.gov/` (.gov y una barra inclinada): No te dejes engañar por los estafadores.

Para mayor seguridad, puedes bloquear el acceso electrónico a tu información personal. Este paso evita que cualquiera, incluido tú mismo, revise o cambie tu información en línea o a través del sistema telefónico automatizado de la SSA. Esta medida es útil para prevenir problemas como el robo de identidad o la violencia doméstica. Para bloquear el acceso, visita `www.ssa.gov/hlp/block-access.htm` o llama a la SSA al 800-772-1213 (TTY 800-325-0778). Para desbloquear el acceso, debes llamar o visitar a la SSA.

En general, el Seguro Social no te pedirá información financiera personal, como detalles de tarjetas de crédito. Ten cuidado con los estafadores que se hacen pasar por representantes de la SSA que buscan esta información.

Averigua si tienes derecho a beneficios

¿Tienes curiosidad de saber si reúnes los requisitos para recibir beneficios? La SSA ofrece una herramienta de evaluación en línea para ayudarte a determinar esto: `https://ssabest.benefits.gov/`. Toma alrededor de cinco a diez minutos en completarse. Necesitarás responder preguntas sobre fechas de nacimiento (para ti y tu cónyuge), ganancias y fechas de matrimonio y divorcio. Después de completar el cuestionario en línea, recibirás información sobre los beneficios a los que podrías ser elegible, junto con enlaces con más información. Esta herramienta evalúa si puedes optar a beneficios por jubilación, Medicare, incapacidad, beneficios para sobrevivientes, SSI y beneficios especiales de veteranos de la Segunda Guerra Mundial.

El Seguro Social llama a esta herramienta BEST (Programa para Determinar Elegibilidad a Beneficios). Sirve como una guía preliminar, en especial si no estás familiarizado con los beneficios del Seguro Social. Aunque puedes encontrar esta información en otros lugares, BEST la consolida convenientemente en un solo lugar. La herramienta basa sus hallazgos y recomendaciones en la información que proporcionas. No te pide tu nombre ni tu número de Seguro Social y no accede a tus registros reales de la SSA.

Ten en cuenta que la herramienta de evaluación *no* proporciona estimaciones de beneficios. Sin embargo, te sugerirá los beneficios a los que podrías aplicar según tu información.

Domina los detalles del Seguro Social

Si planeas recibir beneficios del Seguro Social, se recomienda visitar el sitio web de la SSA. Allí encontrarás temas importantes como beneficios de jubilación, información de contacto y respuestas a problemas actuales del Seguro Social. La función de búsqueda está claramente visible, lo que te permite encontrar información específica fácilmente.

En el sitio web de la SSA, puedes conocer las finanzas del programa directamente (`www.ssa.gov/OACT/TR/index.html`), sin depender de información de segunda mano. También puedes explorar datos históricos, como los diez nombres más populares para bebés, tanto de niños como de niñas, a lo largo de los años (`www.ssa.gov/OACT/babynames`).

CONSEJO

Una lista completa de las publicaciones en línea de la SSA está disponible en www.ssa.gov/pubs. A continuación, se presentan algunas publicaciones clave que ofrecen una visión general de los beneficios relevantes para tu familia:

- **Comprender los beneficios:** https://www.ssa.gov/pubs/ES-05-10924.pdf
- **Beneficios por jubilación:** https://www.ssa.gov/pubs/ES-05-10935.pdf
- **Beneficios por incapacidad:** https://www.ssa.gov/pubs/ES-05-10929.pdf
- **Beneficios para sobrevivientes:** https://www.ssa.gov/pubs/ES-05-10984.pdf
- **Seguridad de Ingreso Suplementario (SSI):** https://www.ssa.gov/es/ssi
- **Beneficios para hijos:** https://www.ssa.gov/pubs/ES-05-10985.pdf
- **Lo que toda mujer debe saber:** https://www.ssa.gov/pubs/ES-05-10927.pdf

Ten a alguien de tu lado al tratar con el Seguro Social

En la mayoría de los casos, puedes representarte a ti mismo de manera efectiva al tratar con la Administración del Seguro Social (SSA). Los problemas que enfrentas probablemente sean comunes, y el sistema está diseñado para manejarlos. Al hacer tu investigación, hacer preguntas y escuchar atentamente al representante de la SSA, deberías ser capaz de resolver cualquier confusión y entender tus próximos pasos. Al menos, esto *debería* ser el caso.

Sin embargo, hay momentos en los que podrías necesitar ayuda adicional. Esto podría deberse a un problema inusual con la SSA, información contradictoria de los representantes de la SSA o desafíos personales como problemas de salud que dificultan que manejes los asuntos por tu cuenta. En esta sección, detallo tus opciones para obtener asistencia extra.

Un defensor amigable

Siempre puedes llevar un acompañante cuando te reúnas con un representante de la SSA; puede ser tu cónyuge, amigo o cualquier persona que elijas. La SSA incluso permite que tu acompañante complete tu solicitud en línea, ya sea en tu ausencia o junto a ti, pero deberá identificarse. Aunque tu acompañante puede hacer mucho por ti, tú debes firmar la solicitud. Si no estás presente durante el proceso en línea, la SSA te enviará la solicitud por correo para que la firmes.

Tu acompañante también puede usar la herramienta en línea de la SSA para evaluar tu elegibilidad para beneficios en tu nombre. Visita `www.benefits.gov` y completa el cuestionario. Si tu acompañante va contigo a una reunión con la SSA, el representante puede preguntar sobre su identidad, pero la política de la SSA está de acuerdo con la participación de tu acompañante.

Un defensor profesional

En algunas situaciones, podrías necesitar un representante para que te asista con la SSA; la mayoría de las veces será un abogado, aunque no siempre. Aunque contratar a un representante no es necesario para asuntos rutinarios de la SSA, sí es crucial en disputas sobre reclamos del Seguro por Incapacidad del Seguro Social (SSDI), que suelen rechazarse inicialmente. Un abogado o defensor especializado en esta área puede ayudarte si deseas rectificar una decisión sobre los beneficios.

Para nombrar a un defensor, debes declarar esta decisión en una declaración firmada y fechada. La SSA proporciona un formulario para esto, disponible en `www.ssa.gov/forms/ssa-1696.pdf`. Tu defensor puede cobrar una tarifa hasta el límite propuesto por la SSA: $6,000 o el 25% de los beneficios atrasados, lo que sea menor.

Los reclamos por incapacidad pueden ser complejos, y entender las reglas y el proceso de apelaciones es a menudo esencial para tener éxito. Consulta el Capítulo 8 para obtener más información sobre el proceso de apelaciones y su importancia para asegurar los beneficios por incapacidad.

La vida sucede: mantén a la Administración del Seguro Social al tanto

Debes informar a la Administración del Seguro Social (SSA) sobre cualquier evento que pueda afectar tus pagos o los de tus dependientes. Esto incluye cambios en ingresos, estado familiar o detalles personales. Mantener a la SSA actualizada asegura que recibas los beneficios correctos y evites cualquier problema.

RECUERDA

Cambios familiares que debes reportar

» **Fallecimiento:** notifica a la SSA inmediatamente si un beneficiario fallece. A menudo, un director de funeraria se encargará de esto, pero es crucial asegurarse de que se haga. Esto detiene futuros pagos y puede calificar a los dependientes para nuevos beneficios.

- **Matrimonio, divorcio o nuevo matrimonio:** los cambios en el estado civil pueden afectar los beneficios para viudas, viudos y excónyuges menores de 60 años. Reporta cualquier cambio marital a la SSA, aunque el divorcio no concluye los beneficios en base al historial de ganancias del excónyuge.
- **Nacimiento, adopción o reubicación de un niño:** si recibes beneficios y tienes un hijo, el niño también puede calificar. Si un niño que recibe beneficios es adoptado, la SSA necesita saberlo. Si recibes beneficios conyugales o de viuda/viudo por cuidar a un niño dependiente y el niño se muda por más de un mes, repórtalo. No hacerlo puede resultar en la pérdida de un mes de beneficio o más.
- **Si un niño deja la escuela:** informa a la SSA si un beneficiario infantil, sin discapacidades y mayor de 18 años deja de asistir a la escuela a tiempo completo.

Cambios personales que debes informar. También debes informar a la SSA sobre los siguientes aspectos. Todos pueden afectar tus beneficios y tu capacidad de recibirlos:

- **Cambio de nombre:** asegúrate de que la SSA sepa si cambias tu nombre para acreditar correctamente tus ganancias a tu cuenta.
- **Cambio de dirección o banco:** reporta cualquier cambio en la dirección o detalles bancarios para asegurar que recibas tus pagos.
- **Aumento de ingresos:** si ganas más de lo esperado, informa a la SSA inmediatamente. Ganancias por encima de cierta cantidad pueden reducir tus beneficios.
- **Pagos por incapacidad no relacionados con el Seguro Social:** si recibes otros beneficios (que no provengan del Seguro Social) por incapacidad, compensación laboral o convenios, notifica a la SSA, ya que pueden afectar los montos de tu beneficio. De acuerdo con el reglamento de incapacidad, tus beneficios pueden continuar por un tiempo si trabajas y ganas por debajo de cierta cantidad, pero debes informarle a la SSA si comienzas a trabajar, tu salud mejora o hay un cambio en tu capacidad para trabajar.

CONSEJO

Si solicitas beneficios del SSDI pero también presentas un reclamo bajo la Ley de Estadounidenses con Discapacidades (ADA), puedes arriesgar tu solicitud del Seguro Social. El reclamo de la ADA establece que puedes trabajar si tu empleador realiza acomodaciones. Antes de llevarlo a cabo, consulta con un experto sobre tu situación.

- **Cambio de estado de ciudadanía:** los cambios en el estado de ciudadanía pueden afectar el tipo de tarjeta de Seguro Social para la que calificas. Las personas que no son ciudadanas deben demostrar autorización de trabajo del Departamento de Seguridad Nacional.

» **Trabajo fuera de EE.UU y no tienes la edad plena de jubilación:** si trabajas fuera de EE.UU. y estás por debajo de la edad plena de jubilación, repórtalo. Esto incluye trabajo a tiempo parcial y trabajo por cuenta propia. Trabajar más de cuarenta y cinco horas al mes en un trabajo que no paga impuestos del Seguro Social puede resultar en la retención de beneficios.

» **Condena criminal:** reporta si eres condenado por un crimen o tienes una orden de arresto pendiente. Esto puede detener tus beneficios, aunque los pagos a los miembros de la familia continúan en la mayoría de los casos.

» **Beneficios de pensión no relacionados con el Seguro Social:** recibir beneficios de pensión de un trabajo no cubierto por el Seguro Social, como un trabajo gubernamental, puede reducir tu pago del Seguro Social.

» **Beneficios de jubilación ferroviaria:** si recibes tanto beneficios del Seguro Social como beneficios de jubilación ferroviaria en base al historial laboral de tu cónyuge y tu cónyuge fallece, la SSA determinará qué beneficio continuarás recibiendo.

INFORMACIÓN TÉCNICA

Las reglas federales protegen los beneficios del Seguro Social depositados directamente en las cuentas de la mayoría de los acreedores. En general, los bancos no pueden permitir que los acreedores embarguen los beneficios depositados dentro de los dos meses de una orden de embargo. No obstante, esta protección no cubre la manutención infantil o los impuestos federales no pagados.

Aclara el registro de ganancias

Los errores en las declaraciones de ganancias pueden llevar a pagos incorrectos del Seguro Social. Aunque estos errores no son comunes, es importante revisar tu declaración de ganancias con regularidad.

La SSA solía enviar declaraciones de ganancias todos los años por correo, pero ahora las envía selectivamente para ahorrar dinero. Hoy en día, las declaraciones en papel solo se envían a personas de 60 años o más que no hayan creado una cuenta en línea de "*my* Social Security" y que no hayan comenzado a cobrar beneficios.

Revisa tu historial de ganancias y el resumen anual con regularidad. Si tienes alguna pregunta sobre las cantidades, verifica tus otros registros, como las declaraciones de impuestos anteriores. Las ganancias no registradas pueden resultar en pagos reducidos, así que es importante que te tomes el tiempo de revisarlo. (Ten en cuenta que el año más reciente puede estar ausente, ya que puede que aún no haya sido registrado).

Los errores en tu historial de ganancias pueden ocurrir por varias razones:

- La SSA no registró un cambio de nombre.
- Tu empleador usó un nombre incorrecto al reportar tus ganancias.
- Tu empleador cometió un error al reportar tus ganancias.
- Tu empleador tiene un número de Seguro Social incorrecto en sus archivos.

RECUERDA

Asegúrate de que el nombre y número que tu empleador usa para reportar tus ganancias coincidan con los que usa la SSA. Presta especial atención si has cambiado tu nombre.

Si encuentras errores en tu historial de ganancias, necesitas corregirlos y presentar evidencia. La SSA prefiere evidencia como tu Formulario W-2, declaraciones de impuestos, recibos de sueldo, registros personales u otros documentos que respalden tu reclamo. Si no puedes encontrar estos materiales, proporciona detalles como el nombre y la ubicación de tu empleador, fechas trabajadas, salarios, y el nombre y número de Seguro Social que diste a tu empleador.

Una vez que hayas organizado esta información, contacta a la SSA. Si se necesita más información, la SSA te avisará o puede contactar directamente a tu empleador.

RECUERDA

Si eres trabajador por cuenta propia, el límite de tiempo para corregir tu historial de ganancias puede ser hasta 3 años, 3 meses y 15 días desde el final del año fiscal en el que ocurrió un error. Sin embargo, la SSA puede hacer excepciones para errores obvios, como ganancias de otra persona reportadas por error en tu historial. La SSA también tiene la autoridad para verificar sus registros con tus declaraciones de impuestos y corregir ciertos errores, incluso después del plazo.

La SSA usa tus 35 años de mayores ganancias para calcular tu beneficio. Puedes obtener información sobre ganancias en una oficina local de la SSA (lleva una foto para usar como identificación) o en tu cuenta de "*my* Social Security" en línea. También puedes solicitar información personal certificada si imprimes el formulario en `www.ssa.gov/forms/ssa-7050.pdf` y lo envías por correo a:

Social Security Administration

P.O. Box 33011
Baltimore, MD 21290-33011

ADVERTENCIA

Puede haber una tarifa por obtener esta información que se detalla en el formulario.

Una carta de verificación de beneficios puede ser útil para demostrar que recibes Seguro Social o Seguridad de Ingreso Suplementario, especialmente al solicitar un préstamo u otro beneficio gubernamental. Puedes obtener esta carta rápidamente en línea si tienes una cuenta personal (inicia sesión en `www.ssa.gov/myaccount`). También puedes solicitar la carta si llamas al Seguro Social al número de teléfono sin cargo 1-800-772-1213 (TTY 1-800-325-0778) o si visitas tu oficina local del Seguro Social. Sin embargo, es posible que hacerlo en línea sea el método más rápido.

Detén tus beneficios de jubilación

En raras ocasiones, puedes comenzar a cobrar los beneficios del Seguro Social y luego reconsiderarlo. Tal vez recibiste una oferta de trabajo inesperada o decidiste retrasar los beneficios para obtener un pago mayor en el futuro y tienes otras fuentes de ingresos mientras tanto. Aunque es ideal tomar estas decisiones antes de comenzar a recibir beneficios, aún puedes cambiar de opinión. Aquí están las opciones disponibles, cada una con sus particularidades:

» **Cancelación de beneficios de jubilación:** si eliges cancelar tus beneficios, debes devolver todos los pagos del Seguro Social recibidos dentro del primer año, incluidos los montos retenidos como las primas de Medicare y las retenciones de impuestos. Además, necesitas devolver los beneficios recibidos por tu cónyuge o dependientes en base a tu solicitud. Ellos deben estar de acuerdo por escrito con la detención de los beneficios.

  Para aplicar, completa el formulario SSA-521, disponible en `www.ssa.gov/forms/`.

ADVERTENCIA

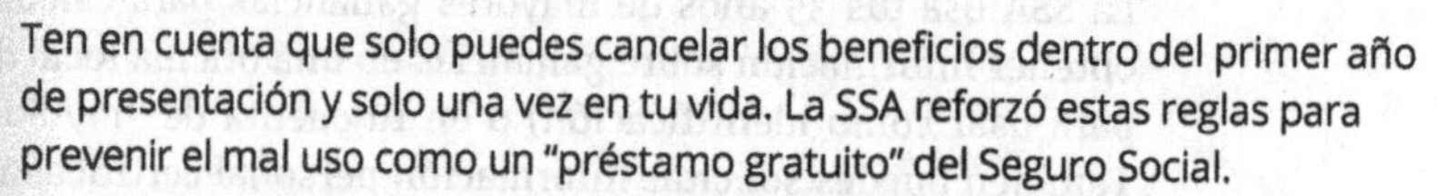

  Ten en cuenta que solo puedes cancelar los beneficios dentro del primer año de presentación y solo una vez en tu vida. La SSA reforzó estas reglas para prevenir el mal uso como un "préstamo gratuito" del Seguro Social.

» **Suspensión voluntaria de beneficios:** puedes solicitar una suspensión voluntaria de tus beneficios si has alcanzado la edad plena de jubilación pero aún no tienes 70 años. Las parejas casadas utilizaban esta opción para optimizar los beneficios, pero, hoy en día, la SSA la restringió. Sin embargo, un individuo aún puede suspender los beneficios a la edad plena de jubilación, lo que permite que crezcan un 8% anual hasta reanudarlos a los 70 años. Para más información, visita `www.ssa.gov/planners/retire/suspendfaq.html`.

» **Renuncia de los beneficios:** si no has alcanzado la edad plena de jubilación y deseas detener tus beneficios sin afectar a los miembros de tu familia, puedes solicitar una renuncia de los beneficios. Esto se puede hacer en persona o por teléfono con un representante de la SSA.

Nota: si renuncias a los beneficios y ganas suficiente dinero, el límite de ganancias del Seguro Social podría resultar en la retención de beneficios para tus dependientes. (Consulta el Capítulo 13 para obtener más detalles sobre el límite de ganancias y la suspensión del trabajo).

Recupera un cheque de Seguro Social perdido o robado

Recuperar un cheque de Seguro Social perdido o robado se volvió menos problemático a medida que la SSA transfiere a los beneficiarios a depósito directo. Hoy en día, los nuevos solicitantes deben elegir entre depósito directo o una tarjeta de débito especial. Los pagos electrónicos se consideran más seguros y confiables que los cheques en papel. Sin embargo, algunos beneficiarios todavía reciben cheques por correo. Si un cheque no llega a tiempo, puede ser un problema.

RECUERDA

Es importante saber cuándo esperar tu beneficio:

» **Cumpleaños del 1 al 10:** los beneficios se pagan el segundo miércoles de cada mes.

» **Cumpleaños del 11 al 20:** los beneficios se pagan el tercer miércoles de cada mes.

» **Cumpleaños del 21 al 31:** los beneficios se pagan el cuarto miércoles de cada mes.

La SSA aconseja esperar tres días después de la fecha de pago antes de reportar un cheque o pago electrónico faltante. Si no tienes tu beneficio después de tres días, contacta a la SSA al 800-772-1213 (TTY 800-325-0778).

CONSEJO

Para obtener más información sobre el depósito directo de los beneficios del Seguro Social, visita www.godirect.org.

Recibir un aviso por pagos en exceso

Recibir pagos en exceso de la SSA no es lo ideal. Si la SSA determina que recibiste un pago en exceso, te enviarán un aviso por escrito en el que te solicitarán el reembolso. Este aviso especificará la cantidad del pago en exceso y la fecha en que se envió el dinero.

Los pagos en exceso a menudo ocurren cuando ganas más de lo esperado mientras recibes beneficios de jubilación. Aunque ganar dinero mientras recibes beneficios está permitido, se aplican restricciones si ganas por encima de ciertas cantidades y estás por debajo de tu edad plena de jubilación. En estos casos, la SSA puede retener los beneficios hasta que se recupere la cantidad de los pagos excedidos o pueden solicitar que reembolses el exceso.

Si crees que no recibiste un pago en exceso, tienes opciones para rectificar el aviso. Organiza rápidamente una reunión en tu oficina local de la SSA y considera lo siguiente:

» **Exención de cobro:** si piensas que la demanda es injusta, no fue tu culpa o no puedes permitirte reembolsar ese dinero, puedes solicitar una exención de cobro. Usa el formulario SSA-632 (OMB n.º 0960-0037), disponible en línea en www.ssa.gov/forms/ssa-632-bk.pdf. Este formulario requiere información detallada sobre tus bienes, ingresos y gastos.

» **Solicitud de reconsideración:** si crees que la SSA cometió un error y no recibiste un pago en exceso, presenta una solicitud de reconsideración con el formulario SSA-561 (OMB n.º. 0960-0622), disponible en línea en www.ssa.gov/forms/ssa-561-u2.pdf.

Puedes presentar ambos formularios si es aplicable a tu situación. Las apelaciones deben presentarse dentro de los 60 días posteriores a la recepción del aviso. Solicitar una exención de cobro dentro de los 30 días (10 días para SSI) puede detener cualquier reducción de beneficios hasta que presentes tu caso.

La SSA revisará tu reclamo para determinar si actuaste de manera responsable y entendiste los requisitos del informe. También evaluarán tu capacidad para seguir las reglas.

En algunos casos, si el reembolso no es factible, la SSA puede considerar un convenio de compromiso o un plan de pago en cuotas. El reembolso puede hacerse a través de varios medios, incluidos giros bancarios, cheques y tarjetas de crédito.

Obtén Seguro Social en una economía global

¿Estás pensando en jubilarte en el extranjero? ¿La SSA te enviará tus beneficios? ¿Qué pasa si trabajaste para un empleador extranjero o pagaste en los sistemas de Seguro Social de varios países? ¿Eres una persona que no es ciudadana que trabajó legalmente en EE.UU. y pagó impuestos de Seguro Social? ¿Puedes recibir beneficios?

Navegar estas preguntas puede ser complejo en esta economía global.

Las pautas para los pagos del Seguro Social a países específicos pueden cambiar con el tiempo. Si perteneces a alguna de estas categorías, consultar con un abogado o experto es recomendable para respetar las reglas y asegurar tus beneficios. Mantente actualizado leyendo el folleto en línea "Sus pagos mientras está fuera de EE.UU." (`https://www.ssa.gov/pubs/EN-05-10137.pdf`).

Sigue leyendo para obtener la información que necesitas.

Ciudadanos de EE.UU.

La mayoría de los ciudadanos de EE.UU. trabajan para empleadores estadounidenses y viven toda su vida en Estados Unidos. Si este es tu caso, puedes saltar esta sección. Sin embargo, si has trabajado para un empleador extranjero o en estos momentos vives en el extranjero, sigue leyendo.

Si trabajaste para un empleador extranjero

Si trabajaste para un empleador extranjero, podrías haber estado exento de pagar impuestos del Seguro Social tanto en el país del empleador como en Estados Unidos sobre las mismas ganancias.

Además, si trabajaste en un país con un tratado con Estados Unidos, tus beneficios podrían estar protegidos. Estados Unidos tiene acuerdos con muchos países, incluidos la mayoría de Europa, Australia, Chile, Japón y Corea del Sur, para simplificar los asuntos de Seguro Social.

Para obtener más información, visita `www.ssa.gov/international`.

Si vives en el extranjero

Si resides en un país extranjero, tus pagos del Seguro Social te serán enviados como si estuvieras en Estados Unidos. El depósito directo está disponible en muchos países. Para obtener una lista, visita www.ssa.gov/international/countrylist6.htm o contacta a la SSA, la embajada o consulado de EE.UU. más cercano.

ADVERTENCIA

Como ciudadano estadounidense, puedes viajar o vivir en la mayoría de los países extranjeros, excepto Cuba y Corea del Norte, y recibir tus beneficios del Seguro Social. Sin embargo, existen restricciones en ciertos países: Azerbaiyán, Bielorrusia, Kazajistán, Kirguistán, Moldavia, Tayikistán, Turkmenistán y Uzbekistán. Para obtener más información sobre estas restricciones, contacta a la SSA o a la embajada o consulado de EE.UU. más cercano.

RECUERDA

Mientras vivas en el extranjero y cobres el Seguro Social, debes cumplir con los requisitos básicos de notificación de cambios en tus circunstancias, como se explicó anteriormente en este capítulo (consulta la sección "La vida sucede: mantén a la Administración del Seguro Social al tanto").

Extranjeros

Los extranjeros pueden recibir beneficios del Seguro Social si los han ganado legalmente y tienen un estado de inmigración legal.

Si no cumples con ciertos requisitos de residencia, como no tener una tarjeta verde o no haber pasado el tiempo requerido en Estados Unidos en los últimos dos años, el IRS exige que la SSA retenga el 30% de la parte tributable de tu pago mensual. Algunas exenciones y reducciones pueden aplicarse según tratados fiscales entre Estados Unidos y otros países. Para más información, revisa la herramienta de evaluación de impuestos para no residentes de la SSA en www.ssa.gov/international/AlienTax.html.

Si ganaste beneficios como extranjero y ahora vives fuera de Estados Unidos, la SSA puede enviar tus beneficios a otros países, pero pueden aplicarse ciertas restricciones. En general, la SSA debe detener tus beneficios si has estado fuera de Estados Unidos por seis meses consecutivos, a menos que cumplas con excepciones específicas según tu país de ciudadanía, país de residencia y otros factores. (Además, en general se requieren cinco años de residencia en EE.UU. antes de que puedas resultar elegible para recibir beneficios en el extranjero como dependiente o sobreviviente).

ADVERTENCIA

Estas reglas pueden ser complejas. Para más detalles, revisa la herramienta de evaluación de pagos en el extranjero de la SSA en www.ssa.gov/international/payments_outsideUS.html. También puede ser útil hablar de tu situación personal con un abogado u otro experto en beneficios del Seguro Social.

Registra una queja con la Administración del Seguro Social

La Administración del Seguro Social (SSA) interactúa con millones de personas cada año. Estas interacciones pueden variar desde simples solicitudes de información hasta preocupaciones serias sobre beneficios. No es sorprendente que algunas personas puedan estar insatisfechas con el proceso o el resultado. Aquí están tus opciones para registrar una queja:

Para comentarios generales, puedes usar el formulario en línea en `https://secure.ssa.gov/emailus/`. Este formulario es rápido de llenar y no debe incluir información personal como tu número de Seguro Social. Puedes enviar quejas, sugerencias o cumplidos sobre el servicio al cliente de la SSA.

En tu oficina local de la SSA, puedes llenar una tarjeta de comentarios para calificar tu experiencia. Esta tarjeta es similar a las tarjetas de comentarios en los restaurantes y no es un formulario oficial de queja. Si la tarjeta no está disponible, puedes pedirla. También tienes derecho a hablar con el gerente de la oficina sobre tus preocupaciones.

Para quejas más serias, considera estas opciones:

- **Oficina local de la SSA:** visita o escribe a tu oficina local de la SSA. Encuentra la dirección con *Office Locator* (`secure.ssa.gov/ICON/`) o llama al 800-772-1213 (TTY 800-325-0778).
- **Oficina nacional:** escribe una carta detallada a:
- Administración del Seguro Social

  Oficina de Consultas Públicas y Apoyo a la Comunicación

  1100 West High Rise

  6401 Security Blvd.

  Baltimore, MD 21235
- **Representantes electos:** contacta a un congresista en `www.house.gov/representatives/find` o a senadores en `www.senate.gov/general/contact_information/senators_cfm.cfm`.

Si tu queja involucra discriminación o trato injusto por parte de un juez de derecho administrativo, sigue estos pasos:

- **Quejas por discriminación:** si crees que fuiste discriminado por raza, color, origen nacional, dominio del inglés, religión, género, orientación sexual, edad o discapacidad, presenta una queja dentro de 180 días.

  Usa el formulario disponible en `https://www.ssa.gov/forms/ssa-437-bk-sp.pdf` y envíalo fechado y firmado por correo a la oficina regional más cercana que se indica en la página 8 del formulario junto con un consentimiento escrito de que permites a la SSA revelar tu nombre durante la investigación.

- **Trato injusto por jueces de derecho administrative:** si sientes que un juez de derecho administrativo te trató injustamente durante una apelación de beneficios, anota los detalles y envíalos por correo a:

  Oficina de Operaciones de Audiencias

  División de Servicio de Calidad

  5107 Leesburg Pike, Stes. 1702/1703

  Falls Church, VA 22041-3255

Incluye lo siguiente en tu queja:

- Tu información de contacto
- Tu número de Seguro Social
- El nombre del juez de derecho administrativo
- La fecha del incidente
- Nombres e información de contacto de cualquier testigo
- Una descripción clara de las acciones o palabras injustas

Para más información sobre este proceso, consulta `https://www.ssa.gov/pubs/ES-05-10979.pdf`.

RECUERDA

No confundas una queja sobre un juez de derecho administrativo con una apelación. Para continuar una apelación después de una decisión desfavorable, solicita una Revisión del Consejo de Apelaciones. Para detalles sobre cómo presentar una apelación, consulta el Capítulo 8.

EN ESTE CAPÍTULO

» Solicita una reconsideración cuando tu reclamación es denegada

» Consigue una audiencia ante un juez de derecho administrativo

» Lleva tu rectificación al Consejo de Apelaciones

» Demanda al Seguro Social en un tribunal federal

Capítulo 8

Cuando tú y el Seguro Social no están de acuerdo: el proceso de apelaciones

Has solicitado beneficios y te los han denegado. Crees que la Administración del Seguro Social (SSA) tomó una decisión incorrecta. Estás frustrado y quieres hacer algo al respecto. Este capítulo se centra en los desafíos relacionados con los beneficios del Seguro de Incapacidad del Seguro Social (SSDI). Sin embargo, también pueden surgir disputas sobre montos de ganancias, relaciones familiares que afectan la elegibilidad y otros problemas. Sea cual sea el problema, puedes solicitar una decisión más favorable del Seguro Social, y entender el sistema puede mejorar tus posibilidades.

El proceso de apelación tiene cuatro fases, que dependerá de hasta dónde lo lleves. En la mayoría de los estados, tu apelación comienza con la reconsideración de la decisión inicial. Luego puede proceder a una audiencia formal ante un juez de derecho administrativo. La mayoría de las rectificaciones se detienen en esta etapa. Sin embargo, puedes llevarlo más allá al Consejo de Apelaciones de la Administración del Seguro Social y, finalmente, al sistema judicial federal.

RECUERDA

Cada fase tiene sus propias reglas y procedimientos. Entenderlos y seguirlos es crucial. Si necesitas ayuda, considera consultar a un abogado o experto en Seguro Social.

En este capítulo te explico cómo rectificar al Seguro Social si una decisión no te favorece.

RECUERDA

Mientras lees este capítulo, considera los pros y los contras de apelar y las realidades que puedes enfrentar en diferentes etapas. No basta con tener razón; necesitas presentar tu caso de manera efectiva y cumplir con las fechas límite. Prepárate para un proceso largo: puede llevar un año o más llegar a obtener una audiencia, donde tienes más oportunidades de tener éxito.

Reconsideración: el primer paso

Si la SSA rechaza tu solicitud, recibirás un aviso de denegación por correo, informándote sobre tu derecho a apelar. Podrías preguntarte si se cometió un error al revisar tu aplicación y si tiene sentido desafiar la decisión.

ADVERTENCIA

Si decides apelar, tienes 60 días desde que recibes el aviso para informar a la SSA. Se permiten cinco días adicionales para el envío por correo, pero es recomendable no retrasarse. Perder la fecha límite puede poner en peligro tu caso, aunque la SSA permite excepciones por razones válidas como emergencias de salud o problemas de comunicación.

Para apelar, debes presentar una *solicitud de reconsideración*, el primer nivel del proceso de apelaciones. Un evaluador diferente de la Agencia de Determinación de Incapacidad (DDS) del estado revisará tu archivo. Esta revisión es típicamente una revisión "en papel", lo que significa que no implica tu presencia personal ni un argumento oral por parte de un abogado. Los críticos a menudo se refieren a esta etapa como un "sello de goma" porque casi el 90% de estas apelaciones son denegadas. Sin embargo, si crees que tienes razón y deseas obtener una audiencia ante un juez de derecho administrativo, primero debes presentar una solicitud de reconsideración.

En esta sección te guío a través de la decisión de si presentar o no una solicitud de reconsideración. Si decides no hacerlo, tu proceso termina aquí. Si decides continuar con la apelación, te brindaré instrucciones sobre cómo proceder.

CONSEJO

La orientación experta puede ser valiosa mientras navegas por el proceso de apelaciones o mientras decides si apelar. Un defensor capacitado, como un abogado o un no abogado especializado en temas de SSDI, puede ayudar a determinar si tienes un caso razonable e identificar la evidencia necesaria para probar tu elegibilidad.

Decide si presentar o no una solicitud de reconsideración

¿Deberías presentar una solicitud de reconsideración? Empieza preguntándote: ¿tienes una incapacidad?

Nota: el proceso de apelaciones es el mismo si te han negado el SSDI u otros beneficios. La siguiente información se centra en el SSDI debido a que sus problemas específicos a menudo conducen a disputas.

RECUERDA

La SSA considera cinco criterios para determinar si resultas elegible para el SSDI. Algunos pasos implican aspectos técnicos que pueden no ser obvios, esto dependerá de tu investigación. En términos generales, la SSA quiere saber lo siguiente:

» **¿Aún puedes ganar un ingreso sustancial por empleo?** La SSA actualiza periódicamente el trabajo sustancial y lucrativo. En 2024, es de $1550 por mes para las personas con capacidad visual y $2590 para las personas ciegas. Las ganancias que estén por encima de este nivel pueden descalificarte.

» **¿Tienes una condición grave que se espera que dure al menos un año o resulte en la muerte?** La condición puede ser física, mental o una combinación de las dos.

» **¿Está tu condición en la "Lista de discapacidades" de la SSA?** Esta lista puede ser compleja, pero está disponible en `www.ssa.gov/disability/professionals/bluebook/AdultListings`. ***Nota:*** tu condición no necesita estar en la lista para calificar.

» **¿Aún puedes hacer tu trabajo o un trabajo similar?** La SSA puede revisar tu historial laboral de los últimos 15 años. Si puedes desempeñar un trabajo que tuviste anteriormente, es posible que no califiques para los beneficios del SSDI.

» **¿Puedes hacer otros trabajos que existan en grandes números en la economía nacional?** La SSA espera que los solicitantes más jóvenes encuentren un nuevo trabajo compatible con sus limitaciones. Los solicitantes mayores de 50 años tienen una mejor oportunidad de calificar, con mayores probabilidades de aprobación a medida que aumenta la edad.

Infórmate sobre cómo calificar para los beneficios del SSDI en el Capítulo 11 y revisa los materiales de la SSA en `www.ssa.gov/disability`. Encontrarás información sobre el proceso de apelaciones, detalles técnicos y preguntas frecuentes.

Toma los pasos para presentar una solicitud

Puedes solicitar una reconsideración al completar el formulario SSA-561 (`www.ssa.gov/forms/ssa-561.pdf`). Si estás por apelar una decisión relacionada con los beneficios de SSDI, también puedes presentar tu solicitud en línea en `www.ssa.gov/benefits/disability/appeal.html`.

Para casos que involucren la suspensión de beneficios, usa el formulario SSA-789 (`www.ssa.gov/forms/ssa-789.pdf`).

Si recibes un aviso de que suspenderán tus beneficios, presenta una solicitud por escrito dentro de diez días para que puedas continuar recibiendo beneficios durante la apelación.

El formulario de reconsideración tiene tres líneas para que expliques porqué solicitas una revisión. No necesitas probar todo tu caso aquí. Sin embargo, proporciona a la SSA toda la información de fondo necesaria lo antes posible. Esto incluye evidencia detallada sobre tratamientos médicos (visitas al doctor, resultados de laboratorio, recetas, nombres y números de teléfono de los profesionales de la salud) y tu historial laboral.

Junto con tu solicitud de reconsideración, presenta un nuevo informe de incapacidad y una autorización (formulario SSA-1696: `www.ssa.gov/forms/ssa-1696.pdf`) para que tu representante pueda acceder a tu expediente y discutir tu caso con la SSA. Autoriza a otras personas, como profesionales de la salud, a divulgar información a la SSA. El Informe de incapacidad está disponible en `www.ssa.gov/forms/ssa-3441.pdf` y el formulario de divulgación de información personal está en `www.ssa.gov/forms/ssa-827.pdf`.

CONSEJO

Si envías tu solicitud de reconsideración por correo, usa correo certificado para obtener un recibo. Si la entregas en persona, pide un recibo. Esto puede ser crucial si la SSA pierde tu solicitud.

RECUERDA

Mantente organizado durante todo el proceso de apelación. Incluye tu nombre, número de Seguro Social y número de teléfono en todos los documentos enviados a la SSA. También, guarda fotocopias y registros de todas las presentaciones.

En general, las solicitudes de reconsideración se deciden dentro de cuatro meses. Presentar tu solicitud de manera oportuna ayuda a mantener el proceso en marcha, lo cual es vital por dos razones:

- Los retrasos aumentan el riesgo de perder beneficios retroactivos.
- Las solicitudes de reconsideración a menudo fallan. Si crees en tu reclamo, querrás avanzar a la siguiente etapa y tener una audiencia ante un juez de derecho administrativo lo más rápido posible.

Acude a un juez de derecho administrativo para resolver tu problema

Si tu solicitud de reconsideración fue denegada, recibirás un aviso por correo. Aunque esto puede ser desalentador, si crees que calificas para los beneficios, no te rindas. Aunque muchas apelaciones son denegadas inicialmente, obtener una audiencia ante un juez de derecho administrativo, que es el siguiente paso, puede ser crucial. Los jueces otorgan beneficios en la mitad de los casos que revisan aproximadamente.

Después de recibir el aviso de denegación, tienes 60 días (más 5 días por el envío por correo) para solicitar una audiencia ante un juez.

ADVERTENCIA

Perder esta fecha límite puede poner fin a tu apelación. Sin embargo, la SSA puede aceptar ciertas excusas e incluso realizar una audiencia separada para considerar su validez. Por ejemplo, si un problema de salud grave te impidió presentar la solicitud a tiempo, el plazo podría extenderse. Otras razones válidas incluyen la muerte de un familiar cercano, dominio limitado del inglés o no recibir el aviso de la SSA. Si solicitaste más información a la SSA y luego pediste una audiencia dentro de los 60 días de esa solicitud, la SSA puede aceptar una presentación tardía. No obstante, intenta presentar tu solicitud a tiempo.

CONSEJO

En esta etapa, la mayoría de las personas se benefician del apoyo profesional. Consultar a un experto para que te represente puede mejorar tus posibilidades de éxito.

INFORMACIÓN TÉCNICA

Si un evaluador pasó por alto evidencia significativa al denegar tu solicitud de reconsideración, podrías obtener una decisión favorable de un juez de derecho administrativo sin una audiencia, lo que te ahorraría tiempo. Esto se conoce como *decisión en base al expediente*. Puedes solicitar esto solo después de presentar una solicitud de audiencia. Dichas decisiones a veces se otorgan si tienes evidencia médica y vocacional sustancial. Si la solicitud es denegada, de todas formas recibirás una audiencia. (Solicita una decisión en base al expediente solo si tu caso es sólido).

Solicita una audiencia

Para solicitar una audiencia, completa el formulario HA-501 (`www.ssa.gov/forms/ha-501.pdf`) o escribe una carta a la SSA.

RECUERDA

Tienes 60 días, más 5 días para el envío por correo, desde la notificación de la denegación de reconsideración para solicitar una audiencia.

En esta etapa del proceso de apelaciones de SSDI, la SSA puede requerir formularios adicionales:

- **Informe de incapacidad — Apelación (formulario SSA-3441):** `www.ssa.gov/forms/ssa-3441.pdf`
- **Autorización para divulgar información a la Administración del Seguro Social (formulario SSA-827):** `www.ssa.gov/forms/ssa-827.pdf`
- **Tratamiento médico reciente del reclamante (formulario HA-4631):** `www.ssa.gov/forms/ha-4631.pdf`
- **Medicamentos del reclamante (formulario HA-4632):** `www.ssa.gov/forms/ha-4632.pdf`
- **Antecedentes laborales del reclamante (formulario HA-4633):** `www.ssa.gov/forms/ha-4633.pdf`

CONSEJO

Presenta toda la evidencia nueva al juez de derecho administrativo lo antes posible, en especial dentro de los diez días posteriores a la presentación de la solicitud de audiencia. Si necesitas más tiempo, solicita una extensión a la SSA.

Después de recibir tu solicitud, recibirás una carta de una Oficina de Audiencias del Seguro Social con la información de contacto de la oficina. La Oficina de Audiencias te informará (a ti y a tu representante) la fecha, hora y lugar de la audiencia con al menos 75 días de anticipación. También recibirás un formulario para indicar si asistirás a la audiencia. La audiencia suele realizarse a menos de 75 millas de tu hogar. La SSA ofrece cada vez más audiencias por videollamada, donde tanto tu como el juez están en ubicaciones separadas pero pueden verse y escucharse a través de una conexión de video. Esta puede ser una opción útil, aunque no se realizará desde tu hogar.

CONSEJO

Asiste a tu audiencia y no dependas únicamente de otros para que te representen. En este paso el juez puede verte en persona. Un caso sólido puede ser más convincente cuando te presentas en persona en lugar de solo a través de registros. Esta es tu oportunidad para humanizar tu caso y establecer tu credibilidad.

Prepárate para tu audiencia

Tú y tu representante, si tienes uno, deben revisar tu expediente de Seguro Social mucho antes de la audiencia. Contacta a tu oficina local de audiencias de la SSA para ver tu expediente. El número de teléfono está en la carta de la Oficina de Operaciones de Audiencias de la SSA o llama a la SSA al 800-772-1213 (TTY 800-325-0778).

Si presentaste tu reclamación de manera electrónica y tienes un representante, él puede acceder a tus carpetas electrónicas (eFolder) en un sitio web seguro. Ambos deben completar un proceso de inscripción en persona con un empleado de Seguro Social. Luego, la SSA emitirá un ID de USUARIO y un ID de REP (consulta `www.ssa.gov/ar/`).

El juez puede solicitar más información antes o después de la audiencia, pero debes evaluar tu expediente con anticipación. En especial, asegúrate de lo siguiente:

- **Información de salud:** verifica que todos los registros, incluidos exámenes, consultas, resultados de laboratorio y recetas, estén en el expediente. Incluye nombres y números de teléfono de los profesionales de la salud y fechas de las visitas. Asegúrate de que tu médico haya proporcionado la evidencia necesaria, incluida una declaración individualizada sobre cómo tu condición afecta tu capacidad para trabajar, y que el registro esté actualizado con los tratamientos y exámenes más recientes. Sé persistente si los proveedores tardan en enviar los registros para evitar retrasos.

» **Información ocupacional:** asegúrate de que tu expediente contenga 15 años de información laboral y que detalle las tareas requeridas en cada trabajo.

» **Problemas físicos o mentales:** explica cómo tus problemas de salud te impiden realizar tareas laborales y mantener un empleo.

RECUERDA

Esta es *tu* reclamación. Es tu responsabilidad, junto con la de tu defensor, asegurarte de que se presente el registro completo de tratamientos, exámenes y resultados de pruebas.

Si tienes un defensor, él debe informarte sobre qué esperar antes de la audiencia y aconsejarte sobre cómo presentar tu caso. Sé proactivo: hazle a tu defensor cualquier pregunta que tengas y prepara los puntos que necesitas exponer cuando hables con el juez. Tu defensor debe asistirte en esta preparación.

Participa en tu audiencia

Tu audiencia se llevará a cabo en una sala privada con tu abogado (si tienes uno), el juez de derecho administrativo, un asistente que opera la grabadora y, posiblemente, testigos llamados por la SSA, como un experto vocacional y un experto médico. Tú también puedes tener tus propios testigos. El ambiente es serio pero no muy formal. A diferencia de los tribunales de televisión, es poco probable que haya objeciones dramáticas y disputas de evidencia. La audiencia es un proceso no adversarial para recopilar información y es probable que dure menos de una hora.

El juez de derecho administrativo supervisa la audiencia: investiga los hechos, interroga y decide tu caso. El trabajo del juez es revisar los hechos de manera imparcial. Te harán varias preguntas sobre tu vida diaria y actividades, incluso si esa información ya está en el expediente. Las preguntas pueden incluir:

» ¿Qué tareas puedes realizar en la casa?

» ¿Puedes encargarte de tu aseo personal e higiene?

» ¿Trabajas en el jardín?

» ¿Cómo te desplazas?

» ¿Asistes a un lugar de culto con regularidad? Si es así, ¿cómo llegas hasta allí?

» ¿Tienes pasatiempos?

» ¿Tienes una vida social activa?

Estas preguntas tienen como objetivo entender tus capacidades físicas y sociales. Por ejemplo, asistir a la iglesia sugiere que puedes salir de tu casa e interactuar con tu comunidad. Trabajar en el jardín puede indicar resistencia física. Tu vida social y amistades proporcionan información sobre tu estado mental y social.

El interrogatorio eventualmente se centrará en tu condición y tu solicitud de beneficios. Los empleadores necesitan que realices tareas de manera consistente, no esporádicamente. Debes demostrar que tienes capacidad de trabajar de manera sostenida, completando turnos y semanas de trabajo.

El juez también puede interrogar a expertos externos:

- **Expertos vocacionales:** a menudo llamados por la SSA, proporcionan opiniones sobre las habilidades y el esfuerzo requerido para ciertos trabajos. El juez puede preguntar si alguien con tu condición puede realizar trabajos específicos. Si un experto vocacional sugiere que puedes trabajar en un escritorio sentado, podría debilitar tu reclamo.
- **Expertos médicos:** la SSA los llama para aclarar preguntas relacionadas con la salud. Pueden abordar conflictos en tu caso, si tus incapacidades cumplen con los criterios listados y si has seguido las instrucciones de tratamiento.

Tu abogado juega un papel crucial aquí al interrogar a expertos y desafiar testimonios perjudiciales. Un buen abogado puede resaltar errores o puntos irrelevantes que los expertos mencionaron y así fortalecer tu reclamo.

Tu testimonio es la parte más importante de la audiencia. Esta es tu oportunidad para presentar los hechos sobre tus limitaciones de manera clara y detallada. Evita el drama; céntrate en descripciones fácticas y directas de tu condición.

Aquí hay algunos consejos para presentar tu caso:

- **No exageres tus síntomas:** el juez ha escuchado de todo y las dudas sobre tu credibilidad pueden socavar tu caso.
- **No minimices tus síntomas:** declara claramente tus limitaciones. Conoces tu condición mejor que nadie.
- **Si tienes dolor, exprésalo:** deja que el juez sepa la magnitud de tu dolor y qué tomas para aliviarlo.
- **Mantente en el tema:** céntrate en responder preguntas sobre tu condición, no en expresar emociones o hacer discursos.

» **No hagas suposiciones sobre el juez:** el deber del juez es seguir las reglas. Si hay un problema, tienes derecho a presentar una queja.

» **Respeta el proceso:** llega temprano, vístete de forma ordenada y sé respetuoso y educado.

» **Prepárate:** conoce tus pruebas más fuertes y puntos clave. Discútelos con tu abogado si no estás seguro.

» **Sé específico:** usa ejemplos detallados de tu vida. Los detalles sobre tu condición dejan una impresión duradera.

» **Refiérete al tiempo en que estabas asegurado para beneficios de SSDI:** demuestra que te volviste incapacitado dentro de los cinco años de haber dejado de trabajar.

» **Destaca tu historial laboral:** demostrar que fuiste un empleado confiable fortalece tu caso.

La SSA puede tardar uno o dos meses o más en proporcionarte los hallazgos del juez de derecho administrativo. Si ganas, los beneficios pueden comenzar aproximadamente dos meses después.

Qué esperar del Consejo de Apelaciones

Si el juez de derecho administrativo niega tu reclamo, puedes apelar al Consejo de Apelaciones, el nivel más alto del proceso de apelaciones de la SSA. El Consejo de Apelaciones revisa principalmente si el juez cometió un error. Por lo general, el Consejo mantiene la decisión del juez. Sin embargo, si el Consejo falla a tu favor, puede devolver el caso al juez, dándote otra oportunidad de ganar.

Tienes 60 días desde que recibes la decisión del juez para solicitar una apelación. Hay tres métodos para hacerlo:

» **Por escrito:** completa el formulario HA-520 (OMB n.º 0960-0277) disponible en `www.ssa.gov/forms/ha-520.pdf`. Puedes adjuntar una explicación más larga y cualquier evidencia adicional.

» **En línea:** usa la aplicación de apelaciones en línea iAppeal en `www.ssa.gov/appeals/appeals_process.html#a0=0`. Descarga el formulario bajo *How to Ask for Appeals Council Review* (Cómo solicitar una revisión del Consejo de

Apelaciones) y haz clic en *Appeals Council Request for Review* (Solicitud de revisión del Consejo de Apelaciones) (iAppeals i520).

» **Por teléfono:** contacta a tu oficina local del Seguro Social al 800-772-1213 (TTY 800-325-0778) y completa un formulario de solicitud de revisión.

Envía tu solicitud a:

Consejo de Apelaciones, SSA/OARO

5107 Leesburg Pike

Falls Church, VA 22041-3255

También puedes enviar tu solicitud en línea en `https://secure.ssa.gov/iApplNMD/oao`.

El Consejo de Apelaciones puede considerar nueva evidencia, pero debe estar relacionada con el período antes de la decisión del juez. Por ejemplo, un nuevo resultado de laboratorio que confirme una condición existente en el momento de tu audiencia es relevante. Sin embargo, nuevas enfermedades desarrolladas después de la audiencia no lo son.

El Consejo de Apelaciones te notificará al recibir tus materiales. También puedes verificar el estado si llamas a la Rama de Asuntos Públicos y del Congreso del Consejo al 703-605-8000 o a la SSA al 800-772-1213 (TTY 800-325-0778).

Un analista de audiencias y apelaciones de la SSA (paralegal, secretario legal o abogado) revisará tu archivo. Si proporcionaste nueva evidencia, el analista determinará su relevancia para la decisión del juez. Luego, el analista hace una recomendación a un juez o funcionario de apelaciones administrativas, quien decide o solicita una recomendación diferente.

La revisión del Consejo de Apelaciones puede tardar un año o más y, por lo general, resulta en uno de cuatro resultados:

» **Denegación:** este es el resultado más común (84% de los casos). Si se deniega, puedes llevar tu reclamo a un tribunal federal y presentar una nueva solicitud de beneficios con la SSA.

» **Remisión:** en el 12% de los casos, significa que el juez cometió algún tipo de error y el consejo quiere que lo corrija. El juez pudo haber interpretado mal la ley, no haber considerado adecuadamente las pruebas o haberte tratado de manera injusta. Esto podría llevar a una nueva audiencia, donde podrías presentar tu caso nuevamente.

- **Desestimación:** Esto significa que tu apelación es desestimada. Las razones más comunes para el rechazo son no haber cumplido con las normas, como presentar la solicitud fuera del plazo sin una justificación válida, no presentarse a la audiencia o no responder a los requisitos de la SSA.
- **Aprobación:** muy rara vez el Consejo de Apelaciones aprueba la apelación, lo que resulta en una victoria completa para el solicitante.

Algunas acciones, como remitir un caso o tomar una decisión final, pueden requerir las firmas de dos jueces.

Lleva tu reclamo a la corte federal

Si has agotado todas las opciones dentro de la SSA y aún deseas apelar, tu próximo paso es ir al tribunal de distrito de EE.UU. en tu área. En esta etapa, es crucial contratar a un abogado con experiencia en casos de la corte federal. Tu abogado debe demostrar que la SSA cometió un error o fue injusta al manejar tu reclamo. Solo un pequeño porcentaje de los reclamantes de Seguro Social toman este paso, pero sus posibilidades en la corte federal son ligeramente mejores que en el Consejo de Apelaciones.

Para proceder, debes presentar una demanda dentro de los 60 días de recibir la notificación del Consejo de Apelaciones. La demanda debe presentarse en el tribunal de distrito federal, y debes enviar una copia de tu queja y citación a la Oficina del Asesor General de la SSA en tu área. Para obtener más información, consulta la Guía de sistema de procedimientos operacionales, GN 03106.020 — Servicio de Proceso (`https://secure.ssa.gov/apps10/poms.nsf/links/0203106020`). ***Nota:*** envía copias por correo certificado o registrado.

Hasta ahora, es posible que no hayas incurrido en gastos de bolsillo, pero demandar en la corte federal implica gastos, incluido un cargo de $405 de presentación (a partir de 2023). Si no puedes pagar la tarifa, puedes solicitar una exención de tarifa, que tu abogado manejará.

El proceso judicial implica principalmente el intercambio de escritos entre tú y la SSA. Después de recibir tu queja, la SSA envía su respuesta al tribunal. Tu abogado presentará un escrito que argumentará más tu caso. La SSA puede responder a este escrito, y tu abogado puede presentar un escrito de réplica. El juez (a menudo un magistrado federal) puede entonces pedir a los abogados de ambas partes que presenten argumentos en la corte. No se permiten testigos ni nuevas pruebas en esta etapa. La decisión se realiza en base al expediente administrativo. Aunque no participarás, puedes asistir.

El juez puede:

- Denegar tu reclamo.
- Enviar el caso de vuelta a la SSA para considerar cuestiones específicas planteadas en tu queja.
- Aprobar tu reclamo.

Este proceso puede tardar 18 meses o más.

En el último tiempo, más de la mitad de estos casos (58% en 2024) se devolvieron a la SSA para una revisión adicional, lo que mantuvo viva la disputa. Casi el 40% son denegados, un pequeño porcentaje gana directamente, y el resto son desestimados. Si recibes un resultado negativo en el tribunal de distrito federal, puedes apelar al tribunal federal de apelaciones para tu circuito judicial, pero tus posibilidades de tener éxito disminuyen.

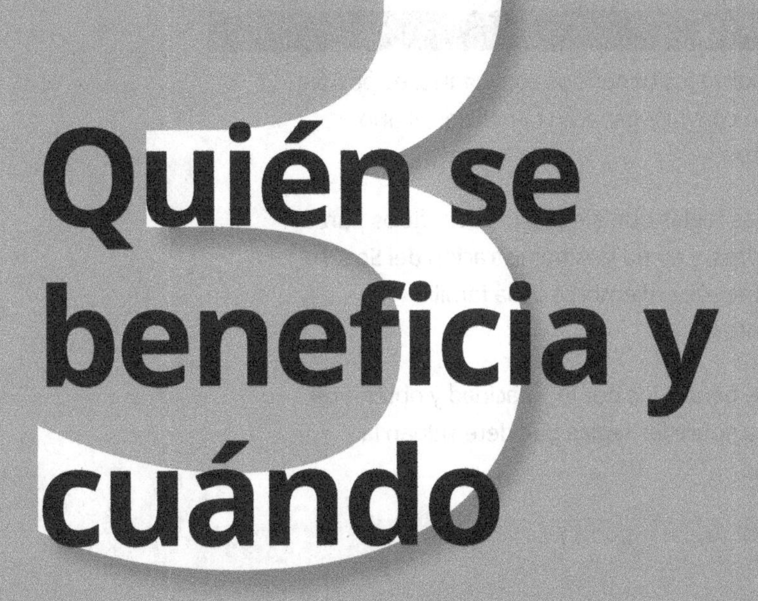

3 Quién se beneficia y cuándo

EN ESTA PARTE . . .

Aprende sobre los beneficios conyugales: es posible que tú o tu cónyuge ganaran beneficios el uno para el otro.

Entiende las reglas que afectan los beneficios para hijos y padres, y cómo la Administración del Seguro Social define a los miembros de la familia dependientes.

Explora los beneficios por incapacidad y obtén una visión clara sobre las reglas que determinan la elegibilidad.

EN ESTE CAPÍTULO

» Determina quién califica para los beneficios conyugales

» Entiende cuánto puede recibir un cónyuge

» Maximiza los beneficios conyugales

Capítulo 9

Beneficios conyugales: cuidándose el uno al otro

Cuando piensas en el Seguro Social, seguro se te viene a la mente tus propios beneficios de jubilación, que ganaste a través de años de trabajo y contribuciones de impuestos sobre tu salario. Sin embargo, si estás o estuviste casado, también necesitas pensar en los beneficios conyugales. Puedes ganar estos beneficios para tu cónyuge o tu cónyuge para ti.

Las decisiones sobre solicitar los beneficios de jubilación del Seguro Social tienen un impacto en ti y en tu cónyuge o excónyuge. La Ley Bipartidista de Presupuesto de 2015 restringió algunas estrategias de reclamación para parejas casadas, pero aún puedes optimizar tus beneficios o dejar el máximo para tu cónyuge al elegir la estrategia correcta para tu situación. En este capítulo, te guiaré a través de ese proceso y te explicaré quién califica para los beneficios conyugales.

CONSEJO

Las personas a menudo confunden los beneficios conyugales con los beneficios para sobrevivientes. Los beneficios conyugales se pagan a un cónyuge mientras el sostén de la familia está vivo y recibe beneficios de jubilación. Por otro lado, los beneficios para sobrevivientes se pagan a un cónyuge (u otros sobrevivientes) después de su muerte. Este capítulo proporciona detalles importantes sobre ambos tipos de beneficios.

Quién califica y quién no

Los beneficios conyugales son beneficios que se ganaron en base al historial de ganancias del sostén de la familia, no del cónyuge. Estos beneficios no reducen los beneficios del Seguro Social del sostén de la familia y pueden aumentar los ingresos del hogar durante muchos años si ambos están vivos.

Puedes ser elegible para beneficios conyugales si:

» Tienes al menos 62 años.

» Estás legalmente casado con el sostén de la familia y el matrimonio ha durado al menos un año.

INFORMACIÓN TÉCNICA

La Administración del Seguro Social (SSA) permite excepciones al requisito de un año de matrimonio:

- Si eres la madre o el padre biológico del hijo del trabajador, puedes calificar incluso si has estado casado por menos de un año, independientemente de si tu hijo está vivo.
- Si calificas para otro beneficio auxiliar del Seguro Social (por ejemplo, excónyuge, viudo o beneficio de padre sobreviviente) en el mes anterior al matrimonio, también puedes calificar con un matrimonio de menos de un año.
- Si te casas luego de comenzar a recibir tu propio beneficio de jubilación a los 62 años, puedes calificar para beneficios conyugales a través de tu nuevo cónyuge, siempre y cuando el beneficio conyugal sea mayor que tu beneficio actual.

Además, debes:

» No calificar para un beneficio mayor en base a tu propio historial laboral.

» Tener un cónyuge (el sostén de la familia) que haya solicitado sus propios beneficios del Seguro Social.

Es posible que también resultes elegible para recibir beneficios como excónyuge si tu matrimonio duró diez años. (*Nota:* ten en cuenta que tu expareja no necesita solicitar beneficios para que tú califiques, pero si no lo ha hecho, deben estar divorciados hace al menos dos años).

Para demostrar que eres elegible para beneficios conyugales, es posible que necesites proporcionar evidencia como prueba de matrimonio y prueba de edad. Puedes omitir la prueba de edad si cuidas a un niño menor de 16 años o a un niño que recibe beneficios por incapacidad del Seguro Social. Consulta el Capítulo 5 para obtener más información sobre qué tipo de evidencia necesitas para solicitar beneficios.

CONSEJO

La SSA sigue pautas específicas según la ley estatal y federal para determinar la elegibilidad para beneficios conyugales. Tu definición personal de cónyuge o matrimonio legal no afecta la decisión de la SSA sobre tu solicitud. Las siguientes secciones proporcionan más detalles sobre quién califica para beneficios conyugales y quién no.

Cónyuges tradicionales

La Ley del Seguro Social se diseñó para aquellos en un matrimonio tradicional (un hombre y una mujer). El pago conyugal se basa únicamente en el historial de ganancias del principal sostén de la familia. El otro cónyuge no necesita tener un historial de ganancias.

Cónyuges del mismo sexo

La SSA ahora procesa reclamos de cónyuges en matrimonios del mismo sexo. Al principio, la SSA se centraba en si un matrimonio del mismo sexo era reconocido en el estado donde ocurrió. Sin embargo, la política se extendió desde entonces. Ahora, se reconocen los matrimonios del mismo sexo si el reclamo de beneficios se presentó el 26 de junio de 2015 o después, o si estaba pendiente de una decisión final en ese momento, sin importar el estado donde tuvo lugar el matrimonio. (Hoy en día, todos los estados de EE.UU. reconocen los matrimonios del mismo sexo como legalmente válidos).

RECUERDA

Aunque todos los estados reconocen los matrimonios del mismo sexo, no todos están de acuerdo en la definición legal de matrimonio. Esto se aplica tanto a las uniones heterosexuales como a las del mismo sexo. La SSA requiere información sobre si, bajo la ley del estado donde reside el trabajador, la pareja del trabajador heredaría la parte de la propiedad del trabajador que correspondería a un cónyuge legal si el trabajador muriera sin testamento. Si la respuesta es sí, el Seguro Social considera que la pareja (del mismo sexo o heterosexual) está casada para los reclamos de Seguro Social y Medicare. Si la respuesta es no, entonces no se consideran casados.

INFORMACIÓN TÉCNICA

La SSA levantó la restricción sobre los pagos a cónyuges en matrimonios del mismo sexo después de que la Corte Suprema de EE.UU. invalidara la Sección 3 de la Ley de Defensa del Matrimonio. Hasta entonces, la ley de 1996 impedía que la SSA reconociera tales matrimonios para la asignación de beneficios. Implementar la nueva ley ha planteado varios problemas. Para conocer las últimas reglas técnicas que rigen la política del Seguro Social sobre el matrimonio del mismo sexo, visita `ssa.gov/apps10/poms.nsf/lnx/0200210000`.

Cónyuges de hecho

Los *matrimonios de hecho* son uniones en las que no se realiza una ceremonia religiosa o civil, pero las parejas viven juntas y se consideran casadas. Algunos estados reconocen los matrimonios de hecho dentro de sus fronteras como completamente legales; la mayoría no lo hace. La SSA sigue el estado legal de un matrimonio de hecho en el estado donde resides.

La mayoría de los estados reconocen los matrimonios de hecho que fueron válidamente establecidos en estados que los reconocen. En general, los siguientes estados reconocen los matrimonios de hecho (ten en cuenta que esta lista puede cambiar con el tiempo): Colorado, Iowa, Kansas, Montana, Nuevo Hampshire, Oklahoma, Rhode Island, Carolina del Sur, Texas y Utah. El Distrito de Columbia también reconoce los matrimonios de hecho. Algunos otros estados reconocen el matrimonio de hecho bajo circunstancias específicas.

Cónyuges divorciados

La SSA permite beneficios conyugales para cónyuges que están divorciados si el matrimonio duró al menos diez años y el excónyuge que busca beneficios está soltero. (El nuevo matrimonio del sostén de la familia no afecta la elegibilidad del excónyuge).

Los niveles de beneficios para cónyuges divorciados son los mismos que para cónyuges actuales. Sin embargo, el tamaño del pago varía según la edad a la que se reclame el beneficio (consulta la sección "Cuánto puedes esperar recibir").

INFORMACIÓN TÉCNICA

Si tanto un cónyuge divorciado como un cónyuge actual reclaman el beneficio a la edad plena de jubilación, su beneficio conyugal será el mismo. Un beneficio conyugal para un ex no impacta el tamaño del beneficio del cónyuge actual. Un trabajador puede tener múltiples excónyuges que califiquen para beneficios conyugales, siempre que cumplan con los requisitos.

Ciertas reglas determinan si un excónyuge califica para beneficios conyugales en el registro del trabajador:

- **Un excónyuge no es elegible para beneficios conyugales antes de los 62 años, incluso si cría al hijo de la pareja.** Sin embargo, si cuida al hijo del sostén de la familia y alcanzó los 62 años, puede calificar para beneficios conyugales sin una reducción por edad.
- **Un excónyuge puede calificar para beneficios conyugales incluso si el sostén de la familia no solicitó beneficios del Seguro Social.** Sin embargo, el trabajador debe ser elegible para recibir beneficios y deben estar divorciados por dos años.

No necesitas estar en contacto con tu excónyuge ni conocer su número de Seguro Social. Proporciónale a la SSA tanta información como sea posible sobre tu excónyuge, y ellos determinarán tu beneficio conyugal.

Viudos y viudas

Para recibir los beneficios para sobrevivientes del Seguro Social como viudo o viuda, en general debes haber estado casado con un trabajador cubierto por al menos nueve meses y tener al menos 60 años. Los viudos o viudas incapacitados pueden calificar a los 50 años. Los cónyuges divorciados también pueden calificar si el matrimonio duró diez años y no se volvieron a casar antes de los 60 años.

La SSA permite algunas excepciones al requisito de matrimonio de nueve meses. Estas excepciones son las mismas que la regla de matrimonio de un año para los beneficios conyugales, (como si el cónyuge es el padre biológico del hijo del trabajador o si el cónyuge calificó para diferentes beneficios del Seguro Social en el mes anterior al matrimonio).

Además, un viudo o viuda puede calificar para los beneficios si el trabajador murió antes de los nueve meses, bajo las siguientes condiciones:

- » El trabajador murió en un accidente.
- » El trabajador murió en el cumplimiento del deber como miembro de un servicio uniformado.
- » La pareja había estado casada previamente y su matrimonio anterior duró al menos nueve meses.

Puedes calificar para beneficios tanto como cónyuge casado como viudo o viuda. Por ejemplo, si eres elegible para los beneficios de viudo o viuda de un excónyuge fallecido y te vuelves a casar después de los 60 años, también puedes calificar para los beneficios de jubilación del Seguro Social de tu nuevo cónyuge. Sin embargo, solo puedes recibir un beneficio, no ambos.

CONSEJO

Al elegir entre dos beneficios, la SSA calcula las cantidades por ti. La mayoría de las personas optarán por el beneficio más grande.

Cuánto puedes esperar recibir

El beneficio máximo para el cónyuge es el 50% del beneficio de jubilación completo del sostén de la familia. La cantidad real depende del beneficio de jubilación completo del sostén de la familia y de la edad del cónyuge al momento de reclamar. Por ejemplo, si el beneficio mensual completo de jubilación del sostén de la familia es de $1000, el beneficio del cónyuge puede ser de hasta $500 si se reclama a la edad plena de jubilación (67 años si nació en 1960 o después). Un cónyuge sin un hijo dependiente puede reclamar el beneficio de cónyuge a los 62 años.

El beneficio del cónyuge se reduce por cada mes que se reclame antes de alcanzar la edad plena de jubilación. Sin embargo, si un cónyuge cuida a un hijo menor de 16 años o incapacitado, puede calificar para el beneficio completo del cónyuge (50% del monto completo de jubilación del sostén de la familia) a cualquier edad, siempre que el sostén de la familia haya solicitado el Seguro Social.

ADVERTENCIA

Violar las reglas de cuidado de niños puede llevar a sanciones financieras. Si calificas para un beneficio de cónyuge debido al cuidado de niños, debes informar a la SSA si el niño no está bajo tu cuidado por más de un mes. Los pagos se retienen o deben devolverse por los meses en que el niño no estuvo bajo tu cuidado. Las excepciones incluyen si el niño está contigo al menos un día en el mes, o si el niño está en un campamento, de vacaciones, o en un internado.

Cuando no hay un hijo dependiente, reclamar temprano puede reducir significativamente el beneficio del cónyuge. Por ejemplo, un cónyuge cuya edad plena de jubilación es 67 años recibe el 50% del beneficio completo de jubilación de su pareja a esa edad. Si reclama beneficios antes, las reducciones son como se muestra en la Tabla 9-1 a continuación.

TABLA 9-1 Reducciones en los beneficios de cónyuges

Edad en la que se reclaman los beneficios	Beneficios de cónyuges
66	45.8%
65	41.7%
64	37.5%
63	35%
62	32.5%

CONSEJO

La reducción varía según tu fecha de nacimiento y la edad plena de jubilación. Para un cálculo personalizado, visita www.ssa.gov/OACT/quickcalc/spouse.html#calculator.

Si reclamas un beneficio de cónyuge antes de la edad plena de jubilación, se reduce en 25/36 del 1% por cada mes, hasta 36 meses. Luego de 36 meses, el beneficio se reduce en 5/12 del 1% por cada mes adicional.

A diferencia del beneficio de jubilación del Seguro Social, el beneficio para cónyuges no aumenta si retrasas el reclamo más allá de la edad plena de jubilación. El beneficio máximo del cónyuge sigue siendo el 50% del beneficio completo de jubilación del sostén de la familia.

Puedes estimar tu beneficio de cónyuge con la calculadora en línea de la SSA en `www.ssa.gov/oact/quickcalc/spouse.html`. Esta calculadora proporciona un porcentaje del beneficio completo de jubilación de tu pareja, según tu fecha de nacimiento y la edad en que esperas reclamarlo.

> Melissa, de 62 años, califica para un beneficio de cónyuge del Seguro Social cuando su esposo, Todd, comienza a cobrar su beneficio completo de jubilación de $1800. El beneficio de Melissa depende de la edad en que lo reclame. A su edad completa de jubilación de 67 años, recibiría $900 al mes. Si lo reclama ahora, a los 62, recibe alrededor de $585 al mes. Esperar hasta los 63 lo aumenta a aproximadamente $630, a los 64 sube a $675 y a los 65 sería de $750.
>
> Melissa y Todd, con buena salud pero con ahorros modestos, deciden que Melissa continuará trabajando a tiempo parcial, reclamará su beneficio de cónyuge a los 67 años y recibirá $900 al mes.

Mientras Melissa maximiza su beneficio de cónyuge, Todd podría haber aumentado su beneficio en un 32% si esperaba hasta los 70 años, lo que mejoraría el beneficio para sobreviviente de Melissa.

La recolección temprana de beneficios conyugales también puede afectar tus propios beneficios de jubilación del Seguro Social. Si reclamas un beneficio conyugal antes de la edad plena de jubilación, tu propio beneficio de jubilación ya no aumentará por cada mes que retrases su reclamación más allá de la edad plena de jubilación, lo que podría costarte miles de dólares.

Cómo maximizar tus beneficios

Cuando cobras beneficios de jubilación en base a tu historial laboral, recibes la cantidad mensual máxima si esperas hasta los 70 años. Para los beneficios en base al historial laboral de tu cónyuge, alcanzas el máximo si esperas hasta tu edad plena de jubilación. La mejor estrategia para reclamar beneficios depende de las circunstancias específicas de tu hogar.

Antes de considerar estrategias, pregúntate: "¿Qué es más importante: los beneficios totales del Seguro Social que mi cónyuge y yo recibimos a lo largo de nuestras vidas o la cantidad total de nuestros pagos mensuales?".

Si priorizas los beneficios de por vida, puede ser necesario un enfoque coordinado. Si prefieres obtener un mayor beneficio mensual, la estrategia es más sencilla.

Históricamente, los expertos recomendaban apuntar a los beneficios de por vida más altos. Sin embargo, con el aumento de la esperanza de vida y la reducción de la seguridad de las pensiones, podrías preferir el mayor beneficio mensual, incluso si eso significa esperar más para reclamar el Seguro Social. (Esto podría resultar en un beneficio de por vida más bajo, de acuerdo con varios factores, entre ellos la esperanza de vida).

RECUERDA

Podrías vivir más de lo esperado, y resultará beneficioso tener un mayor beneficio del Seguro Social en los últimos años. Para tener una idea general de tu esperanza de vida, visita `apps.bluezones.com/vitality`.

Tus necesidades financieras (y emocionales) pueden ser distintas de las de otras personas, pero todas las parejas deben considerar estas preguntas al decidir cuándo reclamar los beneficios del Seguro Social:

- **¿Tú y tu cónyuge ganaron beneficios del Seguro Social?** Cada uno de ustedes debe conocer su beneficio proyectado de jubilación completo (consulta el Capítulo 6).
- **¿Los beneficios del cónyuge con menores ingresos son al menos la mitad del beneficio de jubilación completa del cónyuge con mayores ingresos?** Si es así, el cónyuge con menores ingresos podría recibir un beneficio mayor en base a su propio historial.
- **¿Cuánto tiempo planeas seguir trabajando?** Tus planes de trabajo, ahorros y otras fuentes de ingresos impactan significativamente en cuándo deberías reclamar los beneficios.
- **¿Tienes problemas de salud o te preocupa la longevidad?** Estos problemas podrían sugerir reclamar los beneficios antes de esperar a que aumenten.
- **¿Qué tan urgente necesitas el dinero?** En hogares con dos ingresos, podrías reclamar un beneficio de jubilación para tener algún ingreso mientras retrasas la segunda reclamación tanto como sea posible, lo que dependerá de sus edades y otros factores. No hay una respuesta única para todos.

En las siguientes secciones, cubro estrategias para maximizar tus beneficios como pareja o como individuo.

Maximizar tus beneficios de por vida como pareja casada

Si eres parte de una pareja casada con cierta flexibilidad financiera, es importante trabajar juntos para maximizar sus beneficios de por vida. Las decisiones sobre cuándo reclamar los beneficios impactan a ambos, así que la coordinación es clave.

A pesar de las recientes restricciones en las estrategias de reclamo marital, las parejas casadas todavía tienen una ventaja sobre las personas solteras. Pueden coordinar sus reclamos de Seguro Social para beneficiar a su hogar. Sin embargo, las parejas a menudo pasan por alto cómo sus decisiones de reclamo afectan al otro.

Independientemente del estado civil, varios factores influyen en cuándo reclamar beneficios, como la edad, la necesidad financiera, la esperanza de vida y la preferencia por ingresos inmediatos en comparación con un beneficio mayor en el futuro.

Sin embargo, las parejas casadas tienen más flexibilidad que los solteros ya que pueden crear una estrategia que involucre dos flujos de Seguro Social. También necesitan considerar con más atención los beneficios para sobrevivientes. Aquí hay algunos puntos clave para las parejas casadas:

- Puede tener sentido que los cónyuges con ingresos más bajos reclamen sus beneficios de jubilación más temprano mientras que el sostén de la familia retrase su reclamo hasta los 70 años. Esta estrategia funciona mejor si el trabajador principal tiene un beneficio de jubilación mayor. Recuerda, reclamar los beneficios temprano resulta en una reducción sustancial.
- Si ambos cónyuges ganaron beneficios de jubilación y pueden permitirse esperar, recibirán mayores ingresos de Seguro Social. Los aumentos por jubilación retrasada son mayores cuando se aplican a ambos cónyuges.
- La esperanza de vida es un factor crucial. Si piensas que vivirás menos, puede ser prudente reclamar el Seguro Social antes. Por el contrario, si esperas vivir más, retrasar los beneficios es lo ideal.

Las parejas casadas también deben pensar en qué hacer si el sostén de la familia fallece. ¿Cuánto necesitará el cónyuge sobreviviente del Seguro Social para mantener su nivel de vida? Cuanto mayor sea la necesidad, más razón para que el trabajador principal retrase su reclamo. Esta preocupación es a menudo mayor para las esposas, ya que las mujeres suelen vivir más que los hombres y necesitan los beneficios para un período más largo de vejez.

Maximizar los beneficios para tu cónyuge sobreviviente

Si tu principal objetivo es dejarle a tu cónyuge el mayor beneficio posible, debes retrasar la solicitud de tu beneficio de jubilación hasta los 70 años. El beneficio para sobreviviente que tu cónyuge recibe después de tu muerte puede ser tan grande como tu beneficio de jubilación, siempre y cuando lo reclame a tu edad plena de jubilación.

Para los trabajadores con una edad plena de jubilación de 67 años que solicitan beneficios temprano, hay un pequeño colchón para el cónyuge sobreviviente. El sobreviviente recibe el monto más alto entre el beneficio del trabajador al momento de su muerte o el 82.5% del monto total de jubilación del trabajador. Por ejemplo, si un trabajador solicita beneficios a los 62 años, recibe el 70% de su beneficio completo, pero su cónyuge recibirá el 82.5% del beneficio completo si lo reclama a la edad plena de jubilación.

Cuando un trabajador jubilado muere, el ingreso total del Seguro Social para el hogar suele disminuir si ambos cónyuges recibían beneficios. Esta disminución puede ser significativa y es otra razón para retrasar la solicitud de beneficios para proporcionar un mayor beneficio para sobreviviente.

Considere este ejemplo: Duane, un ajustador de reclamos de seguros, se jubila y solicita un beneficio mensual de $1800. Su esposa, Amber, recibe un beneficio conyugal de $900. Cuando Duane muere, el beneficio conyugal de Amber expira, y ella recibe un beneficio para sobrevivientes de $1800, que es el 67% de sus beneficios combinados anteriores.

Si Amber tuviera su propio beneficio del Seguro Social de $1600, sus ingresos mensuales combinados serían $3400. Después de la muerte de Duane, Amber recibiría un beneficio para sobrevivientes de $1800, pero su propio beneficio de $1600 se detendría, lo que reduciría su ingreso total en un 47%.

Si Amber aún no hubiera solicitado ningún beneficio al momento de la muerte de Duane y hubiera alcanzado la edad plena de jubilación, podría optar por reclamar solo el beneficio para sobrevivientes y retrasar sus propios beneficios. Este retraso aumenta su beneficio en un 8% por año hasta los 70 años. Por ejemplo, si lo retrasa por 3.5 años, su beneficio de $1600 aumentaría en $448, lo que resulta en un beneficio mensual de $2048, que es mayor que el beneficio para sobrevivientes de $1800.

CONSEJO

Las restricciones del Congreso sobre las estrategias de reclamación marital no afectan los beneficios para sobrevivientes. Un cónyuge sobreviviente que alcanzó la edad plena de jubilación y no reclamó los beneficios puede comenzar a recibir un beneficio para sobrevivientes mientras retrasa su propio beneficio (hasta los 70 años).

Las parejas mayores a menudo se enfocan en su ingreso actual del Seguro Social, pero las estadísticas muestran que en la mayoría de los matrimonios, una viuda depende del beneficio para sobrevivientes durante años. Este beneficio puede impactar significativamente el nivel de vida del cónyuge sobreviviente.

RECUERDA

Un cónyuge que espera hasta los 70 años para reclamar beneficios deja el mayor beneficio posible del Seguro Social para el cónyuge sobreviviente. Si el beneficio propio del sobreviviente es mayor, recibe ese beneficio, pero no ambos.

EN ESTE CAPÍTULO

» Entiende cómo el Seguro Social define a la familia

» Reconoce cómo los miembros de la familia pueden beneficiarse de tus ganancias

» Cumple con las pautas para que se te considere como padre

» Calcula el beneficio familiar máximo

» Ten en cuenta el Seguro Social en la manutención para menores

Capítulo 10 Beneficios familiares: quién recibe qué

Millones de familias dependen de los cheques del Seguro Social como una parte crucial de sus ingresos mensuales. Alrededor de 4.1 millones de niños reciben beneficios, lo que resulta en alrededor de $2,800 millones cada mes. Estos beneficios se proporcionan cuando un padre fallece, queda incapacitado o se jubila.

RECUERDA

La Administración del Seguro Social (SSA) se refiere a los pagos realizados a un miembro dependiente de la familia en base a los ingresos de un trabajador vivo como *beneficios auxiliares*. Cuando un trabajador muere, estos pagos se llaman *beneficios para sobrevivientes*.

Para que el sistema funcione de manera correcta, la SSA debe determinar quién califica para estos beneficios. Necesitan identificar quién es un miembro legítimo de la familia y quién no. Surgen preguntas como: ¿La persona que acaba de mudarse es realmente el padre del niño? ¿Un padre realmente cuida a un niño que vive lejos? ¿Puede un nieto recibir beneficios a través de un abuelo? ¿Una madre anciana no puede mantenerse después de la muerte de su hijo?

En este capítulo te explico cómo la SSA identifica a los niños y padres para la asignación de beneficios. También cubro otras reglas importantes, como el *máximo familiar*, que limita los beneficios totales en hogares donde varios miembros reciben beneficios en base a las ganancias del mismo trabajador. El enfoque de este capítulo está en los niños y los padres, incluidas situaciones donde los padres están distanciados y un niño califica para beneficios.

CONSEJO

Además, en este capítulo abordo brevemente la definición de matrimonio. Para una discusión detallada sobre los problemas del Seguro Social que involucran a los cónyuges y los cambios en las estrategias de reclamación marital, consulta el Capítulo 9.

Definir quién forma parte de la familia

Cuando digo la palabra *familia*, probablemente pienses en aquellos más cercanos a ti, ya sean parientes de sangre o amigos de toda la vida. Sin embargo, el Seguro Social tiene reglas específicas y leyes estatales que definen quién califica como hijo, padre, cónyuge o excónyuge.

Para determinar quién es tu hijo y si eres el padre, la SSA reconoce varias estructuras familiares. Define categorías como *hijo natural, hijo adoptivo* e *hijastro*. Estas categorías a menudo se las considera elegibles para beneficios si proporcionas documentación básica, como un registro de nacimiento aceptable (consulta el Capítulo 5). Además, hay criterios que pueden permitir que un nieto reciba beneficios en base al historial de ganancias de un abuelo.

Nota: en general, un hijo debe estar soltero y ser menor de 18 años (o hasta 19 si aún asiste a la escuela secundaria a tiempo completo) para calificar para beneficios.

En esta sección, explico lo que la SSA considera una *familia*. Esta definición puede diferir de tu punto de vista personal, pero es crucial para los beneficios del Seguro Social. Para más detalles sobre los beneficios a los que cada categoría puede ser elegible, consulta la sección "Identificar los beneficios a los que los miembros de la familia son elegibles" más adelante.

Cónyuges

Hace un tiempo, la SSA solo reconocía los matrimonios entre un hombre y una mujer para beneficios conyugales. Sin embargo, ahora también ofrece beneficios a cónyuges en matrimonios del mismo sexo. Esta política se extendió con el tiempo.

Las personas en matrimonios del mismo sexo deben contactar a la SSA si tienen preguntas sobre esto.

A menudo, los trabajadores se casan más de una vez y, a veces, puede no estar claro si obtuvieron un divorcio válido antes de volver a casarse. Muchos estados asumen que el matrimonio válido es el más reciente a menos que se demuestre lo contrario con evidencia clara.

En los estados que reconocen el matrimonio de hecho, se requiere un divorcio formal para disolverlo. No existe un divorcio de hecho.

Los beneficios conyugales y para sobrevivientes tienen requisitos específicos de duración. En general, los matrimonios deben durar al menos un año para beneficios conyugales y nueve meses para beneficios para sobrevivientes. También existen restricciones sobre volver a casarse. Para más detalles sobre los beneficios conyugales y las reglas relacionadas con el matrimonio, consulta el Capítulo 9.

Padres o abuelos

Definir a un *padre* o *abuelo* puede ser complejo. En general, la SSA te considera un padre si eres la madre o el padre según las leyes de herencia de tu estado. Esto incluye a los hijos biológicos, legalmente adoptados o hijastros. Principios similares se aplican para determinar si eres un abuelo (el padre del padre) de un niño que reúne los requisitos para beneficios en tu registro.

Nota: los bisnietos no califican para beneficios en el historial de ganancias de un bisabuelo.

A veces, la SSA debe determinar si una persona es un padre sin estar casado con el otro padre de su hijo. Para esto, se considera si el sostén de la familia reconoció por escrito que el niño es suyo, si existen decretos judiciales de estado parental, o si existe evidencia de cohabitación o apoyo financiero significativo cuando el niño solicitó beneficios. (Esta evidencia también se puede incluir si el sostén de la familia falleció).

Para asegurar que los beneficios familiares permanezcan dentro de la familia, la SSA tiene pautas y señales de alerta para una mayor revisión en ciertas situaciones:

» **Matrimonio ilegal:** surgen preguntas sobre el estado legal del niño. La SSA reconoce un matrimonio si la pareja creía que era legal, incluso si técnicamente no lo era.

- **Madre con derecho a beneficios pero no presentó la solicitud:** la SSA puede investigar por qué la madre no presentó la solicitud y acepta explicaciones como la posible reducción del beneficio del niño. (Esto se aplica de manera similar si el padre tiene derecho a beneficios a través del historial laboral de la madre).
- **Padres que no estaban casados cuando su hijo nació:** el niño aún puede calificar para beneficios según las leyes de herencia del estado o evidencia de ser el hijo biológico, adoptado o hijastro del sostén de la familia.
- **Falta del nombre del padre en el certificado de nacimiento:** esto plantea preguntas sobre la paternidad y el estado legal del niño para los beneficios del Seguro Social.
- **Madre mayor de 50 años cuando su hijo nació:** aunque es más común con la reproducción asistida, tales nacimientos son raros. La SSA puede cuestionar la maternidad y buscar evidencia adicional, como una declaración de un médico.

Niños naturales

Un *niño natural* es el hijo biológico de una madre o un padre, es decir, un niño al que diste a luz o engendraste. Esta relación es la más común y directa. Por ejemplo, cuando un niño nace de padres legalmente casados, generalmente se vuelve elegible para beneficios sin dificultad. Proporcionar un certificado de nacimiento válido u otra prueba de la relación del niño con el padre que ganó el beneficio es suficiente (consulta el Capítulo 5). Sin embargo, la SSA puede requerir información adicional si la evidencia rutinaria no está disponible, como cuando el nombre del padre no está en el certificado de nacimiento.

En casos donde surgen preguntas sobre la relación entre el niño y un padre, la SSA se refiere a las leyes de herencia del estado. Si estas leyes pueden interpretarse de múltiples maneras, se espera que la SSA las interprete de una manera que beneficie al niño.

Niños adoptados

Un *niño adoptado* es aquel que no es hijo biológico del padre o madre, sino que fue adoptado a través de procedimientos legales, ya sea en Estados Unidos o en el extranjero.

Un niño puede ser elegible para los beneficios de Seguro Social para niños si es adoptado legalmente por un trabajador cubierto. La SSA también puede reconocer una adopción legal por parte del cónyuge del trabajador cubierto después de su muerte. En estos casos, la SSA sigue las leyes de adopción del estado o país donde se realizó la adopción, en lugar de las leyes estatales de herencia. (Ver sección anterior).

INFORMACIÓN TÉCNICA

Si el principal sostén de la familia planeaba adoptar a un niño pero no completó la adopción debido a su muerte, la SSA puede reconocer una *adopción equitativa* que no fue formalizada legalmente, lo que permite que el niño reciba beneficios. La SSA utiliza las leyes de herencia estatales para determinar si un niño que solicita beneficios calificaría como heredero si el trabajador fallecido no dejó un testamento.

Hijastros

Un *hijastro* es el hijo natural o adoptado del cónyuge de una persona.

Un hijastro puede calificar para recibir beneficios del Seguro Social en base al historial de ganancias de un padrastro bajo ciertas condiciones:

- » Después del nacimiento del niño, el padre o madre natural o adoptivo se casó con el trabajador cubierto.
- » Un hijastro concebido antes de un matrimonio válido entre un padre natural y un trabajador cubierto, y nacido después del matrimonio, puede ser apto para beneficios si el matrimonio dura al menos un año antes de que el niño solicite beneficios del Seguro Social.

Si el trabajador cubierto falleció, la relación de hijastro-padrastro debe haber durado al menos nueve meses antes de la muerte del trabajador. (Las excepciones incluyen casos donde el trabajador murió en un accidente repentino, mientras estaba en servicio activo en las fuerzas armadas, o si los padres habían estado casados anteriormente y se esperaba que el nuevo matrimonio durara al menos nueve meses).

En casos de divorcio, un hijastro pierde los beneficios en base al historial de ganancias de un padrastro a menos que el padrastro adopte al niño.

Nietos

Un *nieto* puede ser biológico, adoptado o por parte de matrimonio. En esta categoría, también pueden incluirse a los nietos por afinidad.

Los nietos pueden calificar como dependientes de un abuelo bajo ciertas condiciones, especialmente cuando el abuelo es el principal proveedor. Esto a menudo ocurre si los padres del niño están incapacitados o fallecieron, y el niño no recibe beneficios de ninguno de los padres.

Por lo general, el nieto debe vivir con el abuelo durante al menos un año antes de que el abuelo pueda reclamar beneficios del Seguro Social para él. Además, el abuelo debe proporcionar al menos la mitad del apoyo financiero del niño.

La SSA también puede considerar elegible a un nieto para recibir beneficios si el abuelo lo adopta. Si el abuelo fallece, el nieto aún puede ser elegible para beneficios si el cónyuge sobreviviente del abuelo lo adopta legalmente.

Padres de un trabajador

Si un trabajador fallece, sus padres ancianos pueden ser elegibles para beneficios para sobrevivientes. Para calificar, los padres tienen que brindar evidencia a la SSA de que dependían de su hijo adulto para al menos la mitad de su apoyo financiero.

Identificar los beneficios a los que los miembros de la familia son elegibles

En la sección anterior de este capítulo proporcioné la definición de *familia* según la SSA y detallé quién califica como cónyuge, padre, hijo, nieto y padre de un trabajador. En esta sección, explicaré los beneficios a los que cada grupo es elegible.

Hijos dependientes menores de 18 años

Los pagos del Seguro Social pueden ser proporcionados a un niño menor de 18 años si su padre falleció, quedó incapacitado o se jubiló. El niño se debe considerar dependiente del padre (en general, los hijos naturales se consideran dependientes) y no estar casado.

Si el padre quedó incapacitado o se jubiló, el niño puede recibir el 50% del beneficio completo de jubilación del padre, conocido como la *cantidad de seguro primario* (PIA), consulta el Capítulo 2. Si el padre falleció, el niño puede recibir el 75%. Estas cantidades están sujetas al máximo familiar. Para más información, consulta "Entiende el máximo familiar" más adelante en este capítulo.

Hijos dependientes de 18 años o más

Los beneficios para hijos dependientes y solteros pueden continuar hasta los 19 años si el hijo no terminó la escuela secundaria. Estos beneficios duran hasta el final del período escolar o dos meses después de que el hijo cumpla 19 años, lo que ocurra primero. La SSA requiere una declaración de asistencia escolar firmada por un funcionario de la escuela.

INFORMACIÓN TÉCNICA

De acuerdo con los requisitos del estado, los programas de educación en el hogar o en línea pueden cumplir con la regla de asistencia escolar de la SSA.

La cantidad del beneficio para hijos dependientes de 18 a 19 años es la misma que para aquellos menores de 18 años.

Hijos adultos incapacitados

El beneficio para hijos adultos incapacitados es el mismo que para los hijos dependientes menores de 18 años. Se aplica al hijo de un trabajador cubierto que se vuelve incapacitado antes de cumplir 22 años, según lo determinado por la SSA.

RECUERDA

La SSA tiene una definición estricta de *incapacidad*. Debe implicar una incapacidad física o mental grave que se espera dure al menos un año o resulte en la muerte.

Este beneficio puede detenerse si la salud de la persona mejora.

Si un hijo adulto recibe este beneficio en base al historial de un padre vivo y el padre muere, el beneficio cambia a un beneficio para sobrevivientes. Esto podría pagar más: 75% de la cantidad completa de jubilación del trabajador, en lugar del 50% que el hijo adulto recibía anteriormente.

Nietos

Bajo condiciones específicas, los nietos pueden ser elegibles para beneficios para niños en base al historial de ganancias de un abuelo. Estos beneficios son similares a otros beneficios para niños, pero se relacionan con las ganancias del abuelo, no las del padre. Un nieto menor de 18 años puede calificar si sus padres fallecieron, quedaron incapacitados o si su abuelo lo adopta legalmente. El niño debe haber vivido con su abuelo antes de cumplir 18 años y haber dependido del abuelo para más de la mitad de su sustento durante aproximadamente un año antes de que el abuelo solicitara los beneficios del Seguro Social. (Este requisito de tiempo se ajusta para los niños menores de un año). Si el abuelo ya está recibiendo beneficios, la adopción es necesaria.

El Seguro Social puede pagar el 50% del beneficio completo de jubilación si el abuelo está vivo y el 75% si falleció. Estos montos están sujetos a un máximo familiar, que se explica en la sección "Entiende el máximo familiar" más adelante en este capítulo.

Padres de un trabajador

Si un hijo adulto que sostenía económicamente a sus padres fallece, los padres pueden calificar para un beneficio. El padre o madre debe tener al menos 62 años y no ser elegible para un beneficio mayor de Seguro Social en base a su propio historial de ganancias.

Para un solo padre o madre que califique, este beneficio paga el 82.5% del beneficio completo de jubilación del hijo adulto. Si ambos padres califican, cada uno recibe el 75% del beneficio completo de jubilación. Este beneficio está disponible solo en casos de fallecimiento, no de jubilación o incapacidad.

RECUERDA

Para calificar, debes demostrar a la SSA que dependías de tu hijo adulto para al menos la mitad de tu apoyo financiero hasta su fallecimiento o incapacidad antes de la muerte. Esta prueba debe presentarse dentro de los dos años posteriores a la muerte de tu hijo, y no calificas si te volviste a casar luego de su muerte.

Cómo tener un "niño a cargo" puede afectar tus beneficios

Si eres un padre que podrías resultar elegible para beneficios del Seguro Social, tener un niño a tu cargo puede impactar en tu elegibilidad y la cantidad de tus beneficios. Esto es importante en dos áreas principales:

» **Beneficios conyugales:** en general, te vuelves elegible para beneficios conyugales en base al historial de ganancias del sostén de la familia a los 62 años, siempre que el principal trabajador haya reclamado beneficios. Sin embargo, si tienes a su hijo a cargo, puedes calificar para estos beneficios a cualquier edad. Estos beneficios pueden pagar hasta el 50% del beneficio completo de jubilación del trabajador.

- **Beneficios para sobrevivientes:** estos beneficios pueden pagar a un cónyuge sobreviviente (de 60 años o más) hasta el 100% del beneficio del trabajador fallecido si se reclama a la edad plena de jubilación. Si estás cuidando al hijo del trabajador fallecido, puedes calificar a cualquier edad, aunque los beneficios están limitados al 75% si tienes menos de 60 años.

Una excepción importante se aplica a los cónyuges divorciados. La SSA no proporcionará beneficios al cónyuge divorciado en base al historial de ganancias de tu excónyuge antes de que cumplas 62 años, incluso si tienes a su hijo a cargo.

La SSA tiene pautas específicas para determinar si estás ejerciendo "responsabilidad parental" por un niño a cargo, en especial si no vives con él. La SSA describe esto de la siguiente manera:

- **"Ejercer control y responsabilidad parental por el bienestar y cuidado de un niño menor de 16 años o un niño con incapacidad mental de 16 años o más".**
- **"Realizar servicios personales para un niño con incapacidad física de 16 años o más".** Estos servicios pueden incluir cuidados de enfermería, alimentación, vestimenta y otra asistencia especial.

Es posible que se considere a un niño a tu cargo por un mes si pasa al menos un día de ese mes contigo. Además, un niño puede estar a tu cargo en ciertas circunstancias incluso si no viven juntos.

La SSA puede reconocer a un niño a tu cargo si tienes un acuerdo de custodia compartida, siempre que continúes ejerciendo control y responsabilidad cuando el niño esté con el otro padre. Sin embargo, si el niño vive con el otro padre por un mes o más y ese padre ejerce control parental mientras tú no lo haces, es posible que no se considere que tengas al niño a tu cargo.

Para determinar si ejerces "control parental", la SSA tiene en cuenta si muestras un fuerte interés en criar al niño, supervisas sus actividades y participas en decisiones clave sobre sus necesidades físicas y desarrollo mental. Esto puede hacerse directa o indirectamente.

Un niño puede estar a tu cargo si vive en la escuela, siempre que continúes ejerciendo control parental y participes en decisiones importantes. Si un niño vive en una institución durante todo el año, aún puede ser considerado a tu cargo si mantienes contacto con la institución y participas en decisiones.

Entiende el máximo familiar

Si tú y tus hijos califican para beneficios del Seguro Social, no puedes solo sumar sus posibles beneficios para determinar el monto total. La SSA impone un límite en los beneficios en base al historial de ganancias de una persona, en general entre el 150% y el 188% de la cantidad del sostén de la familia. Este límite se conoce como el *máximo familiar*.

Cuando se aplica el máximo familiar, los beneficios para todos los dependientes se reducen proporcionalmente para cumplir con el límite. Si otro miembro de la familia resulta elegible en el futuro, el beneficio familiar total permanece igual y los beneficios de todos se reducen aún más. Por el contrario, si un hijo cumple 18 o 19 años y ya no califica, los beneficios de los miembros restantes de la familia aumentan, siempre que el total se mantenga dentro del límite.

El máximo familiar es relevante cuando un trabajador con dependientes recibe beneficios de jubilación o por incapacidad, o cuando el sostén de la familia muere y deja sobrevivientes.

El beneficio del sostén de la familia no se reduce, ni tampoco los beneficios en base a los ingresos propios de un miembro de la familia. Los beneficios para un cónyuge divorciado o un cónyuge divorciado sobreviviente en base al historial de ganancias de su excónyuge tampoco se ven afectados.

Para los beneficios por incapacidad, el máximo familiar se limita a no más del 150% del beneficio completo de jubilación del trabajador incapacitado. Para otros beneficios, puede ser hasta el 188% del beneficio completo de jubilación del sostén de la familia.

Escenarios de ejemplo:

Muerte del sostén de la familia jubilado:

Un sostén de la familia jubilado muere y deja una viuda y dos padres ancianos que dependían de él. Sin el máximo familiar, la viuda recibiría el 100% del beneficio completo de jubilación y cada padre el 75%, lo que da como resultado 250%. Sin embargo, el máximo familiar reduce este total a no más del 188%.

Arnold, un arquitecto, muere a los 56 años y deja tres hijos y una viuda. Su beneficio completo de jubilación es de $2821. Cada hijo y su viuda calificarían para el 75% de esta cantidad, es decir en total $8460. Sin embargo, el máximo familiar limita el total a $5304. Por lo tanto, cada uno recibe $1326 después de la reducción proporcional.

El límite familiar, en algunas ocasiones, deja cierto margen de flexibilidad cuando se trata de beneficios para niños. Esto puede ocurrir cuando un niño califica para recibir beneficios en el historial de ingresos de más de un sostén de familia. (La SSA lo denomina doble derecho). Por ejemplo, un niño puede calificar para recibir beneficios a través de las cuentas de su madre y su padre, ambos con registros de ingresos en la SSA. En estos casos, el niño recibe el beneficio de mayor valor. (Lo mismo ocurre con un beneficiario adulto que califica bajo dos cuentas diferentes).

Si más de un niño en la familia recibe beneficios y cada uno califica a través de los registros de ingresos de dos trabajadores diferentes, la SSA combina los límites familiares máximos de ambas cuentas. Sin embargo, el total combinado está sujeto a un límite máximo general. Esto puede resultar en un tope significativamente más alto, lo que podría aumentar el beneficio de cada niño en comparación con si solo fueran elegibles a través del historial de un solo trabajador.

El caso de Natalie y Julián: Natalie y Julián mueren en un accidente de avión y dejan tres hijos. El beneficio completo de Julián es de $2524 y el de Natalie es de $1655. Los beneficios de los niños en base al historial de Julián exceden su máximo familiar de $4467. Sin embargo, al combinar el máximo de Natalie de $3085, se obtiene un límite más alto de $5612. Cada niño entonces recibe $1870.

Si los beneficios de tu familia pueden verse afectados por el máximo familiar y tienes hijos que califican bajo más de una cuenta, informa a la SSA. Esto podría resultar en pagos mensuales más altos para tu hogar.

Contar con los beneficios para niños cuando los padres viven separados

Cuando los padres se divorcian y uno de los cónyuges cobra beneficios del Seguro Social, ¿cómo afecta ese ingreso a la manutención para los hijos menores? En general, el beneficio del Seguro Social de un cónyuge se considera parte de su ingreso y puede afectar los pagos de la manutención para los hijos menores.

Antes de continuar, es necesario que recuerdes lo siguiente:

- **Las leyes estatales varían:** las leyes de divorcio y pensión para hijos menores difieren según el estado.
- **Órdenes judiciales:** debes cumplir con los términos establecidos por la orden judicial respecto a tu divorcio.

En general, los beneficios del Seguro Social se cuentan como ingresos para la persona que los ganó. En muchos estados, si un niño recibe beneficios del Seguro Social como dependiente de un padre que no tiene la custodia, esos beneficios pueden incluirse en el pago de la manutención para los hijos menores del padre. Esta situación puede ocurrir si un padre que no tiene la custodia del niño comienza a recibir beneficios por incapacidad o jubilación del Seguro Social y el niño recibe beneficios auxiliares.

Por ejemplo, si debes $800 por mes de la manutención de tu hijo y él recibe $400 por mes en beneficios del Seguro Social en base a tu historial de ganancias, algunos estados permiten una compensación completa. Esto significa que $400 de tu obligación de $800 se cubren con el Seguro Social y solo debes pagar los $400 restantes. (Sin embargo, algunos estados pueden permitir menos de una compensación dólar por dólar y otros dejan la decisión al juez según las necesidades del niño).

ADVERTENCIA

Si te atrasas en la manutención de tu hijo, pueden embargar tus beneficios del Seguro Social. (Esto también se aplica a los pagos de pensión alimenticia atrasados). Los beneficios del Seguro Social son uno de los pocos tipos de ingresos que se pueden embargar con este fin, a diferencia de la Seguridad de Ingreso Suplementario (SSI), que no se puede embargar.

Los padres divorciados pueden enfrentar conflictos si un niño es elegible para beneficios del Seguro Social como dependiente en base al historial del padre que no tiene la custodia, pero ese padre se niega a aplicar. El padre que no tiene la custodia podría creer erróneamente que los beneficios para dependientes reducirán sus propios beneficios o podrían evitar aplicar por otras razones, como no querer que sus ingresos sean examinados.

La SSA intenta ayudar con las solicitudes de beneficios para un niño incluso si el padre que no tiene la custodia no coopera. El padre que tiene la custodia debe proporcionar prueba de la edad del niño y la relación con el padre que no tiene la custodia, y si es posible, el número de Seguro Social de ese padre. Sin embargo, estas solicitudes pueden ser complicadas.

Si un padre divorciado califica para beneficios pero *no ha aplicado* (por ejemplo, tiene más de 62 años, pero reclamó beneficios de jubilación), el niño no es elegible para beneficios como dependiente. Esto difiere del tratamiento de un excónyuge dependiente, quien puede solicitar beneficios conyugales a los 62 años, incluso si el excónyuge no reclamó beneficios, siempre que el divorcio ocurriera hace dos años.

Gestiona beneficios en nombre de un niño

Cuando se trata del Seguro Social, los niños dependen de otros para asegurarse de que reciban sus beneficios y que se gestionen de manera adecuada. La SSA nombra a un *representante del beneficiario* para que se encargue de esta responsabilidad.

Los representantes del beneficiario pueden ser padres, otros familiares, instituciones o proveedores de cuidado de crianza. Aunque la SSA a veces aprueba tarifas y reembolsos de gastos, la mayoría de las veces los familiares lo realizan de forma gratuita. Casi 6 millones de beneficiarios del Seguro Social dependen de representantes del beneficiario y más de la mitad son niños.

Si eres un representante del beneficiario, tienes responsabilidades importantes. Debes evaluar las necesidades del niño y tomar decisiones sobre cómo usar los beneficios en su mejor interés. Los beneficios deben cubrir las necesidades actuales y previsibles del niño, como alimentos, ropa y atención médica. Cualquier fondo restante debe ahorrarse para el niño, siempre que no haya necesidades actuales no cubiertas. Se requiere que completes un formulario anual con detalles de cómo se gastó el dinero.

Como representante del beneficiario, también debes informar a la SSA de cualquier cambio que pueda afectar los pagos de beneficios, como cambios en la custodia del niño, adopción o divorcio de los padres.

EN ESTE CAPÍTULO

- » Identifica los dos programas de incapacidad que maneja el Seguro Social
- » Responde cinco preguntas clave para calificar para los beneficios
- » Presenta tu caso de la mejor manera para obtener beneficios por incapacidad
- » Acepta el rechazo
- » Vuelve a trabajar

Capítulo 11

Cuando no puedes trabajar: beneficios por incapacidad del Seguro Social

Cuando tienes buena salud y puedes trabajar, es difícil imaginarte incapacitado. Sin embargo, el riesgo es real. Según la Administración del Seguro Social (SSA), un joven de 20 años tiene un 25% de probabilidad de experimentar una incapacidad antes de jubilarse. Si esto ocurre, tu vida puede complicarse. ¿Cómo te mantendrás a ti y a tu familia? Las protecciones por incapacidad del Seguro Social tienen como objetivo aliviar esas dificultades, pero obtener estos beneficios es un desafío.

La SSA tiene reglas para asegurar decisiones consistentes sobre quién califica para la incapacidad. Solicitar beneficios por incapacidad es más complejo que solicitar beneficios de jubilación. En general, evaluar una solicitud de incapacidad toma de tres a cinco meses para obtener una decisión inicial. Si se niega, puedes rectificar los hallazgos de la SSA a través de un proceso de apelación, que puede tomar más de un año. (Consulta el Capítulo 8 para más detalles sobre el proceso de apelación).

En este capítulo, explico lo que la SSA entiende por *incapacidad* y lo que necesitas demostrar para recibir (y mantener) los beneficios por incapacidad. También ofrezco algunos consejos sobre lo que debes y no debes hacer para presentar tu caso. Por último, describo las reglas sobre ganar dinero y volver a trabajar después de comenzar a recibir beneficios por incapacidad.

ADVERTENCIA

Puedes encontrar mucha información sobre beneficios por incapacidad en línea, pero ten cuidado con el tipo de sitio web que visitas. Muchos sitios web con nombres oficiales en realidad son administrados por abogados que buscan clientes. Algunos de estos sitios son informativos, pero asegúrate de estar en el sitio web real de la SSA (`www.ssa.gov`) y no en una página en donde intentan venderte algo.

Los dos tipos de beneficios por incapacidad

La SSA ofrece protecciones por incapacidad a través de dos programas:

- **Seguro por Incapacidad del Seguro Social (SSDI):** el SSDI apoya a trabajadores incapacitados y, en algunos casos, a sus familiares dependientes económicamente. Esto incluye cónyuges, viudas incapacitadas y adultos incapacitados desde la niñez.
- **Seguridad de Ingreso Suplementario (SSI):** la SSI ayuda a personas incapacitadas, ciegas o de 65 años o más que tienen bajos ingresos.

RECUERDA

Tanto el SSDI como la SSI comparten una definición estricta de *incapacidad* (consulta la sección "Cómo define el Seguro Social la incapacidad" más adelante). Para calificar para cualquiera de los programas, debes ser incapaz de trabajar debido a una condición grave que ha durado o se espera que dure al menos un año o resulte en la muerte.

Aunque el SSDI y la SSI consideran los mismos problemas de salud al determinar la incapacidad, difieren en requisitos no médicos, beneficios y reglas de elegibilidad. (Consulta el Capítulo 2 para obtener una explicación general y el Capítulo 5 para detalles sobre cómo solicitar).

Diferencias clave entre SSDI y SSI

- **Elegibilidad de los miembros de la familia:** el SSDI puede proporcionar beneficios a ciertos miembros dependientes de la familia, como los hijos, en base a tu historial laboral. En cambio, la SSI no extiende beneficios a los miembros de la familia por tu solicitud. (Los cónyuges elegibles pueden solicitar juntos y recibir un beneficio mayor).
- **Restricciones laborales:** ambos programas tienen límites de ingresos que pueden afectar los beneficios, pero tienen diferentes límites y reglas para volver al trabajo.
- **Límites de activos:** la SSI se basa en las necesidades y considera los bienes del solicitante en lugar de su historial laboral. El SSDI es parte del Seguro Social y está disponible para trabajadores que ganaron suficientes créditos laborales.
- **Ciudadanía:** los personas que no son ciudadanas pueden calificar para el SSDI si ganaron beneficios a través de trabajo cubierto y contribuciones fiscales y tenían autorización legal para trabajar en EE.UU. La SSI tiene criterios de elegibilidad más estrictos para las personas que no son ciudadanas, en especial aquellas que ingresaron a EE.UU. después del 22 de agosto de 1996.

La cobertura de salud también difiere entre la SSI y el SSDI. En general, los beneficiarios del SSDI califican para Medicare después de dos años. En la mayoría de los estados, los beneficiarios de la SSI reciben Medicaid de inmediato, (aunque algunos estados requieren una solicitud por separado).

En la Tabla 11-1 se resumen las diferencias entre el SSDI y la SSI.

TABLA 11-1 Comparación de los programas SSDI y SSI

	SSDI	SSI
Fuente de pagos	Fondo de fideicomiso de incapacidad.	Ingresos generales de impuestos.
Requisitos mínimos de calificación inicial	Debes cumplir con los criterios de incapacidad de la SSA. Debes estar "asegurado" debido a las contribuciones hechas a FICA o SECA en base a tus propios ingresos de salario o los de tu cónyuge o padres.	Debes cumplir con los criterios de incapacidad de la SSA. Debes tener ingresos y recursos limitados.

(continuación)

TABLA 11-1 ***(continuación)***

	SSDI	SSI
Cobertura de seguro de salud proporcionada	Medicare, que incluye seguro de hospital (Parte A), seguro médico suplementario (Parte B), Medicare Advantage (Parte C) y beneficios voluntarios de medicamentos recetados (Parte D).	Medicaid, que es un programa de seguro de salud federal-estatal para personas de bajos ingresos, que cubre a ciertos niños y a algunas o todas las personas mayores, ciegas o incapacitadas elegibles para pagos de mantenimiento de ingresos asistidos federalmente.
Cómo se calcula el pago mensual	Según los ingresos promedio de por vida del trabajador cubiertos por el Seguro Social. Puede reducirse si se recibe compensación de trabajadores o pagos públicos por incapacidad. Otros ingresos o recursos no afectan el monto del pago. Se ajusta todos los años por cambios en el costo de vida. Los dependientes, como hijos menores, también pueden recibir beneficios.	Comienza con la tasa de beneficio federal (FBR). En 2024, la FBR es de $943 para un individuo y $1415 para una pareja. La SSA resta los ingresos contables de la FBR y agrega cualquier suplemento estatal. No todos los ingresos cuentan. Se ajusta todos los años por cambios en el costo de vida.
Provisión de pago suplementario estatal	No hay pago suplementario estatal.	Muchos estados proporcionan una cantidad adicional llamada "suplemento estatal". Las cantidades y las calificaciones varían según el estado.

Adaptado de Administración del Seguro Social, http://www.ssa.gov/people/immigrants/visa.html, último acceso el 07 March 2025.

Seguro por Incapacidad del Seguro Social

El SSDI es un beneficio disponible para las personas que son elegibles para el Seguro Social. Cuando un trabajador queda incapacitado, ciertos miembros de la familia también pueden recibir beneficios. Alrededor de 8.5 millones de trabajadores y 1.6 millones de sus dependientes, en especial niños, reciben SSDI. (Puedes consultar el Capítulo 2 para obtener más detalles sobre la elegibilidad familiar).

RECUERDA

Si un trabajador incapacitado califica para el SSDI, los dependientes también pueden recibir beneficios. Los dependientes elegibles incluyen:

- Un cónyuge de 62 años o más o que cuide al hijo del trabajador incapacitado que es menor de 16 años o incapacitado.
- Una viuda o viudo incapacitado de 50 años o más, (si la incapacidad comenzó dentro de los siete años posteriores a la muerte del trabajador).
- Un hijo soltero menor de 18 años (o 19 si aún está en la escuela secundaria), o un hijo adulto soltero que quedó incapacitado antes de los 22 años.

El monto del beneficio del SSDI se basa en tu historial de ganancias con la SSA. El pago mensual promedio es de $1537. Para calcular tu beneficio (consulta el Capítulo 6), visita `www.ssa.gov/oact/quickcalc` e ingresa tu fecha de nacimiento, ganancias recientes y fecha de jubilación esperada.

CONSEJO

En general, los beneficiarios aprobados del SSDI se vuelven elegibles para Medicare después de dos años.

CONSEJO

Para un procesamiento acelerado de reclamos por incapacidad para aquellos incapacitados durante el servicio militar activo a partir del 1 de octubre de 2001, visita `www.ssa.gov/woundedwarriors`.

Para calificar para el SSDI, debes cumplir con ciertos requisitos en base a tu historial de ganancias. La SSA aplica dos pruebas basadas en *créditos* (ingresos anuales) para determinar si eres elegible. El monto del crédito cambia todos los años (establecido en $1730 para 2024). Puedes ganar hasta cuatro créditos por año, fácil de lograr para los trabajadores a tiempo completo. En 2024, te otorgaban cuatro créditos si ganabas $6920.

Las pruebas para calificar para el SSDI son las siguientes:

- **Prueba de empleo reciente:** determina si has trabajado lo suficiente recientemente según tu edad. Los trabajadores menores de 24 años necesitan 1.5 años de trabajo en los tres años anteriores a la incapacidad. Los trabajadores de 24 a 30 años necesitan créditos por la mitad del tiempo entre los 21 años y el inicio de la incapacidad. Los trabajadores de 31 años o más necesitan al menos 20 créditos en los diez años anteriores a la incapacidad.
- **Prueba de duración de trabajo:** determina si has trabajado lo suficiente en empleo cubierto. Los requisitos varían según la edad, con aquellos menores de 28 años que necesitan 1.5 años de trabajo y aquellos de 50 años que necesitan siete años.

Si cumples con estos requisitos, es posible que califiques para el SSDI. Sin embargo, podrían descalificarte si no has trabajado lo suficiente en los últimos años o si tienes impuestos del Seguro Social sin pagar, ya sea por tu empleador o tú mismo (si eres trabajador por cuenta propia).

En la Tabla 11-2 se muestra la cantidad de créditos de trabajo que necesitas para calificar al SSDI según tu edad.

En las Tablas 11-3 y 11-4 se muestran los requisitos de la prueba de empleo reciente y la prueba de duración de trabajo de la SSA.

TABLA 11-2 **Créditos de trabajo que se necesitan para los beneficios por incapacidad**

Edad al incapacitarse	Créditos necesarios
31–42	20
44	22
46	24
48	26
50	28
52	30
54	32
56	34
58	36
60	38
62 o más	40

Adaptado de Administración del Seguro Social, http://www.ssa.gov/people/immigrants/visa.html, último acceso el 07 March 2025.

TABLA 11-3 **Requisitos de la prueba de empleo reciente**

Si quedas incapacitado. . .	Entonces necesitas. . .
En o antes del trimestre en que cumples 24 años	1.5 años de trabajo durante el período de tres años que termina con el trimestre en que comenzó tu incapacidad.
En el trimestre después de cumplir 24, pero antes del trimestre en que cumples 31	Trabajo durante la mitad del tiempo para el período que comienza con el trimestre después de cumplir 21 y termina con el trimestre en que te incapacitas. Ejemplo: si te incapacitas en el trimestre en que cumples 27, necesitas tres años de trabajo en el período de seis años que termina con el trimestre en que quedas incapacitado.
En el trimestre en que cumples 31 o más	Trabajo durante cinco años en el período de diez años que termina con el trimestre en que quedas incapacitado.

Adaptado de Administración del Seguro Social, https://www.ssa.gov/pubs/ES-05-10929.pdf, último acceso el 07 March 2025.

TABLA 11-4 **Requisitos de la prueba de duración de trabajo**

Si quedas incapacitado. . .	Entonces necesitas. . .
Antes de los 28 años	1.5 años de trabajo
A los 30 años	2 años de trabajo
A los 34 años	3 años de trabajo
A los 38 años	4 años de trabajo
A los 42 años	5 años de trabajo
A los 44 años	5.5 años de trabajo
A los 46 años	6 años de trabajo
A los 48 años	6.5 años de trabajo
A los 50 años	7 años de trabajo
A los 52 años	7.5 años de trabajo
A los 54 años	8 años de trabajo
A los 56 años	8.5 años de trabajo
A los 58 años	9 años de trabajo
A los 60 años	9.5 años de trabajo

Adaptado de Administración del Seguro Social, https://www.ssa.gov/pubs/ES-05-10929.pdf, último acceso el 07 March 2025.

La SSA puede congelar el registro de ganancias de las personas que reciben beneficios por incapacidad, lo que puede preservar el monto de tu beneficio al excluir períodos de ganancias reducidos o nulos debido a la incapacidad.

Si recibes múltiples beneficios por incapacidad, incluido el SSDI, tu pago del Seguro Social podría reducirse si el total excede el 80% de tus ganancias previas a la incapacidad. Esto incluye los pagos de SSDI a dependientes. Sin embargo, el SSDI no se reduce si también recibes beneficios de la Administración de Veteranos (VA) o ciertos beneficios de gobierno estatal y local, siempre que se hayan pagado impuestos del Seguro Social sobre esos ingresos.

Por ejemplo, si Kimberly gana $40,000 por año y recibe $1150 en SSDI y $2000 en compensación de trabajadores, sus beneficios combinados de $3150 exceden el 80% de sus ganancias previas a desarrollar su incapacidad ($3333 mensuales). La SSA reducirá su SSDI a $666 para que sus beneficios totales sean $2666, que es el 80% de sus antiguos salarios.

El seguro privado por incapacidad también puede reducir sus pagos si recibes SSDI. Algunas pólizas ofrecen asistencia legal para reclamos de SSDI, pero asegúrate de que tu representante actúe en tu mejor interés. Puedes optar por contratar a tu propio abogado o representante.

Seguridad de Ingreso Suplementario

La SSI proporciona asistencia en efectivo a personas que tienen 65 años o más, son ciegas o incapacitadas, y deben tener una necesidad financiera extrema para calificar. Casi 5 millones de personas menores de 65 años reciben SSI; en total, alrededor de 8.1 millones de personas se benefician de este programa. Se financia a través de ingresos fiscales generales y no se considera un beneficio básico de Seguro Social como la jubilación, el SSDI o los beneficios para sobrevivientes. Esto se debe a que la SSI se basa en la necesidad y no considera el historial laboral, las ganancias o los impuestos sobre el salario.

La SSI tiene requisitos estrictos para asegurar que los beneficios se destinen a aquellos con una necesidad financiera significativa. Los beneficiarios deben tener un ingreso mensual por debajo del estándar de pago federal, establecido en $943 para individuos y $1415 para parejas en 2024. Los bienes personales están limitados a $2000 para individuos y $3000 para parejas. Un coche puede ser excluido si se utiliza para trabajar o para atención médica esencial.

Los cálculos de ingresos consideran varios factores, incluidas las políticas estatales y las circunstancias personales como los arreglos de vivienda. La SSA no cuenta todos los ingresos. Las exclusiones incluyen los primeros $20 por mes en ingresos no devengados, los primeros $65 por mes en ganancias (más la mitad del resto) y una parte de cierta asistencia como los cupones de alimentos.

Los montos de pago de la SSI también varían según las políticas estatales y las circunstancias personales.

Es posible recibir tanto beneficios de la SSI como del SSDI si cumples con los límites financieros de la SSI y has ganado beneficios bajo el Seguro Social. Si tu pago de SSDI está por debajo del monto de la SSI, la SSI puede cubrir la diferencia.

Cuando solicites el SSDI, la SSA determinará si también calificas para la SSI. Si crees que puedes ser elegible para la SSI, asegúrate de preguntar. La SSA debe aceptar solicitudes para el SSDI y la SSI cuando apliques.

Cómo define el Seguro Social la incapacidad

RECUERDA

Para calificar para los beneficios por incapacidad, debes ser incapaz de trabajar durante al menos un año o tener una condición que resulte en la muerte. Comprobar esto puede ser un desafío, en especial para enfermedades como el dolor, la fatiga crónica y los trastornos del estado de ánimo, que son difíciles de medir. Algunas personas experimentan fluctuaciones en su salud, con días buenos y días malos.

La SSA considera varios factores para determinar la gravedad de las limitaciones de un solicitante. Estos factores incluyen la experiencia laboral, habilidades, educación, edad y condición de salud.

Esta sección describe los pasos que toma la SSA para determinar si un solicitante está incapacitado. Más adelante, discutiremos cómo los solicitantes pueden simplificar el proceso y asegurarse de que la SSA tome la decisión correcta sobre su reclamo.

Cuando solicitas por primera vez, la SSA realiza una revisión inicial para asegurarse de que cumples con los requisitos no médicos de cobertura. También verifican si estás involucrado en un empleo sustancial y lucrativo, lo cual se evalúa en función de tus ganancias y posibles deducciones relacionadas con el trabajo debido a tu enfermedad. Luego, la solicitud se envía a la Agencia de Determinación de Incapacidad en tu estado, que colabora con la SSA en la evaluación del reclamo.

Los evaluadores estatales se enfocan en los aspectos médicos y vocacionales de tu solicitud. Buscan información de tu médico y otros profesionales de la salud familiarizados con tu enfermedad. También pueden organizar un examen consultivo si se necesita información médica adicional. Una oficina de campo de la SSA revisa los hallazgos del estado y te informa de la decisión.

Durante el proceso, la SSA busca responder cinco preguntas clave que determinan el resultado de tu reclamo. Estas preguntas se abordan en un determinado orden, y la solicitud puede detenerse en cualquier etapa. Entender estas preguntas puede ayudarte a evaluar tus posibilidades de recibir beneficios por incapacidad.

¿Estás trabajando por dinero?

Si ganas más de cierta cantidad de dinero, la SSA puede cuestionar tu estado de incapacidad, ya que sugiere que puedes realizar un trabajo sustancial a cambio de una compensación. Esto se aplica sin importar si el trabajo implica labores físicas o tareas en una computadora.

La SSA se refiere a esto como *trabajo sustancial y lucrativo*. El umbral de ingresos para el trabajo sustancial y lucrativo cambia todos los años. (En 2024, la cantidad para la mayoría de los trabajadores era de $1550 por mes). La SSA puede deducir gastos especiales relacionados con el trabajo, como una silla de ruedas o un taxi, al evaluar tus ingresos. Si tus ingresos superan este nivel, la SSA puede determinar que eres capaz de trabajar.

Hay reglas especiales para dos categorías de trabajadores:

- **Personas ciegas:** las personas con pérdida de visión tienen un límite de ganancias permitido más alto antes de exceder el umbral de trabajo lucrativo. (En 2024, este límite era de $2590 por mes). La SSA define la ceguera como una visión que no puede corregirse más allá de 20/200 en el mejor ojo o un campo visual limitado a 20 grados o menos en el mejor ojo.
- **Trabajadores por cuenta propia:** la SSA evalúa si tu trabajo te descalifica de los beneficios por incapacidad. Considera lo siguiente:
  - Si realizas "servicios significativos" para el negocio y si tu ingreso mensual promedio excede el límite de trabajo lucrativo.
  - Si tus tareas laborales son similares a las de personas saludables que trabajan por cuenta propia en el mismo tipo de negocio en tu comunidad.
  - Si el valor de tu trabajo coincide con el nivel de pago por empleo lucrativo, y cuánto costaría contratar a alguien más para hacerlo.

¿Tienes un problema médico grave?

La SSA define *incapacidad* como una condición médica que te impide realizar un trabajo sustancial y lucrativo durante al menos un año o que resultará en la muerte. Esta enfermedad debe ser seria y debilitante; la SSA no proporciona beneficios parciales por problemas de salud menores.

Un diagnóstico de una enfermedad potencialmente grave, como el cáncer, no garantiza automáticamente la aprobación de la solicitud. La SSA utiliza el término "enfermedad grave" para asegurarse de que los solicitantes tengan problemas significativos y no problemas menores. Si el tratamiento médico alivia los síntomas de una incapacidad grave, es posible que la persona no se considere incapacitada.

Los evaluadores de incapacidad requieren evidencia de que una persona no puede trabajar y que actividades rutinarias como sentarse, caminar y recordar resulten demasiado difíciles. La SSA puede organizar un examen médico consultivo si se necesita más información sobre tu enfermedad.

¿Está tu incapacidad en "la lista"?

La SSA tiene una lista detallada de enfermedades graves que considera incapacitantes, que describe problemas y síntomas que califican para los beneficios.

Para adultos, hay 14 categorías amplias de enfermedades, como respiratorias, cardiovasculares, digestivas y neurológicas, cada una con condiciones específicas. Por ejemplo, la categoría del "sistema respiratorio" incluye asma y fibrosis quística, mientras que "sentidos especiales y habla" cubre varios tipos de pérdida de visión y audición.

CONSEJO

Puedes ver la lista completa y obtener explicaciones detalladas en `www.ssa.gov/disability/professionals/bluebook/AdultListings.htm`.

CONSEJO

Además, la SSA tiene una lista secundaria con más de 200 enfermedades graves que califican para una aprobación rápida bajo la iniciativa de aprobación por compasión. Esto incluye varios tipos de cáncer, enfermedades cerebrales y otras enfermedades severas. La lista completa está disponible en `www.ssa.gov/compassionateallowances`.

Para niños menores de 18 años, hay 15 categorías de enfermedades incapacitantes. La SSA evalúa la "limitación funcional severa y pronunciada" y si la enfermedad durará al menos un año o resultará en la muerte. Puedes encontrar más información en `www.ssa.gov/disability/professionals/bluebook/ChildhoodListings.htm`.

RECUERDA

Los niños no pueden calificar para el SSDI por sí mismos, pero pueden ser elegibles para pagos si son dependientes financieros de un sostén de familia que ha ganado beneficios del Seguro Social. (La SSI tiene requisitos de ingresos separados para niños incapacitados).

Es común que las personas tengan múltiples dolencias o enfermedades que no coinciden por completo con la lista. Por ejemplo, alguien con depresión, enfermedad discal degenerativa y síndrome del túnel carpiano puede presentar un caso más fuerte que alguien con solo una o dos de estas enfermedades. La SSA considera los efectos combinados de las incapacidades de una persona en todos los niveles de evaluación.

CONSEJO

Una incapacidad no necesita estar en la lista para calificar como tal. Sin embargo, es más fácil que aprueben tu reclamación si tu enfermedad está en la lista.

¿Puedes realizar las tareas requeridas por tu antiguo trabajo o un trabajo similar?

Tu edad es crucial para determinar la elegibilidad para los beneficios. La SSA reconoce que los trabajadores mayores con problemas de salud graves y sin habilidades transferibles pueden tener dificultades para encontrar un nuevo empleo. Si tienes 50 años o más y no puedes continuar con tu trabajo anterior, tienes más posibilidades de aprobación.

Si la SSA determina que no ganas una cantidad sustancial y tienes una enfermedad grave que no coincide con una en la lista, pregunta: ¿puedes hacer el tipo de trabajo que hiciste en los últimos 15 años?

Por ejemplo, si tu trabajo reciente implicaba viajar mucho, lo cual ya no puedes hacer, pero antes tenías un trabajo de oficina que aún puedes realizar, es posible que no califiques para los beneficios.

La SSA requiere una descripción detallada de las tareas de tus trabajos anteriores. Puedes consultar a expertos vocacionales y al *Diccionario de Títulos Ocupacionales (Dictionary of Occupational Titles)* (`www.occupationalinfo.org`) para conocer las expectativas laborales.

La SSA clasifica la mayoría de los trabajos en cinco niveles de esfuerzo según las demandas físicas. Estas exigencias abarcan levantar determinados pesos y realizar otras tareas físicas, como manipular objetos, usar los dedos y las manos, sentarse, estar de pie, agacharse, tirar y moverse de diversas formas comunes. Las principales categorías de esfuerzo son las siguientes:

- **Sedentario:** trabajos que requieren principalmente estar sentado y levantar pesos mínimos (hasta 10 libras). Puede implicar algo de caminar, estar de pie y movimientos repetitivos de manos como escribir en una computadora.
- **Ligero:** trabajos que implican levantar hasta 20 libras, caminar y estar de pie más tiempo (hasta seis horas) o sentarse y trabajar con los brazos y las piernas. Ejemplos incluyen mover inventario, trabajos de seguridad y cajero.
- **Medio:** trabajos que requieren levantar hasta 50 libras, levantar frecuentemente hasta 25 libras y tareas como agacharse, arrodillarse y trepar. Incluye oficios calificados como electricista, plomero y carpintero.

» **Pesado:** trabajos que implican levantar hasta 100 libras y levantar frecuentemente hasta 50 libras. Común en la construcción, almacenes y muelles de carga.

» **Muy pesado:** trabajos que requieren levantar más de 100 libras.

Las disputas sobre reclamos de incapacidad a menudo se centran en si una persona puede realizar trabajos ligeros o sedentarios, que pueden parecer fáciles para personas sanas. Las demandas de trabajo pesado suelen estar claramente fuera del alcance.

Es posible que las categorías de esfuerzo no se apliquen si el problema es mental, aunque algunas personas tienen tanto impedimentos físicos como mentales. En tales casos, la capacidad de trabajo puede depender de la concentración, comprensión, memoria, atención, seguir órdenes e interactuar con otros.

Si la SSA concluye que aún puedes hacer tu trabajo anterior o un trabajo similar, no recibirás beneficios por incapacidad. Si determina que no puedes realizar dicho trabajo de manera sostenida, procederá a la siguiente pregunta.

¿Puedes hacer cualquier otro trabajo disponible?

Si tienes menos de 50 años, es posible que la SSA crea que puedes adaptarte a un nuevo trabajo. Esto podría incluir trabajos que paguen menos, trabajos que no te gusten, trabajos inconvenientes, trabajos para los que podrías no ser contratado y trabajos a tiempo parcial. En contraste, los solicitantes de 50 años o más en condiciones físicas similares pueden recibir decisiones más favorables. Aquellos de 55 años o más tienen mejores oportunidades. En general, la SSA puede considerar que las personas con un historial laboral limitado y sin habilidades transferibles tienen menos posibilidades de realizar un trabajo sustancial que aquellos con una buena educación y un historial laboral sólido. Por lo tanto, las personas que no tienen tantas habilidades y experiencia tienen más posibilidades de ser aprobados para beneficios por incapacidad.

La SSA creó tablas detalladas, conocidas como *guías médico-vocacionales* o "la cuadrícula", para simplificar estas consideraciones. Estas tablas categorizan a las personas según la edad, el nivel de habilidad, la educación y la experiencia laboral, y están diseñadas para diferentes niveles de esfuerzo, como trabajo sedentario, ligero y medio.

Según estas guías, se puede considerar incapacitado a un trabajador de 55 años o más con educación limitada y sin habilidades transferibles. Por el contrario, no se considera incapacitado a un trabajador de la misma edad con un diploma de secundaria y habilidades transferibles. También se puede considerar incapacitado a un trabajador de 45 a 49 años que es analfabeto, no tiene habilidades y tiene una enfermedad grave. Sin embargo, un trabajador de edad similar con educación universitaria y habilidades laborales se considera capaz de trabajar y, por lo tanto, no elegible para beneficios.

Para más información sobre las guías médico-vocacionales, visita www.socialsecurity.gov/OP_Home/rulings/di/02/SSR82-63-di-02.html.

RECUERDA

La cuadrícula es solo una herramienta utilizada para evaluar solicitudes que involucran incapacidades físicas. No evalúa las perspectivas laborales de las personas con enfermedades mentales. Proporcionar a la SSA un registro completo de un médico calificado que te conozca, que declare claramente tus limitaciones y que esté alineado con las guías de la SSA puede tener un impacto significativo en tu solicitud.

Cómo presentar tu caso

La SSA impone un período de espera de cinco meses después de que quedas incapacitado antes de que comiencen los beneficios. Inicia el proceso temprano, ya que puede ser largo si hay una disputa. Si presentas la solicitud poco después de quedar incapacitado, los beneficios comienzan en el sexto mes completo después del inicio de la incapacidad.

Por ejemplo, si la incapacidad comienza en enero, el primer pago puede hacerse en junio (pagado en julio). Si demoras en aplicar, los beneficios retroactivos están disponibles hasta por 12 meses. Sin embargo, aplica dentro de los 18 meses desde el inicio de la incapacidad para evitar perder pagos potenciales.

Comienza tu solicitud de incapacidad incluso si no tienes todos los documentos. Puedes agregar documentos más tarde, y el proceso puede tomar más de un año si rectificas una decisión inicial de la SSA.

La SSA requiere que proporciones la información necesaria. Los evaluadores pueden ayudarte, pero la responsabilidad de presentar un reclamo convincente recae en ti o en tu defensor.

Reunir información de atención médica es esencial. Esto incluye fechas de citas, pruebas, resultados de laboratorio, medicamentos y detalles de contacto de los proveedores médicos. Obtén registros hospitalarios recientes y recrea tu experiencia laboral de los últimos 15 años.

CONSEJO

La SSA niega reclamos de incapacidad con frecuencia. Si te mantienes organizado y conservas copias de todo lo que envíes a la SSA, mejorarás tus posibilidades.

En las siguientes secciones, proporciono consejos específicos para aumentar las posibilidades de aprobación de tu reclamación. Aunque estas sugerencias no garantizan la aprobación, mejoran tus probabilidades si tienes un caso sólido y sigues las pautas.

Corta la burocracia

Para solicitar beneficios por incapacidad, necesitarás completar varios formularios. Puedes iniciar el proceso de solicitud en línea en www.ssa.gov haciendo clic en "Incapacidad" (*Disability*). Este sitio proporciona información extensa sobre los beneficios por incapacidad e incluye un enlace para aplicar.

CONSEJO

Si la SSA programa reuniones durante tu reclamación o apelación, asegúrate de asistir a tiempo y venir preparado. Si no puedes asistir debido a una razón válida (como un problema médico), notifica a la SSA lo antes posible.

Al solicitar beneficios por incapacidad, necesitarás la siguiente información:

- Detalles sobre cualquier reclamación de compensación laboral, incluso la fecha de la lesión, el número de la reclamación y los pagos recibidos.
- Tu certificado de nacimiento (original o copia certificada) o prueba de residencia legal. Si eres un ciudadano estadounidense que nació en otro país, proporciona prueba de ciudadanía.
- Papeles de baja militar (formulario DD 214; original o copia certificada) para todos los periodos de servicio activo.
- Número de cuenta corriente y número de ruta bancaria para el depósito directo de los beneficios.

También necesitarás completar formularios adicionales, disponibles en línea en www.ssa.gov/online/#disability. Estos formularios y requisitos pueden cambiar con el tiempo, y puede haber diferencias entre las solicitudes en línea y los formularios en papel en las oficinas locales de la SSA. Los formularios incluyen:

- **Informe de incapacidad — Adulto (SSA-3368):** en este formulario se incluyen preguntas sobre tu información detallada y de tu enfermedad, como tu nombre, información de contacto.

  Condiciones médicas, estado laboral, historial de empleo, educación, tratamiento médico y medicamentos. (Por ejemplo, en el formulario te preguntan si en trabajos anteriores tuviste que caminar, estar de pie, sentarte, subir, inclinarte, arrodillarte, agacharte, gatear, manipular objetos grandes, manipular objetos pequeños, escribir, tipear o alcanzar algo y, de ser así, cuántas horas al día).

Descarga el formulario en `www.ssa.gov/forms/ssa-3368-bk.pdf`.

» **Informe de historial laboral (SSA-3369):** en este formulario te solicitan una lista de todos los trabajos que tuviste en los 15 años antes de tu problema de salud, incluido tu salario en cada trabajo.

Descarga el formulario en `www.ssa.gov/forms/ssa-3369.pdf`.

» **Informe de funciones — Adulto (SSA-3373):** en este formulario te piden información detallada sobre tu capacidad para realizar tareas diarias, como bañarte, preparar comidas, hacer compras y manejar dinero. También te preguntan sobre tus actividades e interacciones sociales. Te preguntan si eres capaz de contar el cambio. También piden información sobre tus actividades sociales, como si pasas tiempo con otras personas y si tienes dificultades para llevarte bien con familiares, amigos y vecinos.

Descarga el formulario en `www.ssa.gov/forms/ssa-3373-bk.pdf`.

» **Autorización para divulgar información a la Administración del Seguro Social (SSA-827):** en este formulario se autoriza a proveedores de atención médica, empleadores y otros a divulgar información sobre ti a la SSA.

Descarga el formulario en `www.ssa.gov/online/ssa-827.pdf`.

RECUERDA

Lleva un seguimiento de tu reclamación y asegúrate de que tu nombre y número de Seguro Social estén en todos los documentos que envíes a la SSA. Guarda copias de todos los documentos, obtén el nombre del representante de reclamaciones que maneja tu solicitud y obtén un recibo por todo lo que envíes. Mantén un registro detallado de todas las comunicaciones con los representantes de la SSA durante tu proceso de solicitud.

Reúne la mejor evidencia médica: el papel de tu médico

Establece un registro médico completo de tu enfermedad, incluidos detalles de un especialista familiarizado con tu caso y hospitalizaciones.

CONSEJO

Para tu solicitud de incapacidad, la SSA valora la información de varios profesionales de la salud. Sin embargo, la opinión de un médico que te ha tratado extensamente y tiene experiencia en tu enfermedad tiene más peso. La SSA busca obtener evidencia de tu médico tratante antes de consultar a sus propios expertos. Los informes de tu médico deben ser específicos y detallar tus incapacidades, las pruebas realizadas y cómo estas incapacidades afectan tu funcionalidad.

Un médico que te conoce bien y se especializa en tu enfermedad es ideal. Para problemas de salud mental, un psicólogo o psiquiatra puede proporcionar información crucial. La SSA tiene en cuenta los hallazgos de estos especialistas. Los tribunales federales han revocado decisiones de la SSA cuando ignoraron informes de especialistas que cumplen con las directrices de la SSA y son consistentes con otras evidencias. Un especialista que te conoce por años puede ofrecer perspectivas creíbles sobre cómo evoluciona tu enfermedad.

La SSA da menos importancia a las declaraciones de médicos generales, médicos sin hallazgos objetivos o aquellos que no te conocen bien (por ejemplo, un médico que te vio una sola vez en una clínica).

Asegúrate de que tu médico entienda cómo tu enfermedad afecta tu capacidad para realizar tareas básicas en el trabajo de manera constante. Su declaración debe detallar tu enfermedad y su impacto en tus capacidades laborales. Para problemas de salud mental, la evidencia de psicólogos, psiquiatras y otros terapeutas (como trabajadores sociales o enfermeros practicantes) es esencial.

Las dificultades físicas en el lugar de trabajo incluyen sentarse, pararse, caminar, levantar, manipular objetos, oír y hablar. Las dificultades mentales incluyen comprender, recordar, concentrarse, seguir instrucciones y adaptarse a cambios. Las dificultades sociales implican llevarse bien con colegas y el público, aceptar órdenes y controlar los problemas de ira.

La SSA no busca la opinión de tu médico sobre tu calificación para beneficios por incapacidad, sino que necesita información detallada para hacer esa determinación.

Si los hallazgos de tu médico entran en conflicto con otra evidencia médica o plantean preguntas, o si la SSA no puede obtener la información necesaria de tu médico, puede buscar información adicional u otra opinión. En tales casos, la SSA puede organizar un examen consultivo por parte de otro médico.

Si la SSA programa un examen consultivo, asiste a la cita. Esto indica que tu solicitud de incapacidad está avanzando. Faltar a la cita retrasa el proceso. Durante el examen, el médico te observará cuidadosamente y evaluará la credibilidad de tu solicitud.

Obtén ayuda

La mayoría de los estados ofrecen programas para ayudar a los estadounidenses mayores y a las personas con incapacidades a solicitar el SSDI y la SSI. Estos programas se conocen como Centros de Recursos para el Envejecimiento y la Incapacidad. Contacta al Departamento de Envejecimiento de tu estado para encontrar un centro cercano a ti.

CONSEJO

Para aumentar tus posibilidades de ganar una reclamación de incapacidad del Seguro Social, considera contratar a un defensor con experiencia. Estos representantes pueden ser abogados capacitados o no. La representación es crucial si tu reclamación inicial es denegada y necesitas pasar por el proceso de apelaciones (consulta el Capítulo 8).

A diferencia de la mayoría de los beneficios del Seguro Social, las decisiones sobre incapacidad dependen de una serie de pruebas que pueden interpretarse de diferentes maneras. Un defensor con experiencia puede ayudar a presentar tu caso de manera más efectiva. Pueden guiar a tu médico para que proporcione la evidencia más relevante, en lugar de información sin importancia o general. Además, las apelaciones deben seguir un proceso específico en un sistema legal administrativo que un representante conocedor entiende.

RECUERDA

Al contratar a un defensor, elige a alguien con experiencia en reclamaciones de incapacidad del Seguro Social. El defensor adecuado te ayudará a reunir la mejor evidencia, entender cómo tu situación se ajusta a las directrices de la SSA y a los precedentes judiciales y asegurarse de que tengas todos los documentos necesarios. Pueden prepararte para una audiencia y conocer los detalles del proceso. (Explico la necesidad de representación con más detalle en el Capítulo 8).

Demuestra que intentaste resolver tu problema

Una forma efectiva de fortalecer tu caso es continuar recibiendo los tratamientos necesarios y seguir los consejos de tu médico, como completar las recetas y tomarlas a tiempo. No hacerlo puede perjudicar tu caso. Esto puede ser un desafío si estás sin trabajo y no tienes dinero para recibir atención médica. Sin embargo, aún deberías buscar tratamiento, tal vez a través de una clínica comunitaria o beneficios gubernamentales.

La SSA no te penalizará por no recibir tratamiento los siguientes casos:

- Si el tratamiento contradice tus creencias religiosas.
- Si tienes miedo a la cirugía.
- Si no hay tratamiento gratuito disponible en tu comunidad o no puedes pagarlo.

Para la mayoría de las personas, obtener tratamiento mientras se aplica a una solicitud por incapacidad es crucial. Otros factores también influyen en cómo un evaluador de incapacidad valora tu solicitud de beneficios:

» **Tu credibilidad:** si afirmas tener una enfermedad grave, no recibir atención médica genera dudas. La SSA puede cuestionar si tu enfermedad es severa.

» **Tu documentación:** la atención médica documentada forma la base del registro que la SSA usa para evaluar tu condición física. Al no buscar atención médica, no creas el registro necesario para establecer tu incapacidad, lo cual podrías necesitar más adelante si apelas una decisión.

» **Tu esfuerzo:** someterte a pruebas y terapias incómodas o dolorosas demuestra tu deseo de mejorar. Si el tratamiento no resuelve el problema, proporciona una imagen más clara para que la SSA entienda tu situación.

Sé honesto

Representa tu enfermedad con precisión, sin exagerar ni minimizarla. Evita minimizar tu incapacidad por orgullo o vergüenza. Proporciona información clara y precisa para apoyar tu caso.

Los abogados de incapacidad a menudo encuentran clientes que minimizan sus síntomas para mantener su dignidad personal, lo que puede perjudicar sus posibilidades.

Por ejemplo, un cliente con problemas mentales graves le dijo una vez a un juez de audiencia de la SSA que estaba listo para trabajar, lo que resultó en la negación de su reclamo de incapacidad. De manera similar, algunos solicitantes sobreestiman sus capacidades, como afirmar que pueden levantar más de lo que realmente pueden. Si indicas en el informe de funciones que limpias el baño pero solo limpias el lavabo, la SSA podría asumir que puedes fregar la bañera. Sé específico sobre el peso de los objetos que puedes cargar, como un "saco pesado" de comida para perros.

La honestidad sobre tu historial laboral también es crucial. Exagerar funciones laborales pasadas puede hacerte parecer más empleable de lo que eres, lo que debilitará tu reclamo. Por ejemplo, si lavabas autos, no te describas como un especialista en detalles automotrices.

Los beneficios por incapacidad pueden continuar hasta que alcances la edad plena de jubilación, momento en el cual la SSA te transferirá a beneficios de jubilación por el mismo monto. Sin embargo, revisiones médicas periódicas, por lo general cada tres años, evalúan si tu enfermedad ha mejorado. Estas revisiones pueden incluir entrevistas y evidencia actual de tu enfermedad y actividades. Si la SSA determina que ya no estás incapacitado, tus beneficios se suspenderán.

Ten cuidado con tu presencia en redes sociales. Es posible que se examinen publicaciones en Facebook, Instagram, X (anteriormente Twitter) y otras plataformas. Mostrarte como activo y aventurero, mientras afirmas que no puedes trabajar, dañará tu credibilidad. Tu imagen en línea debe alinearse con tu reclamo de incapacidad.

Qué hacer si te rechazan

Cuando presentas tu solicitud de incapacidad, es importante que sepas que muchas son denegadas. Si rechazan tu solicitud, tienes 60 días para presentar una apelación a través del sistema de apelaciones de la SSA. Las probabilidades de éxito en una apelación son mayores que en la solicitud inicial. Por lo tanto, si crees que tu caso es válido, es aconsejable continuar con el proceso. Es posible que sea beneficioso buscar asistencia profesional para la apelación.

El sistema de apelaciones del Seguro Social implica varios pasos. Consulta el Capítulo 8 para obtener información detallada.

Qué sucede con tu beneficio si puedes volver a trabajar

Si la SSA aprobó tu solicitud para recibir beneficios por incapacidad, determinó que puedes hacer poco o ningún trabajo. Sin embargo, si tu enfermedad mejora, podrías regresar al mercado laboral. La SSA fomenta esta transición con varios incentivos:

- **Período de prueba de trabajo:** te permitirán trabajar durante nueve meses sin un límite de ingresos, siempre que informes ganancias por encima de un cierto nivel a la SSA y aún tengas una incapacidad seria. El nivel mensual cambia con el tiempo ($1110 para los trabajadores asalariados en 2024). Los nueve meses no tienen que ser consecutivos y se cuentan dentro de un período de cinco años.
- **Gastos deducibles:** es posible que ciertos gastos relacionados con el trabajo, como tarifas de taxi, cuidado asistencial y modificaciones en el hogar, se deduzcan de tus ingresos mensuales. Esto te ayuda a mantenerte elegible para los beneficios y conservar tus ingresos por debajo del nivel "sustancial". La SSA también puede reducir el monto de las ganancias por trabajo realizado bajo "condiciones especiales", como necesitar supervisión adicional.

- **Elegibilidad extendida:** después de tu período de prueba de nueve meses, es posible que los beneficios continúen disponibles para los meses en los que ganes por debajo de una cierta cantidad ($1550 por mes para 2024; $2590 para personas ciegas). Esta elegibilidad extendida dura tres años después de que termine el período de prueba de trabajo. Si ganas por encima del límite, la SSA te brindará tres meses de beneficios antes de detenerlos.
- **Posible continuación de beneficios:** si los beneficios se detienen debido a altos ingresos pero tu enfermedad empeora, puedes solicitar la reinstalación inmediata de los beneficios. Puedes recibir pagos durante seis meses mientras la SSA determina tu elegibilidad. Esta opción está disponible durante cinco años después de que se detengan tus beneficios.
- **Cobertura de Medicare:** permaneces inscrito en Medicare Parte A (seguro de hospital) por más de siete años después del período de prueba de trabajo. Además, continuas pagando la prima de Medicare Parte B (servicios médicos y ambulatorios).
- **Boleto para trabajar:** este programa voluntario ayuda a los beneficiarios del SSDI a regresar al trabajo mediante rehabilitación, capacitación, ofertas de empleo y otras formas de ayuda. Los participantes reciben asistencia de redes de empleo y agencias de rehabilitación vocacional. La SSA no realiza revisiones médicas rutinarias para aquellos en el programa de Boleto para trabajar. Encuentra más información en `www.ssa.gov/work/home.html`.

RECUERDA

Puedes trabajar dentro de ciertos límites y continuar recibiendo beneficios por incapacidad del Seguro Social. Sin embargo, si constantemente ganas más de lo que la SSA considera una "cantidad sustancial", suspenderán tus beneficios.

ADVERTENCIA

Algunas personas que reciben incapacidad creen que pueden volver a trabajar y terminan ganando más de lo que la SSA permite. Si ganas por encima de una cierta cantidad, la SSA puede enviarte un aviso de pago en exceso para recuperar el dinero. Si recibes un aviso de pago en exceso, podrían embargar tu salario. Consulta el Capítulo 7 para más información sobre los pagos en exceso y tus opciones.

RECUERDA

Para aquellos que reciben SSI, los requisitos para el trabajo y los beneficios son diferentes a SSDI. En general, si recibes SSI, estás incapacitado y ganas dinero, los primeros $65 de ingresos mensuales (más la mitad del resto) no se cuentan, además de la exclusión general de ingresos de $20. Por encima de esa cantidad, los beneficios de la SSI se reducen en 50 centavos por cada dólar ganado sobre $85. La SSI puede deducir gastos de trabajo y ciertos gastos hacia un plan aprobado para que puedas mantenerte a ti mismo. También acelera el reinicio de los beneficios si los problemas médicos te impiden volver a trabajar. Algunas reglas varían según el estado.

4 El Seguro Social y tu futuro

EN ESTA PARTE . . .

Aprende sobre Medicare, su conexión con el Seguro Social y el impacto financiero que tiene en ti.

Entiende cómo trabajar por más tiempo puede mejorar tus finanzas e influir en tus beneficios del Seguro Social.

Prepárate para un futuro financiero con pasos clave para manejar tu vida con un ingreso fijo.

EN ESTE CAPÍTULO

» Entiende las diferentes partes de Medicare

» Califica e inscríbete en Medicare

» Conoce tus opciones para pagar las primas de Medicare

» Paga las multas por no cumplir con las fechas límite

» Compra cobertura de Medigap

» Busca ayuda financiera

Capítulo 12
Inscribirse en Medicare

Medicare es un programa de atención médica para más de 49 millones de personas de 65 años o más, junto con millones de otras personas, que trabaja codo a codo con el Seguro Social para apoyar a los estadounidenses mayores.

La Administración del Seguro Social (SSA) gestiona tu inscripción en Medicare, calcula las multas por no cumplir con las fechas límite y evalúa los recargos de primas para los beneficiarios de altos ingresos. También administra el programa de Ayuda Adicional para personas de bajos ingresos que necesitan asistencia con los costos de medicamentos recetados. Además, los estados administran el Programa de Ahorros de Medicare (MSP) para proporcionar más ayuda financiera.

Medicare Original ofrece protecciones que son difíciles de encontrar en otros lugares a un precio similar. No cobra extra (ni te excluye) por enfermedades preexistentes. Sin embargo, Medicare tiene varias partes y períodos de inscripción específicos. Perder una fecha límite puede resultar en multas financieras de por vida, por lo que es crucial entender los detalles del programa.

En este capítulo te proporciono una visión general y simple de Medicare, incluidos sus principales beneficios, reglas de elegibilidad y fechas límite importantes.

El objetivo es brindarte una comprensión general que te ayude a prepararte para la inscripción en el programa, dado que Medicare es un sistema muy complejo.

Entiende los ABC (y D) de Medicare

Medicare Original ayuda a cubrir costos de atención médica para médicos, hospitales, pruebas de laboratorio, equipo médico, atención médica limitada en el hogar, cuidados paliativos y enfermería especializada. También incluye tratamientos costosos como trasplantes de corazón. Sin embargo, Medicare *no* cubre servicios de cuidado a largo plazo continuo, como estadías prolongadas en residencia geriátrica o cuidado asistencial en el hogar debido a enfermedades crónicas. En general, no cubre controles de visión, de audición (ni lentes correctivos o audífonos) o cuidado dental, aunque algunos planes de Medicare Advantage pueden ofrecer estos beneficios.

Medicare consta de cuatro partes: Parte A, B, C y D. Las Partes A y B a menudo se denominan Medicare "tradicional" u "original". Cada parte tiene una función distinta y su propia estructura de tarifas. A continuación, se presenta una descripción rápida de las cuatro partes de Medicare.

CONSEJO

Para una explicación más detallada de Medicare, consulta *Medicare para dummies* de Patricia Barry (Wiley).

Parte A: seguro de hospital

Medicare Parte A ayuda a cubrir algunos gastos hospitalarios. También incluye rehabilitación temporal, cuidados especializados en una instalación de enfermería, hospicio y ciertos servicios de atención médica en el hogar. La mayoría de las personas no pagan una prima (hasta $505 por mes en 2024) porque está cubierta por los impuestos sobre el salario que pagaste mientras trabajabas. Sin embargo, en 2024 el deducible era de $1632 por cada "período de beneficios".

Un *período de beneficios* comienza el día en que ingresas a un hospital o centro de enfermería especializada (SNF) y termina si recibiste el alta del hospital o SNF hace 60 días. Si vuelves a ingresar después de que finalice el período de beneficios, deberás un nuevo deducible a menos que tengas un seguro suplementario Medigap (consulta "Compra un seguro adicional: Medigap").

La Parte A cubre servicios hospitalarios básicos como:

- Habitación semiprivada
- Cuidado de enfermería regular
- Comidas de hospital
- Ciertos servicios hospitalarios (medicamentos, pruebas de laboratorio, aparatos médicos y suministros)

También cubre hasta 100 días en un centro de enfermería especializada para la recuperación después de una estadía en el hospital de al menos tres días. Ten en cuenta que debes ser admitido por al menos tres días, no solo bajo observación. Tu médico debe determinar que el cuidado en una residencia geriátrica es necesario, pero dicha rehabilitación no se considera cuidado a largo plazo. Además, la Parte A incluye ciertos servicios de atención médica en el hogar y cuidados paliativos casi gratuitos, si tu médico los aprueba.

RECUERDA

Sin embargo, la Parte A *no* cubre:

- Servicios de médicos en el hospital o instalación de rehabilitación (cubiertos por la Parte B)
- Artículos no esenciales como habitaciones privadas (a menos que sean médicamente necesarias), enfermeras privadas, televisores, teléfonos u otras comodidades

Parte B: seguro médico

La Parte B cubre el 80% del costo de la mayoría de los servicios, incluidas visitas al médico, atención ambulatoria, ciertos exámenes por fuera de los hospitales, atención de salud mental y algunos servicios hospitalarios como cirugías. Algunos servicios preventivos son gratuitos.

Pagas una prima mensual por la Parte B y los adultos mayores de ingresos más altos pagan más. En 2024, la prima estándar fue de $174.70, y la Parte B tuvo un deducible anual de $240. Después de cumplir con el deducible, sueles pagar el 20% del costo de los servicios aprobados. Aquí tienes algunos de estos servicios:

- **Servicios médicos aprobados de un médico que trata a pacientes de Medicare, en lugares como el consultorio del médico, hospital, clínica o centro de rehabilitación.**

- **Una visita anual de bienestar y un chequeo preventivo único dentro del primer año de inscripción, ambos gratuitos si el médico acepta los costos aprobados por Medicare.**
- **Exámenes preventivos, pruebas de diagnóstico y análisis de laboratorio en entornos no hospitalarios, algunos de los cuales son gratuitos.**
- **Ciertos servicios de emergencia y servicios de salud en el hogar.**
- **Equipos de oxígeno, suministros para diabéticos, aparatos ortopédicos, sillas de ruedas, andadores y otros equipos médicos.**
- **Servicios de salud mental ambulatoria.**

La Parte B *no* cubre todos los servicios. Excluye la mayoría de los servicios de visión, audición, dentales y cuidados a largo plazo, servicios rutinarios de podología (como el corte de uñas) y equipos de seguridad para el hogar.

CONSEJO

Para obtener más detalles sobre Medicare Parte B y otras partes de Medicare, consulta los manuales oficiales "Medicare y usted" (`https://es.medicare.gov/medicare-and-you`) y "Tus beneficios de Medicare" (`www.medicare.gov/Pubs/pdf/10116-your-medicare-benefits.pdf`).

Parte C: Medicare Advantage

Compañías de seguros privadas gestionan los planes de Medicare Advantage de la Parte C, una alternativa a Medicare tradicional. Estos planes deben proporcionar todos los beneficios de Medicare tradicional (Partes A y B), pero pueden establecer sus propios copagos y ofrecer servicios adicionales como cuidado rutinario auditivo, visual y dental. La mayoría incluye la Parte D (cobertura de medicamentos recetados). Cuando te inscribes en un plan de Medicare Advantage, debes seguir las reglas de la organización de atención médica específica y pagar la prima de la Parte B de Medicare, junto con cualquier cargo adicional del plan de Medicare Advantage. (Es posible que algunos planes no cobren una prima extra).

La mayoría de los planes de Medicare Advantage son organizaciones para el mantenimiento de la salud (HMO) u organizaciones de proveedores preferidos (PPO) que ofrecen atención gestionada. Pueden limitar tu elección de médicos o cobrar copagos más altos por proveedores fuera de la red, excepto en emergencias. Esto significa que puedes perder algo de libertad en la elección de tus médicos, que es un derecho con Medicare Original.

Estos planes establecen sus propias estructuras de tarifas, incluidos deducibles y copagos, que a menudo son más bajos que los de Medicare Original. Sin embargo, por ley, los planes de Medicare Advantage deben tener un límite anual en los gastos de bolsillo, a diferencia de Medicare Original.

Los planes de Medicare Advantage pueden abandonar el programa de Medicare o cambiar sus costos, cobertura y proveedores cada año. Puedes volver al Medicare tradicional durante dos períodos: del 15 de octubre al 7 de diciembre y del 1 de enero al 31 de marzo. Si es tu primera vez en un plan de Medicare Advantage, tienes un período de prueba de 12 meses para regresar a Medicare tradicional.

Los planes de Medicare Advantage tienen un contrato de un año con Medicare y es posible que no siempre se renueven. Si un plan no se renueva, recibirás una carta de los Centros de Servicios de Medicare y Medicaid en donde te explicarán tus opciones para unirte a otro plan o regresar a Medicare Original. Si no tomas ninguna acción, tendrás las protecciones de Medicare Original. (En situaciones poco frecuentes, es posible que cierren un plan de Medicare Advantage a mitad de año o por infracciones).

Parte D: cobertura de medicamentos recetados

Medicare Parte D ayuda a cubrir el costo de los medicamentos recetados que obtienes en las farmacias. Es administrado por planes privados aprobados por Medicare, incluidos planes de medicamentos independientes y planes más amplios de Medicare Advantage que incorporan la cobertura de la Parte D.

Para recibir la cobertura de medicamentos de Medicare a través de un plan independiente, debes inscribirte y pagar una prima mensual. Los planes de Medicare Advantage con cobertura de la Parte D la incluyen en sus primas, y algunos no cobran primas por servicios médicos o cobertura de medicamentos. Los planes de la Parte D difieren en términos de la lista de los medicamentos cubiertos (el *formulario*) y las primas. La prima mensual promedio para 2024 fue de $55.50, aunque muchos planes son más económicos. Además, el costo compartido, como los copagos, puede variar ampliamente entre diferentes planes.

La estructura de pago de la Parte D tiene cuatro etapas:

1. **Deducible**

   Eres responsable por esta cantidad (hasta $545 en 2024), aunque algunos planes tienen un deducible más bajo o ninguno.

2. **Cobertura inicial**

   Pagas el costo compartido requerido por tu plan hasta que el costo total de los medicamentos que utilizaste desde el comienzo del año (tanto lo que tú como tu plan han pagado) en 2024 alcanzó los $5030.

3. **Período sin cobertura de Medicare (*doughnut hole*)**

   Después de alcanzar los $5030 en pagos totales (en 2024), entras en el período sin cobertura. Antes, pagabas el 100% de los costos de las recetas en este período, pero ahora pagas el 25%. Cuando tus costos de medicamentos recetados alcanzaban los $8000 en 2024, entrabas en la etapa catastrófica.

4. **Protección catastrófica**

   En esta etapa, Medicare paga el 95% de tus costos hasta el final del año calendario.

Este ciclo de deducible, cobertura inicial, período sin cobertura y cobertura catastrófica se reinicia cada año.

Elegir el plan adecuado de la Parte D puede ser complejo, y una elección incorrecta puede ser costosa. Debes tomar una decisión según tus necesidades de medicamentos (considera si los medicamentos genéricos que son más baratos pueden ser una alternativa viable), los costos del plan (primas, deducibles y costo compartido) y la disponibilidad de farmacias locales y por correo. Puedes explorar diferentes planes de Medicare en tu área en el sitio web de Medicare (`www.medicare.gov`) si haces clic en el enlace "Inscribirse/Cambiar planes" y desplazándote hacia abajo hasta "Encontrar planes de salud y medicamentos". Sigue las instrucciones para obtener más detalles.

Antes de comenzar, haz una lista de los medicamentos recetados que usas. Investiga los costos que cobran por planes específicos, ya que el costo compartido puede variar ampliamente incluso para el mismo medicamento. Verifica si tus medicamentos están sujetos a "gestión de utilización" como autorización previa o límites de cantidad. Si no tomas medicamentos recetados, considera seleccionar un plan de la Parte D con la prima más baja en tu área. Si tus necesidades cambian, puedes cambiar a un plan de la Parte D más adecuado durante el período de inscripción (consulta "Inscribirse en Medicare" más adelante en este capítulo).

Reúne los requisitos para Medicare

Para resultar elegible para Medicare, debes cumplir con ciertas condiciones según tus circunstancias. Aquí tienes un breve resumen de cómo puedes ser elegible:

- 65 años: calificas automáticamente para los beneficios de la Parte A sin pagar primas si ganaste suficientes créditos de trabajo en el Seguro Social o la jubilación ferroviaria. En general, se requieren 40 créditos, que se consiguen si trabajas durante diez años en un empleo cubierto.

  Si tu cónyuge tiene los créditos de trabajo necesarios, puedes calificar para la cobertura de la Parte A sin primas a los 65 años, siempre y cuando tu cónyuge tenga al menos 62 años, independientemente de tu propio historial laboral.

  Si no ganaste suficientes créditos y no calificas bajo los créditos de trabajo de un cónyuge, aún puedes obtener Medicare si pagas una prima por la Parte A, que cuesta hasta $505 por mes (en 2024). Esto suele ser menos costoso que la cobertura del mercado privado. También puedes obtener la cobertura de la Parte B y la Parte D si pagas primas como todos los demás. Si continúas trabajando y ganas suficientes créditos, eventualmente podrás obtener la Parte A sin primas.

- **Beneficios por incapacidad del Seguro Social:** después de recibir el Seguro por Incapacidad del Seguro Social (SSDI) durante 24 meses, te vuelves elegible para Medicare a cualquier edad.

- **Ciertas enfermedades.** you're eligible for Medicare at any age if you're diagnosed with either of the following two conditions (consulta www.medicareresources.org/medicare-eligibility-and-enrollment/medicareeligibility-for-als-and-esrd-patients/ para obtener más información).

  - **Esclerosis lateral amiotrófica (ELA, también conocida como enfermedad de Lou Gehrig):** eres elegible para Medicare el mes en que comienzas a recibir beneficios por discapacidad del Seguro Social, lo que ocurre cinco meses después de ser clasificado como discapacitado.

  - **Enfermedad renal en etapa terminal (ERET):** eres elegible para Medicare si tú o tu cónyuge ganaron suficientes créditos de trabajo. La cantidad de créditos necesarios depende de tu edad cuando comenzó la enfermedad. Un niño con insuficiencia renal también puede calificar en base a los créditos de trabajo de un padre.

Para obtener más información detallada, visita www.medicareresources.org/medicare-eligibility-and-enrollment/medicare-eligibility-for-als-and-esrd-patients/.

Inscribirse en Medicare

A medida que te aproximas a cumplir 65 años, enfrentas un hecho importante: unirte al programa de atención médica para los estadounidenses mayores. Esto requiere tomar decisiones importantes.

Si ya recibes beneficios de jubilación del Seguro Social, la SSA te inscribe automáticamente en Medicare Parte A y Parte B. Si no recibes beneficios del Seguro Social, debes solicitar Medicare comunicándote con la SSA al 800-772-1213 (TTY 800-325-0778) o en línea en `www.ssa.gov/medicare`. Es mejor hacer esto tres meses antes de que cumplas 65 años. Para obtener ayuda con la inscripción, contacta a tu Programa Estatal de Asesoramiento y Ayuda de Seguro de Salud (SHIP) al 1-877-839-2675. SHIP ofrece asesoramiento gratuito e imparcial sobre Medicare y puede ayudarte a inscribirte en Medicare, inscribirte en los planes de la Parte D y Medicare Advantage, y solicitar programas de asistencia para reducir los costos.

Nota: si vives en Puerto Rico, la inscripción en la Parte B *no* es automática.

La SSA también te inscribe automáticamente en Medicare si hace dos años que recibes beneficios del SSDI.

RECUERDA

Puedes optar por no participar en la Parte B en lugar de ser inscrito automáticamente. Sin embargo, investiga cuidadosamente ya que podrías incurrir en multas si cambias de opinión más tarde. Puedes optar por no participar en la Parte B y unirte más tarde sin recibir multas si tienes seguro de salud grupal de un empleador para quien tú o tu cónyuge aún trabajan (consulta "Recibir recargos por retraso" más adelante en este capítulo).

Decide en qué partes inscribirte

Elegir si inscribirse en Medicare y determinar qué partes seleccionar, requiere cierta consideración. Esta sección ofrece una visión general de cada una de las cuatro partes y proporciona información esencial para ayudarte a tomar una decisión informada.

Parte A

La mayoría de las personas deberían inscribirse en la Parte A, incluso si tienen otra cobertura. La excepción es si todavía estás trabajando y tienes un plan de deducible alto con una cuenta de ahorros para la salud (HSA). Según las reglas del IRS, no puedes contribuir a una HSA si estás inscrito en Medicare.

La Parte A no tiene primas si pagaste suficientes impuestos sobre tu salario de Medicare. Es posible que necesites la Parte A para inscribirte en otras partes de Medicare.

ADVERTENCIA

Si tienes que pagar primas por la Parte A y no te inscribes cuando eres elegible por primera vez, podrías enfrentar multas por inscripción tardía.

CONSEJO

Si tienes un seguro individual del mercado y estás cerca de los 65 años, puede ser prudente inscribirte en Medicare durante el período inicial de inscripción para evitar futuras multas por la Parte B. Además, si mantienes el plan del mercado cuando comience tu Parte A, pagarás el precio completo y perderás la elegibilidad para los créditos fiscales de la prima u otros ahorros.

RECUERDA

Si tienes la Parte A o la Parte B, eres elegible para la Parte D. Para unirte a un plan de Medicare Advantage, necesitas tanto la Parte A como la Parte B.

Parte B

Debes inscribirte en la Parte B a los 65 años, a menos que tengas un seguro de salud de tu empleo actual o del empleo actual de tu cónyuge que cuente como cobertura primaria.

Ten en cuenta las siguientes situaciones:

- **Si tienes seguro de salud a través de tu trabajo (o el de tu cónyuge):** si tienes un plan grupal de un empleador donde tú o tu cónyuge aún están trabajando, determina cómo interactúa con Medicare.

  Si tu plan proporciona cobertura primaria (paga las facturas antes que Medicare), puedes retrasar la inscripción en la Parte B hasta que termine el empleo o la cobertura de salud. Medicare te da hasta ocho meses para inscribirte en la Parte B sin recibir multas por retraso.

  Si tu plan proporciona cobertura secundaria (Medicare paga las facturas primero), inscríbete en la Parte B de inmediato.

- **Si te jubilaste a los 65 años:** nadie puede obligarte a inscribirte en la Parte B. Sin embargo, retrasar la inscripción puede tener serias consecuencias, incluso si tienes beneficios de salud para jubilados o cobertura COBRA.

- **Si no eres elegible para la Parte A de Medicare sin prima:** si tienes 65 años, eres ciudadano estadounidense o has vivido legalmente aquí durante cinco años, puedes inscribirte en la Parte B al mismo costo que todos los demás. También puedes comprar los servicios de la Parte A si pagas primas mensuales. Inscríbete durante el período de inscripción inicial (siete meses que comienzan tres meses antes de que cumplas 65 años) o dentro de los ocho meses posteriores a la pérdida de la cobertura de salud primaria de tu trabajo o el de tu cónyuge para evitar multas. (De lo contrario, enfrentarás las consecuencias de no inscribirte, las cuales explico en la siguiente advertencia).

ADVERTENCIA

Si no cumples con la fecha límite para inscribirte en la Parte B, debes esperar al período de inscripción general del 1 de enero al 31 de marzo. La cobertura comenzará el 1 de julio, lo que podría dejarte sin seguro durante varios meses o requerir un seguro privado costoso. También pagarás una multa por retraso del 10% por cada año completo que hayas retrasado la inscripción, añadida a tus primas mensuales de la Parte B para todos los años futuros.

RECUERDA

Si tienes la Parte A o la Parte B, te vuelves elegible para la Parte D. La inscripción en las Partes A y B es necesaria para unirte a un plan de Medicare Advantage o para comprar un seguro complementario Medigap.

Parte C

Los planes de Medicare Advantage (Parte C) ofrecen los mismos beneficios que Medicare Parte A y Parte B, con algunas características adicionales. Para calificar, debes estar inscrito tanto en Medicare Parte A como en Parte B.

RECUERDA

Estos planes a menudo incluyen cobertura de medicamentos recetados en la Parte D.

Necesitas seleccionar un plan disponible en tu área. Compara planes en línea para encontrar el que mejor se adapte a tus necesidades. Haz una lista de los medicamentos que tomas, luego visita el sitio web de Medicare (`www.medicare.gov`). Haz clic en "Inscribirse/Cambiar planes", luego en "Encontrar planes de salud y medicamentos", y sigue las instrucciones.

Al considerar Medicare Advantage, revisa los detalles que pueden afectar tus finanzas: límites de cobertura, restricciones de proveedores, requisitos de referencia y costos de bolsillo como deducibles y copagos. El sitio web de Medicare también califica los planes según la calidad de la atención.

CONSEJO

Si deseas mantener a tus médicos actuales, pregunta qué planes de Medicare Advantage aceptan antes de inscribirte.

Parte D

Puedes obtener cobertura para medicamentos recetados a través de un plan independiente de la Parte D o un plan Medicare Advantage que incluya cobertura de medicamentos (como la mayoría, pero no todos, lo hacen). Para calificar para la Parte D, debes estar inscrito en la Parte A *o* en la Parte B. No puedes estar inscrito en ambos, un plan de medicamentos independiente y un plan Medicare Advantage con cobertura de la Parte D.

Decidir si inscribirse en la Parte D depende de factores como si ya tienes cobertura de medicamentos "acreditable". *Cobertura acreditable* significa que es al menos igual a los beneficios básicos requeridos para Medicare Parte D. (Tu plan actual debe informarte si tu cobertura es acreditable, y debes obtener esta confirmación por escrito y guardarla).

Si no tienes cobertura acreditable, es recomendable inscribirse en la Parte D para evitar una multa por inscripción tardía. Si tienes cobertura acreditable alternativa, no necesitas la Parte D.

Si pierdes la cobertura acreditable, tienes un período especial de inscripción de dos meses para unirte a un plan sin recibir multas. Si abandonas voluntariamente la cobertura acreditable, solo puedes inscribirte durante el período de inscripción abierta (del 15 de octubre al 7 de diciembre).

Al seleccionar un plan de la Parte D, considera factores como los requisitos de costos compartidos, los costos de las primas, la elección de farmacias y la disponibilidad de servicios de pedido por correo, ya que estos pueden variar significativamente entre los planes.

Si tienes cobertura de medicamentos a través de un plan de empleador que también ofrece beneficios médicos, consulta con el administrador de tu plan para entender las implicaciones de inscribirte en la Parte D, como si afecta tus beneficios médicos. (Unirse a un plan de la Parte D no afecta automáticamente los beneficios médicos del empleador, pero abandonar la cobertura de medicamentos del empleador puede poner en peligro los beneficios si los medicamentos y los beneficios médicos son parte del mismo paquete).

Si la Parte D es adecuada para ti, según tus circunstancias, ten en cuenta los períodos de inscripción y las posibles multas por inscripción tardía (consulta "Mantente al tanto de los períodos de inscripción" y "Recibir recargos por retraso" más adelante en este capítulo).

Mantente al tanto de los períodos de inscripción

Puedes inscribirte en diferentes partes de Medicare durante varios períodos de inscripción de acuerdo con tus circunstancias personales:

» **Período de inscripción inicial:** este período de siete meses rodea la fecha en la que cumples 65 años. Comienza tres meses antes de tu mes de nacimiento y termina tres meses después. Si cumples 65 años el 15 de agosto, tu período de inscripción va del 1 de mayo al 30 de noviembre. Si ya estás recibiendo beneficios del Seguro Social, te inscriben automáticamente en las Partes A y B. De lo contrario, necesitas aplicar.

ADVERTENCIA

Inscribirse en los primeros tres meses asegura que la cobertura comience el primer día de tu mes de nacimiento. Inscribirse más tarde puede retrasar la cobertura hasta tres meses.

Nota: hay un período de inscripción inicial diferente para aquellos menores de 65 años que califican por incapacidad, que suele comenzar tres meses antes del 25º mes de recibir beneficios por incapacidad.

» **Período de inscripción especial para trabajadores mayores:** si tienes más de 65 años y estás cubierto por un plan de salud grupal a través de tu empleador actual o el de tu cónyuge, puedes retrasar la inscripción en la Parte B hasta que termine el empleo. En ese momento, tienes un período de inscripción especial de ocho meses para inscribirte en la Parte B sin recibir multas. Para evitar un lapso en la cobertura, aplica unos meses antes de que planees jubilarte.

CONSEJO

Si estas circunstancias se aplican a ti, no esperes hasta el último momento para solicitar Medicare. Llama a la SSA unos meses antes de la fecha en que planeas jubilarte para averiguar con cuánta anticipación puedes presentar tu solicitud. En tu solicitud, puedes especificar la fecha exacta en la que deseas que tu cobertura de Medicare comience.

» **Período de inscripción general:** si pierdes los períodos de inscripción inicial o especial, puedes inscribirte en la Parte B del 1 de enero al 31 de marzo de cada año. La cobertura comienza el primer día del mes siguiente a la inscripción.

» **Período de inscripción abierta para cambiar de planes:** puedes cambiar tu cobertura del 15 de octubre al 7 de diciembre de cada año. Puedes cambiar de Medicare Original a un plan de Medicare Advantage, cambiar de un plan de la Parte D a otro, o inscribirte en la Parte D si perdiste el plazo. La nueva cobertura comienza el 1 de enero.

» **Período de inscripción especial para personas que trabajan en el extranjero y voluntarios internacionales:** si trabajas en el extranjero y tienes seguro de salud a través de tu empleador o el de tu cónyuge, o un programa nacional de salud, tienes un período de inscripción especial de ocho meses para inscribirte en Medicare sin recibir multas cuando termine el empleo. Esto también se aplica a los voluntarios que sirven en el extranjero por al menos 12 meses con una organización exenta de impuestos que proporciona cobertura de salud.

- **Período de inscripción abierta de Medicare Advantage:** puedes dejar un plan de Medicare Advantage y cambiarte a Medicare tradicional u otro plan de Medicare Advantage del 1 de enero al 31 de marzo de cada año. Si el nuevo plan no tiene cobertura de medicamentos recetados, también puedes cambiarte a un plan de la Parte D durante este período.
- **Períodos de inscripción especial para la Parte C y la Parte D:** bajo ciertas condiciones, puedes inscribirte en la Parte C y la Parte D fuera de los períodos habituales. Estas condiciones incluyen mudarse fuera del área de servicio del plan o si el plan se cierra. Puedes cambiar de plan en cualquier momento del año si te mudas a o desde una instalación de cuidados a largo plazo, te vuelves elegible para Medicaid, o calificas para asistencia especial con medicamentos recetados bajo el programa Ayuda Adicional.

Las personas que viven en el extranjero o en prisión deben seguir pagando la prima de la Parte B durante su tiempo en el extranjero o mientras están encarceladas, o enfrentarán multas permanentes al regresar o ser liberadas. (Esta regla se aplica incluso si no se pueden utilizar los servicios de Medicare en el extranjero o en prisión).

Circunstancias adicionales para la Parte D

- **Dejar o perder otro beneficio de medicamentos recetados:** si dejas o pierdes otro plan de medicamentos proporcionado por un empleador, sindicato o plan de jubilados, puedes inscribirte en la Parte D entre el 15 de octubre y el 7 de diciembre. (Se espera que mantengas tu cobertura hasta ese período de inscripción abierta). Si pierdes la cobertura, tienes 63 días para comenzar la cobertura de la Parte D sin multas por demora, desde el día que recibes el aviso o el día que termina tu cobertura, lo que ocurra más tarde.
- **Regresar a Estados Unidos o ser liberado de la prisión:** si cumples 65 años mientras estás en el extranjero o encarcelado, tienes un período de inscripción inicial de siete meses para la Parte D, desde tres meses antes del mes de tu regreso o liberación hasta tres meses después. Si cumpliste 65 años antes de salir de Estados Unidos o ir a prisión, tienes un período de inscripción especial de 63 días después de tu regreso o liberación para comenzar la cobertura de la Parte D sin multas.

Los Centros de Servicios de Medicare y Medicaid proporcionan un resumen de las diversas situaciones de inscripción en Medicare, disponible en `www.medicare.gov/Publications/Search/Results.asp`, y al ingresar la clave 11219.

Conoce tus opciones para solicitar Medicare

Puedes solicitar Medicare Parte A y Parte B en línea en www.ssa.gov/medicare/sign-up, por teléfono al 800-772-1213 (TTY 800-325-0778) o en persona en tu oficina local de la SSA. Este proceso es más sencillo que solicitar otros beneficios del Seguro Social. En general, solo necesitas proporcionar tu nombre, número de Seguro Social, género y fecha de nacimiento. (Si solicitas la Parte B después de los 65 años debido a la cobertura de un empleador, no puedes inscribirte en línea y debes proporcionar prueba y fechas de ese seguro).

Para inscribirte en un plan Medicare Advantage (Parte C) o un plan de medicamentos recetados (Parte D), visita www.medicare.gov, llama a la línea de ayuda de Medicare al 800-633-4227 (TTY 877-486-2048) o contacta directamente al administrador del plan.

CONSEJO

No busques información en línea para preguntas sobre la solicitud de Medicare, como cuándo comenzar los beneficios y si necesitas la Parte B. En su lugar, llama a la SSA o visita una oficina local. Puedes obtener información más detallada si hablas directamente con un representante de la SSA.

CONSEJO

Si tienes conocimientos limitados de inglés, la SSA proporciona un traductor para ayudarte a inscribirte en Medicare. Tú o un familiar pueden solicitar este servicio por teléfono o en una oficina de la SSA.

Paga las primas

Si recibes beneficios del Seguro Social (por incapacidad o jubilación) y eres elegible para Medicare, la prima de la Parte B se deduce todos los meses de tu pago del Seguro Social. Si no recibes beneficios del Seguro Social, Medicare te factura directamente cada tres meses.

Para los planes de las Partes C y D, tienes varias opciones de pago, incluida la deducción automática del Seguro Social. Elige tu método de pago preferido cuando te inscribas por primera vez en un plan.

Recibir recargos por retrasos

Medicare fomenta la inscripción a tiempo de la Parte B o la Parte D e impone recargos por retrasos (administrados por la SSA). Retrasar la inscripción resulta en multas crecientes. Medicare depende de la inscripción de individuos más jóvenes y saludables para mantenerse sostenible y asequible. Si todos esperaran hasta estar enfermos para inscribirse, el programa fracasaría. Estos cargos pueden acumularse significativamente, por lo que es mejor evitarlos.

Parte A

Si calificas para la Parte A sin prima debido a suficientes contribuciones de impuestos sobre tu salario, no hay multas por inscripción tardía. Sin embargo, si no calificas para la Parte A sin prima y te pierdes la fecha límite de inscripción, recibirás una multa. Cuando finalmente te inscribas, pagarás un 10% adicional sobre la prima de la Parte A por el doble de los años que fuiste elegible para la Parte A.

Parte B

Puedes inscribirte en la Parte B (y Parte A) sin multas después de tu período inicial de inscripción si aún estás trabajando y cubierto por un plan de grupo de empleador o sindicato, o si tu cónyuge trabajador tiene una cobertura que te incluye. En estos casos, tienes un período especial de inscripción de ocho meses que comienza el mes en que tú o tu cónyuge dejan de trabajar o pierden la cobertura de salud del empleador.

Si eres jubilado cuando cumples 65 años, podrías enfrentar una multa bajo ciertas condiciones, incluso si tienes beneficios de salud para jubilados de tu antiguo empleador o sindicato. Esta multa se aplica si tu período inicial de inscripción de siete meses después de cumplir 65 años expiró y pasaron más de 12 meses entre el final de ese período y el final del período general de inscripción en el que te inscribes.

Un cambio significativo en la política ahora permite que las personas en matrimonios del mismo sexo con beneficios de salud a través de la cobertura relacionada con el trabajo de su cónyuge utilicen el período especial de inscripción de ocho meses. Pueden retrasar la inscripción de la Parte B más allá del período inicial sin recibir multas, siempre que se cumplan otras condiciones.

Si pierdes tu período inicial de inscripción de siete meses para la Parte B, te arriesgas a una multa del 10% a menos que califiques para un período especial de inscripción. Cada año de retraso agrega otro 10%. Por ejemplo, retrasar cinco años resulta en un aumento del 50% por la misma cobertura.

Para las personas mayores de 65 años, esta multa continúa indefinidamente. Si recibes una multa antes de los 65 años, se detiene una vez que cumples 65 años y te vuelves elegible para Medicare por tu edad en lugar de una incapacidad.

Si pierdes la fecha límite para la inscripción en la Parte B, tu próxima oportunidad para inscribirte es durante la ventana anual de inscripción del 1 de enero al 31 de marzo, con cobertura desde el primer día del mes siguiente a la inscripción.

Puedes estimar la multa por inscripción tardía en la Parte B en `www.medicare.gov/eligibilitypremiumcalc`. Sin embargo, usa los calculadores con precaución ya que es posible que no tengan en cuenta todas los detalles personales.

Parte C

Aunque los planes de Medicare Advantage no tienen fechas límite de inscripción, muchos incluyen cobertura de medicamentos recetados en la Parte D. Si te unes a un plan de Medicare Advantage pero pierdes la fecha límite de inscripción de la Parte D, incurrirás en una multa por demora para la Parte D (consulta la siguiente sección).

Parte D

La multa por inscribirse tarde en la Parte D varía según el número de meses que no tuviste cobertura de la Parte D o cobertura acreditable (como un plan para jubilados) después de cumplir 65 años. La multa es aproximadamente el 1% del promedio nacional de la prima de la Parte D multiplicado por el número de meses sin cobertura. (Por ejemplo, un año completo sin cobertura resulta en una multa del 12%).

Por ejemplo, el promedio nacional de la prima de la Parte D para 2024 fue de $34.70. Si te inscribiste ese año pero te demoraste cinco años, calcularías la multa al multiplicar el número de meses sin cobertura (60) por 0.01, que da como resultado 0.6. Luego, multiplica 0.6 por $34.70, lo que equivale a $20.82 por mes o $249.84 por año. La multa aumenta si sube el promedio nacional de la prima.

Perder la fecha límite es costoso porque el recargo se añade permanentemente a las primas de tu plan para todos los años futuros.

CONSEJO

Incluso si no necesitas muchas recetas ahora, puedes evitar la multa por inscripción tardía inscribiéndote en el plan de la Parte D con la prima más baja en tu área cuando seas elegible por primera vez. Más tarde, durante el período anual de inscripción abierta (del 15 de octubre al 7 de diciembre), puedes cambiarte a un plan que se ajuste mejor a tus necesidades.

RECUERDA

Las primas más bajas no necesariamente significan una cobertura peor, y las primas altas no necesariamente significan una mejor cobertura. Los planes con la calificación de calidad más alta (cinco estrellas) tienden a tener primas de rango medio. Los medicamentos específicos que tomes, no las primas, son los que más afectan tus costos de bolsillo.

Compra un seguro adicional: Medigap

Puedes adquirir un seguro privado para ayudar a cubrir los gastos de bolsillo en Medicare tradicional, como los copagos de la Parte B y los deducibles hospitalarios. Este seguro se conoce como *suplemento de Medicare* o *Medigap*. Viene en paquetes estandarizados y pagas una prima además de tu prima de la Parte B.

Las pólizas de Medigap varían en cobertura. Hay diez paquetes estándar etiquetados como A, B, C, D, F, G, K, L, M o N. (Los planes C y F ya no están disponibles para aquellos que cumplen 65 años el 1 de enero de 2020 o después). En general, mejor cobertura significa primas más altas.

RECUERDA

Aunque las pólizas de Medigap están estandarizadas por ley, las aseguradoras cobran diferentes primas de acuerdo con varios factores. Cada póliza con la misma letra ofrece beneficios idénticos.

Si estás inscrito en un plan Medicare Advantage, no puedes comprar una póliza de Medigap. Considera los siguientes puntos:

- **Si tienes 65 años o más, el mejor momento para comprar un seguro Medigap es dentro de los seis meses posteriores a inscribirte en la Parte B.** Durante este período, las aseguradoras no pueden cobrarte más ni negar la cobertura debido a problemas de salud.
- **Las protecciones federales también pueden aplicarse en situaciones específicas, como si tu plan Medicare Advantage se cierra o te mudas fuera de su área de servicio.** También puedes calificar para la cobertura Medigap si pierdes la cobertura de salud del empleador, COBRA o beneficios de jubilados. En estos casos, tienes dos meses para comprar una póliza Medigap.

» **Si tienes menos de 65 años y estás inscrito en Medicare, las protecciones federales *no* se aplican, pero algunas leyes estatales pueden ofrecer protecciones similares.** Consulta con el departamento de seguros de tu estado.

» **En general, Medigap no cubre medicamentos recetados para pacientes ambulatorios, excepto para aquellos inscritos en las pólizas H, I o J compradas antes de 2006.** Estas pólizas ya no se pueden vender y no cuentan como cobertura acreditable.

RECUERDA

Medigap y Medicare Advantage a menudo se confunden, pero son completamente diferentes:

» Medigap es un seguro suplementario para gastos de bolsillo en Medicare tradicional. Las primas y la cobertura varían según el plan.

» Medicare Advantage consiste en planes de salud privados que proporcionan una forma alternativa de recibir beneficios de Medicare.

CONSEJO

Para obtener más información sobre Medigap, visita www.medicare.gov y busca "Cómo comparar pólizas Medigap". Esto te guiará a información detallada sobre cobertura e inscripción. Además, la publicación de Medicare "Elegir una póliza Medigap: una guía de seguro de salud para personas con Medicare" está disponible de forma gratuita. Llama al 800-633-4227 (TTY 877-486-2048) para obtener una copia.

Obtén ayuda financiera si la necesitas

Si tus ingresos son bajos y no puedes pagar la atención que necesitas, tienes varias opciones disponibles.

Ayuda Adicional para la Parte D

Este programa ofrece cobertura de medicamentos de bajo costo, incluidas primas y deducibles reducidos o inexistentes, bajo costo compartido y cobertura durante todo el año (sin período sin cobertura) para personas elegibles con ingresos limitados. Para recibir Ayuda Adicional, debes estar inscrito en un plan de la Parte D o en un plan Medicare Advantage con cobertura de medicamentos.

CONSEJO

Puedes aplicar a través de la SSA por teléfono, en tu oficina local o en línea. Para más información, visita www.ssa.gov/medicare/part-d-extra-help.

Medicaid

Medicaid es un programa de atención médica federal-estatal para personas con ingresos muy bajos. A diferencia de Medicare, Medicaid cubre el cuidado a largo plazo. Las reglas de elegibilidad varían según el estado, pero los requisitos de ingresos son estrictos en todos los casos. Para obtener más información sobre Medicaid en tu estado, visita `medicaiddirectors.org` o `www.medicaid.gov/index.html` y haz clic en el menú "Medicaid" en la parte superior de la página.

Programas de Ahorros de Medicare

Los Programas de Ahorros de Medicare administrados por el estado ayudan con las primas de la Parte A y la Parte B, así como con ciertos costos de bolsillo. Estos programas están diseñados para personas con ingresos y bienes limitados, y tienen criterios de elegibilidad estrictos. (Los requisitos específicos y los beneficios varían según el estado). Si tu estado paga tus primas de la Parte B, calificas automáticamente para el programa de Ayuda Adicional.

CONSEJO

Para obtener información de contacto sobre los Programas de Ahorros de Medicare en tu estado, visita `www.medicare.gov/Contacts/#resources/msps`.

Programas de Asistencia Farmacéutica

Estos programas son iniciativas de apoyo gestionadas por compañías farmacéuticas. Para determinar si calificas para recibir asistencia según tu situación financiera y el medicamento que usas, visita `www.medicare.gov/pharmaceutical-assistance-program`.

Programas de Atención Integral para Ancianos

Los Programas de Atención Integral para Ancianos (PACE) son una iniciativa federal destinada a ayudar a las personas a permanecer en sus comunidades en lugar de mudarse a residencias geriátricas. Para calificar, debes tener 55 años o más y tener una enfermedad crónica que requiera atención a nivel institucional. Aunque PACE ofrece beneficios significativos, no está disponible en todas las áreas.

CONSEJO

Para más información, consulta la hoja informativa en `www.medicare.gov/publications/11341-Quick-Facts-PACE.pdf` o visita `www.npaonline.org` para obtener una lista de programas PACE por estado.

Programas Estatales de Asistencia Farmacéutica

Descubre si tu estado ofrece ayuda con los costos de medicamentos en www.medicare.gov/pharmaceutical-assistance-program/state-programs.aspx.

Programa Estatal de Asesoramiento y Ayuda de Seguro de Salud

Los Programas Estatales de Asesoramiento y Ayuda de Seguro de Salud (SHIP) ofrecen orientación gratuita y personalizada de consejeros capacitados en todos los temas relacionados con Medicare y Medicaid. Pueden ayudarte a revisar tus opciones de Medicare y encontrar un plan de Medicare Advantage que se adapte a tus necesidades y preferencias. Para obtener información de contacto en tu estado, visita www.shiptacenter.org.

EN ESTE CAPÍTULO

» Pros y contras de trabajar en la vejez

» Entiende el límite de ganancias del Seguro Social

» Vuelve a trabajar después de la jubilación

» Consejos especiales para los trabajadores por cuenta propia

» Paga impuestos sobre tus beneficios de jubilación

Capítulo 13

Trabaja durante tu "jubilación"

Antes, el trabajo y la jubilación eran etapas distintas de la vida. Trabajabas hasta que eras mayor y luego te jubilabas para siempre. Sin embargo, esos días quedaron atrás.

Para los Baby Boomers, la Generación X y los Millennials, el trabajo puede extenderse más allá de la edad de jubilación tradicional. Si disfrutas trabajar y tienes buenas opciones, eres afortunado. El trabajo puede ser beneficioso de muchas maneras. Sin embargo, muchas personas continúan trabajando simplemente porque necesitan ese ingreso. Como resultado, el trabajo es cada vez más importante para los estadounidenses mayores. Esto plantea una pregunta a medida que te acercas a los 62 años: ¿deberías trabajar y cobrar los beneficios del Seguro Social?

En este capítulo te explico cómo trabajar en la vejez se relaciona con el Seguro Social y los pros y contras involucrados. Los trabajadores mayores deben abordar el Seguro Social con cuidado. Aunque puede haber buenas razones para trabajar y cobrar beneficios, se deben tener en cuenta ciertos factores. Los beneficios se reducen en gran medida y de manera permanente si se toman antes de la edad plena de jubilación. Por lo tanto, podría ser prudente esperar (hasta los 70 años) y depender del trabajo y los ahorros mientras tanto. Trabajar más tiempo para reemplazar años de bajos ingresos con años de mayores ingresos también puede aumentar tu beneficio del Seguro Social, aunque el impacto varía.

Ten en cuenta el límite anual de ganancias del Seguro Social para aquellos que reclaman beneficios de jubilación temprano. Esta regla puede reducir significativamente tus pagos de beneficios si los cobras antes de alcanzar la edad plena de jubilación, aunque la cantidad retenida se devuelve luego de alcanzar esa edad. Este capítulo explica cómo funciona el límite de ganancias del Seguro Social, sus implicaciones para ti y tus dependientes, y las razones por las que se creó. También aclara qué tipos de ingresos están exentos.

RECUERDA

Si tienes la opción, trabajar en la vejez puede ser financieramente sensato. Aunque encontrar buenos trabajos no es fácil, sé realista sobre tu situación financiera. Entender cómo se integran el Seguro Social y el trabajo es crucial para satisfacer las necesidades de tu hogar.

Los pros y contras de no jubilarse a la edad de jubilación

Si la jubilación anticipada no es para ti y no estás listo para el Seguro Social, continuar trabajando puede ofrecer varios beneficios. Puedes asegurar un sueldo constante por unos años más y garantizar el estilo de vida que deseas en la jubilación. Con tus habilidades y experiencia laboral, puedes ser un empleado valioso.

Al trabajar más tiempo, puedes fortalecer tus recursos financieros y estar tranquilo cuando finalmente te jubiles. Tienes una comprensión clara de cómo tus salarios encajan en tu plan de vida con una estrategia a futuro. Es posible que tengas más oportunidades de ahorrar ahora en comparación a cuando eras más joven y que seas menos propenso a gastar sin pensar. A medida que se acerca la jubilación, tu enfoque en el futuro se intensifica. Sin embargo, ser un trabajador mayor puede presentar desafíos. Prepárate para las posibles dificultades que vienen con la edad en el lugar de trabajo.

Enfrenta los desafíos de trabajar en la edad avanzada

Los trabajadores mayores a menudo encuentran dificultades que pueden obstaculizar su capacidad para trabajar. Aunque algunos pueden no enfrentar estos desafíos, es importante estar al tanto de ellos. A continuación, describo algunos de los posibles obstáculos.

Discriminación por edad

La discriminación por edad es un problema sutil, pero prevalente en muchos lugares de trabajo. Los empleadores a menudo perciben a los trabajadores mayores como costosos debido a los gastos de salud y salarios más altos. También pueden asumir que los empleados mayores están en contra de las nuevas tecnologías o carecen de conocimientos en ese tema.

En épocas de recesión económica, las empresas pueden ofrecer indemnizaciones como una medida de reducción de costos. Aunque es legal, los empleados mayores pueden sentirse presionados a aceptar estas indemnizaciones y temen ser despedidos sin ninguna compensación si se niegan.

Los solicitantes de empleo mayores con frecuencia enfrentan desafíos, ya que los empleadores potenciales pueden etiquetarlos como "sobrecalificados" o dudar de su compromiso a largo plazo. Por lo general, cuando los trabajadores mayores son despedidos, tardan más en conseguir un nuevo empleo en comparación con los trabajadores más jóvenes. Según la Comisión de Igualdad de Oportunidades en el Empleo (EEOC), tres de cada cinco trabajadores han sido testigos o han experimentado discriminación por edad en el lugar de trabajo.

La discriminación por edad se manifiesta en tres áreas principales:

- **Reclutamiento y contratación:** los solicitantes más jóvenes a menudo son favorecidos únicamente por su edad.
- **Sesgo en el trabajo:** los trabajadores mayores pueden enfrentar acoso, menos oportunidades de capacitación, promociones limitadas y menos recompensas.
- **Terminación:** las empresas pueden apuntar a empleados mayores para "refrescar" su fuerza laboral o reducir costos presupuestarios.

Eventos inesperados

Las encuestas revelan que más del 40% de los jubilados se sintieron obligados a jubilarse antes de lo previsto. Las personas mayores informan varias razones para esta jubilación anticipada, como despidos, traslados laborales, cierres de empresas y disminución de la demanda de sus habilidades.

Problemas de salud

Los problemas de salud crónicos son más comunes a medida que las personas envejecen. Por ejemplo, entre los individuos mayores de 50 años, cuatro de cada cinco tienen al menos una enfermedad de salud crónica, lo que afecta a más de 70 millones de personas. Además, los trabajadores mayores a menudo luchan por equilibrar las demandas del trabajo con las responsabilidades de cuidar a un cónyuge enfermo.

Mercado laboral inestable

Tu ambición de permanecer en la fuerza laboral podría resultar en un trabajo por debajo de tus expectativas. Incluso si te gusta tu trabajo actual, puede que no puedas mantenerlo. Además, la reestructuración continua por parte de las empresas estadounidenses añade inestabilidad. Nuevas tecnologías, cambios en las prioridades de gestión o recesiones económicas pueden aumentar las presiones laborales y llevar a despidos inesperados.

Compañeros de trabajo jóvenes

Puede que encuentres una diferencia de edad significativa entre tú y tus compañeros de trabajo, algunos de los cuales podrían tener edad como para ser tus hijos. Estos colegas más jóvenes podrían ganar más dinero o tener más influencia que tú. Uno de ellos incluso podría ser responsable de escribir tu evaluación de desempeño. Es esencial manejar esta situación de manera efectiva. Además, tu jefe más joven podría sentirse incómodo al darte órdenes o al proporcionarte críticas.

RECUERDA

Como trabajador mayor, aprovecha tu madurez para mantener relaciones fluidas y sin estrés. Tu experiencia en tratar con los demás es un activo valioso.

Aprovecha los beneficios de trabajar más años

Aunque trabajar por más años presenta desafíos, también hay beneficios significativos. Según los académicos del Centro de Investigación para la Jubilación de Boston College, retrasar la jubilación de los 62 a los 67 años puede aumentar tus ingresos mensuales de jubilación en un 30%. Este incremento se debe en gran medida al crecimiento de los beneficios del Seguro Social cuando retrasas su reclamación. Además, trabajar más tiempo te permite aumentar tus ahorros y reduce el número de años de jubilación que necesitas financiar.

Aquí hay algunas otras ventajas de trabajar más años, además de los incentivos que brinda el Seguro Social:

- » **Seguro de salud:** muchos empleadores ofrecen seguro de salud, lo cual puede valer miles de dólares todos los años.
- » **Programas de ahorro en el trabajo:** si tu empleador ofrece un 401(k), puedes beneficiarte de las contribuciones equivalentes y aumentar tus ahorros. Si tienes más de 50 años, puedes hacer contribuciones adicionales a un 401(k) ($7500 en 2024). Si tu empleador no ofrece un plan, considera contribuir a una cuenta de jubilación individual (IRA). En 2024, podías hacer una contribución adicional de $1000 a las IRA tradicionales más allá de la contribución máxima de $7000 u $8000 si tienes 50 años o más.
- » **Oportunidad de ahorrar:** para muchos en sus últimos 50 y 60 años, los hijos son independientes, la hipoteca está pagada y aún no han surgido gastos médicos significativos. Este período ofrece la oportunidad de ahorrar tanto como sea posible para el futuro.
- » **Oportunidad de eliminar deudas:** si tienes deudas de tarjetas de crédito o una gran hipoteca, continuar trabajando puede ayudarte a pagar estas deudas y mejorar tu situación financiera.

Límite de ganancias: cómo se calculan tus pagos cuando trabajas

El Seguro Social tiene un *límite anual de ganancias*. Esta regla puede reducir tus pagos de beneficios si los cobras antes de alcanzar la edad plena de jubilación. Sin embargo, una vez que alcanzas la edad plena de jubilación, tu pago mensual aumentará para compensar la retención.

El límite anual de ganancias se aplica si estás cobrando beneficios del Seguro Social y aún no alcanzaste la edad plena de jubilación, que hoy en día es de 67 años. Esta regla también afecta a cónyuges, viudas, viudos y otros que reciben beneficios para sobrevivientes. Después de alcanzar la edad plena de jubilación, el límite de ganancias ya no se aplica, y puedes ganar cualquier cantidad sin afectar tus beneficios del Seguro Social.

Una restricción diferente sobre las ganancias afecta a los beneficios por incapacidad, lo cual se discute en el Capítulo 11.

Cómo funciona el límite de ganancias

Si recibes beneficios del Seguro Social antes de alcanzar la edad plena de jubilación y también ganas dinero, la SSA reduce tu beneficio en $1 por cada $2 que ganes por encima de un cierto límite. En general, este límite aumenta todos los años y se fijó en $22,320 en 2024. La reducción se suaviza en el año en que alcanzas la edad plena de jubilación, en la cual la SSA retendrá $1 por cada $3 que ganes por encima de $59,520 en 2024.

Una vez que alcanzas la edad plena de jubilación, tus ganancias ya no afectan tus beneficios. A partir del mes de tu cumpleaños, tus ingresos ya no se consideran. Por ejemplo, si tu cumpleaños es el 18 de mayo, la SSA solo considera los ingresos hasta abril para determinar si superas el límite.

Si trabajas y recibes Seguro Social, contacta a la SSA al comienzo del año en que alcanzas la edad plena de jubilación. Dado que se retiene menos dinero ese año, la SSA podría no necesitar retener nada, (pero dependerá de tus ingresos y fecha de nacimiento).

Así es como funciona la retención: si tus salarios del año superan el límite de ganancias, la SSA retiene pagos mensuales completos hasta que se cubra la cantidad excedente. Por ejemplo, si ganas $6000 por encima del límite, lo que desencadena una retención de $3000, y tu beneficio mensual es de $1000, la SSA retendrá tus pagos de enero, febrero y marzo para cumplir con el requisito. Tus beneficios se reanudan en abril.

A veces puedes distribuir la retención a lo largo de un año en lugar de renunciar a pagos mensuales completos, un proceso llamado *prorrateo*. Puedes calificar para el prorrateo si no debes dinero a la SSA por un pago en exceso. Para prorratear hasta junio del año siguiente, debes explicar que es necesario para evitar dificultades financieras o interrupciones en tus planes de jubilación.

Ejemplo 1: la situación de Elena

Elena, de 64 años, planea comenzar sus beneficios del Seguro Social en enero y resulta elegible para $1500 por mes ($18,000 por año). Su empleador le ofrece $40,000 para seguir trabajando a tiempo parcial por otro año. Los ingresos de Elena serían $17,680 por encima del límite de $22,320. La SSA retendría $1 por cada $2 sobre el límite, lo que da un total de $8840. Después de la retención, el beneficio del Seguro Social de Elena para el año sería de $9160. Recuperará la cantidad retenida una vez que alcance la edad plena de jubilación. Sin embargo, al comenzar a los 64 años, su beneficio se reduce permanentemente en aproximadamente un 20%. Elena decide que es mejor aceptar la oferta de trabajo y retrasar los beneficios del Seguro Social.

Ejemplo 2: situación con ingresos más bajos

Si el empleador de Elena le ofrece $26,080 por el año, su salario sería $3760 por encima del límite de $22,320. La SSA retendría la mitad de $3760 o $1880. Dado sus gastos modestos y la posibilidad de seguir trabajando, Elena decide cobrar el Seguro Social y aceptar un beneficio más bajo hasta la edad plena de jubilación. La SSA retendrá su pago completo de enero de $1500 y $380 del pago de febrero para recuperar el exceso de $1880. Elena podría haber solicitado el prorrateo para distribuir las deducciones a lo largo del año, pero eligió reanudar los pagos completos en marzo.

Estos ejemplos ilustran el límite de ganancias para el trabajo que se realizó antes de alcanzar la edad plena de jubilación. La regla cambia en el año en que alcanzas esa edad.

En ese año, la SSA retiene $1 por cada $3 que ganes por encima de un límite más alto, fijado en $59,520 en 2024. Esto se aplica solo a los ingresos antes del mes en que alcanzas la edad plena de jubilación. A partir del mes de tu cumpleaños, la regla de retención ya no se aplica.

Cómo exceder el límite puede afectar a tu familia

Si excedes el límite de ganancias, la SSA puede retener no solo tus beneficios, sino también los de un dependiente, como tu cónyuge. Los beneficios de los dependientes se retienen en proporción a la parte de los beneficios totales de la familia, lo que podría eliminar temporalmente los beneficios de todos.

Por ejemplo, Melissa recibe $900 por mes en beneficios de jubilación del Seguro Social. A los 63 años, sigue trabajando como gerente de una tienda minorista y gana $2000 por encima del límite. Su esposo, Bryan, cobra un beneficio conyugal de $450 por mes. La SSA retiene dinero de ambos porque el beneficio de Bryan se basa en el historial de ganancias de Melissa. Durante un mes, la SSA retiene $900 de Melissa y $450 de Bryan, lo que suma un total de $1350. Para recuperar los $2000 completos, la SSA retiene $650 adicionales el mes siguiente: $433 de Melissa y $217 de Bryan. Después de esto, reciben sus beneficios regulares por el resto del año.

Si un cónyuge con ingresos más bajos excede el límite de ganancias en base a su propio historial de trabajo, la SSA retiene los beneficios solo de ese individuo, no del principal trabajador ni de otros dependientes. Por ejemplo, si Bryan excede el límite, solo se retienen sus beneficios, no los de Melissa, ya que sus beneficios se basan en sus propios ingresos.

En la Tabla 13-1 se muestran las cantidades exentas que los trabajadores pueden ganar mientras cobran beneficios del Seguro Social. Estas cantidades cambian periódicamente. La cantidad más alta se aplica al año en que alcanza la edad plena de jubilación.

TABLA 13-1 **Cantidades exentas anuales del límite de ganancias de jubilación**

Año	Cantidad menor[1]	Cantidad mayor[2]
2000	$10,080	$17,000
2001	$10,680	$25,000
2002	$11,280	$30,000
2003	$11,520	$30,720
2004	$11,640	$31,080
2005	$12,000	$31,800
2006	$12,480	$33,240
2007	$12,960	$34,440
2008	$13,560	$36,120
2009	$14,160	$37,680
2010	$14,160	$37,680
2011	$14,160	$37,680
2012	$14,640	$38,880
2013	$15,120	$40,080
2014	$15,480	$41,400
2015	$15,720	$41,880
2016	$15,720	$41,880
2017	$16,920	$44,880
2018	$17,040	$45,360
2019	$17,640	$46,920
2020	$18,240	$48,600
2021	$18,960	$50,520

Año	Cantidad menor[1]	Cantidad mayor[2]
2022	$19,560	$51,960
2023	$21,240	$56,520
2024	$22,320	$59,520

[1]Aplica a los años antes de alcanzar la edad plena de jubilación.

[2]Aplica al año en que alcanzas la edad plena de jubilación, en los meses anteriores.

Adaptado de Administración del Seguro Social, https://www.ssa.gov/oact/cola/rtea.html, último acceso el 07 March 2025.

Cómo afecta el límite de ganancias a los beneficios

Si ganas por encima de una cierta cantidad y no alcanzaste tu edad plena de jubilación, la SSA retiene beneficios. En la Tabla 13-2 se muestra el impacto del límite de ganancias para diferentes niveles de beneficios e ingresos.

TABLA 13-2 Para personas menores que la edad plena de jubilación durante todo el año (2024)

Beneficio mensual del Seguro Social	Ganancias anuales	Beneficios anuales recibidos
$700	$22,320 o menos	$8400
$700	$24,000	$7560
$700	$26,000	$6560
$900	$22,320 o menos	$10,800
$900	$24,000	$9960
$900	$26,000	$8960
$1100	$22,320 o menos	$13,200
$1100	$24,000	$12,360
$1100	$26,000	$11,360

Adaptado de Administración del Seguro Social, https://www.ssa.gov/pubs/EN-05-10069.pdf, último acceso el 07 March 2025.

Date un respiro en tus primeros meses de jubilación

Si comienzas a cobrar los beneficios del Seguro Social mientras aún estás ganando ingresos, la SSA podría retener *todos* tus beneficios debido a la regla de

ganancias. Para evitar esto, la SSA ofrece un límite especial de ingresos mensuales, típicamente utilizado en el primer año de cobro de beneficios. Esto te permite recibir tu beneficio completo si tus ingresos mensuales están por debajo de un cierto umbral.

Por ejemplo, si tu salario anual excede el límite por $14,000 y comienzas a cobrar el Seguro Social en octubre, tu beneficio mensual podría ser de $2000. Sin la provisión especial, la SSA podría retener la mitad de los $14,000, lo cual es más que tus beneficios totales para el año. Sin embargo, la regla mensual especial ayuda al considerar si tus ingresos están por debajo de un límite mensual, calculado como una doceava parte del límite anual. Si el límite anual es $22,320, el límite mensual es $1860.

Supongamos que te jubilas a finales de septiembre pero tomas un trabajo a tiempo parcial que paga $1000 al mes. Dado que esto está por debajo del límite mensual de $1860, puedes recibir tu pago del Seguro Social de $2000 sin ninguna retención. Para los trabajadores por cuenta propia, trabajar menos de 45 horas al mes (o menos de 15 horas en una ocupación altamente calificada) califica para esta regla.

Si tus ingresos mensuales exceden el límite, la SSA retendrá tus beneficios. Por ejemplo, si tu plan de jubilación gradual reduce tu salario anual de $28,000 a $20,000, tus ingresos mensuales serían aproximadamente $2010, lo que excedería el límite por $150. La SSA retendría los pagos por cada mes que trabajes mientras cobras beneficios. Podrías negociar un salario más bajo o esperar a que la SSA te reembolse los beneficios retenidos después de alcanzar la edad plena de jubilación.

Durante el año de gracia, si tus ganancias mensuales no exceden el límite, la SSA no retendrá beneficios por esos meses. Este año de gracia suele ser el año en que te jubilas. Después de este año, si tus ganancias anuales superan el límite, la SSA retendrá beneficios hasta recuperar la cantidad excedente.

RECUERDA

Los límites de ganancias se revisan todos los años. Si estás por debajo de la edad plena de jubilación y recibes beneficios del Seguro Social, es crucial conocer los límites actuales e informar sobre tus ingresos esperados. Puedes encontrar los límites de ganancias actuales en `https://www.ssa.gov/pubs/EN-05-10069.pdf`.

Informa las ganancias a la Administración del Seguro Social

Por lo general, tus declaraciones regulares de impuestos proporcionan a la SSA la información necesaria sobre tus ganancias. Sin embargo, esto no siempre es así, y puede que necesites contactar a la SSA directamente.

Si no has alcanzado la edad plena de jubilación y recibes beneficios, debes informar a la SSA si esperas que tu salario supere el límite de ganancias. La SSA necesita esta información por adelantado para retener los beneficios en consecuencia. Además, es posible que necesites presentar un informe de ganancias bajo circunstancias específicas, como el trabajo por cuenta propia. La fecha límite para un informe anual es el 15 de abril para los declarantes del año calendario o tres meses y 15 días después de que termine el año fiscal.

Puedes enviar tu informe por escrito, llamar o enviarlo por correo a tu oficina local de la SSA. La SSA también puede enviarte una carta en la que te solicite una estimación actualizada de tus ganancias.

Cuando solicitas beneficios por primera vez, tienes la oportunidad de informar a la SSA sobre tus ingresos esperados. Si solicitas en octubre o después, la SSA quiere saber tus ingresos esperados para el año siguiente.

Después de este informe inicial, es posible que no necesites proporcionar actualizaciones anuales de ingresos a la SSA. En general, la SSA confía en tus declaraciones del IRS para determinar si es necesario retener más para cumplir con el límite de ganancias. Si al IRS le falta información que podría afectar tu elegibilidad para beneficios, debes informar a la SSA.

Ten en cuenta que hay un desfase temporal entre cuando informas tus ingresos al IRS y cuando la SSA recibe esta información. Si tus ingresos aumentan inesperadamente y no informas a la SSA, puede que retengan menos de lo necesario y luego soliciten un reembolso.

En las siguientes secciones, explicaré qué ingresos deben contarse y cuándo.

Qué ingresos deben contarse

La SSA establece límites en ciertos tipos de ingresos, como los salarios de un trabajo, incluidos bonificaciones, comisiones y opciones sobre acciones, así como los ingresos de tu propio negocio. Sin embargo, no todos los ingresos están sujetos a estos límites.

Los ingresos de inversiones, como las ganancias de Wall Street, beneficios gubernamentales (por ejemplo, desempleo o compensación laboral), intereses, pensiones, anualidades, ingresos por alquiler y ganancias de capital, no cuentan para el límite. Las herencias y las distribuciones de un plan IRA o 401(k) también están excluidas.

CONSEJO

A medida que más personas trabajan durante más años, algunas pueden perder sus empleos y calificar para beneficios de desempleo mientras también reciben Seguro Social. Es crucial entender que los beneficios de desempleo *no* cuentan como ingresos ganados para el límite de ganancias del Seguro Social. Sin embargo, varios estados consideran los pagos del Seguro Social al calcular los beneficios de desempleo. La lista de estados que compensan los beneficios de desempleo con los beneficios del Seguro Social ha cambiado a lo largo de los años. Si crees que esto podría afectarte, verifica si tu estado aún sigue esta práctica. La información de contacto para la oficina de desempleo de tu estado se puede encontrar en `www.dol.gov/dol/location.htm`.

Cuándo debe contarse tu ingreso

Para los trabajadores regulares, el ingreso se cuenta cuando se gana, no cuando se recibe. Esto puede ser confuso en algunas situaciones. Por ejemplo, si ganas un bono en un año pero lo recibes al siguiente, debes contar el bono en el año en que lo ganaste, no cuando lo recibiste. (Es posible que se apliquen excepciones a la compensación que ganaste durante el año en que solicitas el Seguro Social pero antes de que comiencen tus beneficios).

En general, la SSA cuenta las acciones como salarios cuando las recibes. Por lo tanto, si las obtienes en la jubilación, es posible que no afecten el límite de ganancias. Las regalías, el pago por enfermedad, los gastos de viaje y los gastos comerciales también pueden contar para el límite de ganancias, pero las reglas son complejas.

Fecha límite para presentar un informe de ganancias

La fecha límite para presentar un informe de ganancias es tres meses y 15 días después del final de tu año fiscal. Por lo general, la SSA recibe la información necesaria del IRS, pero también puedes proporcionarla tú mismo, en especial si habrá cambios en el próximo año. La SSA acepta información del Formulario W-2 (Declaración de Salarios e Impuestos) y tu declaración de impuestos del IRS si eres trabajador por cuenta propia.

RECUERDA

A veces, la SSA envía solicitudes para estimaciones de ganancias actualizadas. Sin embargo, no debes esperar a recibir estas solicitudes. Es aconsejable contactar a la SSA en primer lugar para proporcionar una estimación de ganancias. Puedes hacerlo por teléfono, en tu oficina local de la SSA o por escrito.

ADVERTENCIA

No presentar la información requerida antes de la fecha límite podría resultar en la pérdida de pagos, lo que podría costarte miles de dólares.

Volver a trabajar después de tu jubilación

¿Qué pasa si te jubilas, comienzas a recibir tus beneficios de jubilación del Seguro Social y luego decides volver a trabajar? Esta situación es común. Tal vez te despidieron, aplicaste a numerosos trabajos sin éxito y comenzaste a recibir tus beneficios de jubilación anticipada del Seguro Social debido a las crecientes facturas. Luego, unos meses después, recibes una buena oferta de trabajo. Si el salario es alto, la retención por límite de ganancias podría consumir el 100% de tu beneficio.

En tales casos, la SSA suspende tu beneficio si alcanzaste tu edad plena de jubilación. Los pagos se detienen hasta que tus ingresos sean lo suficientemente bajos como para calificar nuevamente para los beneficios. Si tus ingresos siguen siendo altos, la suspensión continúa hasta que alcances la edad plena de jubilación, momento en el cual tu beneficio se recalcula para recuperar la cantidad suspendida con el tiempo.

Dentro del primer año de recibir beneficios, tienes la opción de retirar tu solicitud, lo que detendría tus beneficios. Sin embargo, debes devolver todos los beneficios que recibiste, incluidos los pagados a tus dependientes en base a tu historial de ganancias. Antes, algunos expertos sugerían esto como una estrategia para obtener un préstamo sin intereses mientras aumentabas tu beneficio de jubilación. Ahora, la SSA restringió la posibilidad de retirar tu solicitud al primer año de comenzar a recibir beneficios.

Si no alcanzaste la edad plena de jubilación, la SSA reduce tu beneficio en $1 por cada $2 que ganes por encima de una cierta cantidad. En el año en que alcanzas la edad plena de jubilación, la SSA retiene $1 por cada $3 que ganes sobre un límite más alto. Después de alcanzar la edad plena de jubilación, el límite de ganancias desaparece.

Considera este ejemplo: Antoine pierde su trabajo a los 64 años cuando la empresa de seguridad que dirige cierra. Después de enviar numerosas solicitudes de empleo sin éxito, comienza a cobrar un beneficio de jubilación del Seguro Social de $17,000 al año. Seis meses después, recibe una oferta de trabajo como vicepresidente de una nueva empresa de seguridad con un salario de $60,000. Cuando Antoine informa a la SSA, se entera de que suspendieron su beneficio completo. Su nuevo salario excede el umbral del Seguro Social de $22,320 por $37,680. Dividir este exceso por dos resulta en $18,840, lo cual es más que su beneficio anual, lo que lleva a la suspensión del beneficio completo. Sin embargo, esta suspensión no es del todo negativa. Antoine puede vivir sin el Seguro Social, y su beneficio de jubilación crece alrededor del 7% anual hasta que alcanza la edad plena de jubilación a los 67 años.

RECUERDA

Es común que los beneficios se suspendan debido a altos ingresos, pero también existen otras razones. Por ejemplo, si calificas para beneficios como padre joven, viudo o viuda que cuida a un niño, y el niño no está bajo tu cuidado durante un mes, tus beneficios pueden suspenderse. (Una visita del niño a un campamento de verano o internado no te descalificará). Además, si eres cónyuge, viudo o viuda que recibe una pensión gubernamental no relacionada con el Seguro Social, dos tercios de la pensión pueden compensar tus beneficios del Seguro Social, lo que causaría una suspensión.

Consideraciones especiales para los trabajadores por cuenta propia

Si tienes tu propio negocio, la SSA te considera trabajador por cuenta propia, ya sea que trabajes solo o con socios. Esta situación viene con reglas y requisitos específicos de Seguro Social.

Los individuos que trabajan por cuenta propia a menudo valoran su independencia y disfrutan de gestionar sus propios asuntos. Sin embargo, la SSA pone gran importancia en las reglas y la documentación, lo cual es crucial al reclamar tus beneficios.

A diferencia de los trabajadores regulares, los trabajadores por cuenta propia actúan como empleador y empleado a la vez. Debes manejar tus propias deducciones, reportar tus ganancias y pagar impuestos al IRS. También pagas un impuesto sobre tu salario diferente y puedes calificar para créditos de Seguro Social a través de un cálculo único. Para más detalles, visita el sitio web del Seguro Social en `www.ssa.gov/pubs/EN-05-10022.pdf`.

La SSA impone requisitos especiales y un escrutinio más cercano para los trabajadores por cuenta propia, en especial en lo que respecta a deducciones, créditos de ingresos e informes.

CONSEJO

Mantén registros financieros detallados y prepárate para justificarlos. La SSA puede revisar tu información de ganancias con más atención que la de los trabajadores promedio. Asegúrate de poder justificar *todas* las ganancias que informaste.

Deducciones de impuestos

Los trabajadores por cuenta propia pagan impuestos del Seguro Social sobre sus ganancias netas del trabajo por cuenta propia, que básicamente es su ganancia neta del negocio, ajustada según sea necesario. Como actúan tanto como empleador y empleado, deben cubrir ambas partes del impuesto. Sin embargo, para asegurarse de que se los trate de manera similar a los empleados, quienes no pagan impuestos sobre los ingresos por la parte de los impuestos del Seguro Social cubierta por sus empleadores, los trabajadores por cuenta propia pueden reducir sus ingresos tributables en la mitad de su impuesto del Seguro Social en el formulario 1040 del IRS.

Créditos de trabajo

Si eres trabajador por cuenta propia, puedes usar un método opcional para calificar para los beneficios del Seguro Social. (En general, las personas necesitan 40 créditos para obtener beneficios completos de jubilación y se necesitan menos créditos para beneficios por incapacidad y sobrevivientes). Hay dos métodos opcionales: uno para negocios agrícolas y otro para negocios no agrícolas. Puedes usar ambos si eres elegible.

Estos métodos permiten a los trabajadores por cuenta propia con bajos ingresos obtener créditos del Seguro Social que de otro modo no estarían disponibles. El método opcional no agrícola puede usarse cinco veces en la vida. Para más detalles, visita `www.irs.gov/pub334` para negocios no agrícolas y `www.irs.gov/pub225` para negocios agrícolas.

INFORMACIÓN TÉCNICA

Para usar la opción para negocios agrícolas, tus ingresos brutos no deben exceder $9060 o tu ganancia neta debe ser menor de $6540 (según las directrices del IRS para 2024). Puedes reportar dos tercios de tus ingresos brutos, hasta $6040, como ganancias netas. Este método puede afectar tus ganancias netas de autoempleo agrícola, así que revisa los detalles con atención. Para usar la opción para negocios no agrícolas, tu ganancia neta debe ser menor de $7103 y menos del 72.189% de tus ingresos brutos no agrícolas. Puedes reportar dos tercios de tus ingresos brutos, hasta $5640 (menos cualquier cantidad que hayas informado con el método agrícola), como ganancias netas. A diferencia del método agrícola, no puedes reportar menos de tus ganancias netas reales del autoempleo no agrícola. (Recuerda, la opción para negocios no agrícolas solo se puede utilizar cinco veces en tu vida).

Aunque estos cálculos pueden parecer complejos, las instrucciones del Anexo SE del IRS 1040 pueden guiarte. Usar estos métodos puede ayudarte a ganar hasta cuatro créditos del Seguro Social en un año, incluso con bajos ingresos.

Límite de ganancias

Si eres trabajador por cuenta propia y recibes beneficios de jubilación anticipada, la SSA requiere pruebas firmes de que tus ingresos reportados son precisos. Quieren asegurarse de que no hayas subestimado tus ingresos para evitar el límite de ganancias.

ADVERTENCIA

La SSA puede examinar ciertos detalles en tu informe. Por ejemplo, si aún pasas mucho tiempo trabajando, mantienes el control del negocio o afirmas haber transferido el control a un familiar, la SSA podría revisar tu informe con más atención.

Para verificar tu información, la SSA puede revisar tus declaraciones de impuestos anteriores y otros documentos, como registros de gastos.

Requisitos de informes

Si eres trabajador por cuenta propia y tienes ganancias netas de $400 o más, debes cumplir con los requisitos de informes de la SSA y presentar los formularios fiscales necesarios a tiempo con el IRS. Estos formularios incluyen:

- Formulario 1040
- Anexo SE (Impuesto sobre el Trabajo por Cuenta Propia)
- En general, el Anexo C (Ganancias o Pérdidas de Negocios) o el Anexo F (Ganancias o Pérdidas de la Agricultura)

CONSEJO

Debes completar estos formularios del IRS independientemente de si debes algún impuesto sobre los ingresos o recibes beneficios del Seguro Social. La SSA espera que todos los trabajadores por cuenta propia completen los formularios 1040 y SE.

CONSEJO

Para una pareja casada que dirige un negocio familiar, cada cónyuge debe presentar un Anexo SE por separado para calificar para los créditos de ganancias del Seguro Social como socio. Esto es necesario incluso si presentas una declaración de impuestos conjunta. Si solo uno de los cónyuges presenta un Anexo SE, solo ese cónyuge recibirá los créditos del Seguro Social.

El tío Sam da y quita: impuestos a los beneficios

Un número creciente de estadounidenses debe pagar impuestos sobre los ingresos en parte de sus beneficios del Seguro Social. En general, si los beneficios del Seguro Social son tu único ingreso, no deberás pagar impuestos sobre ellos. Sin embargo, ingresos sustanciales provenientes de trabajo, inversiones o pensiones pueden crear una obligación tributaria. (Además, algunos estados tienen impuestos sobre los beneficios del Seguro Social, así que consulta con tu agencia tributaria estatal o tu contador para ver si esto se aplica a ti).

CONSEJO

La información de contacto para las agencias tributarias estatales está disponible en `www.taxadmin.org/state-tax-agencies`.

Independientemente de tus ingresos, al menos el 15% de tus beneficios del Seguro Social están exentos de impuestos. Nadie paga impuestos sobre más del 85% de sus beneficios. Los declarantes solteros y las parejas casadas que presentan una declaración conjunta se tratan de manera diferente. Aquí hay pasos para entender cómo la tributación de los beneficios puede afectarte:

1. **Estima tu ingreso provisional.**

   Tu ingreso provisional (o ingreso combinado) incluye salarios, intereses (imponibles y no imponibles), dividendos, pensiones, ingresos por cuenta propia, otros ingresos imponibles y la mitad de tus beneficios del Seguro Social, menos ciertas deducciones.

2. **Revisa las reglas fiscales en base a tu ingreso provisional.**

   - Individuos:
     - Si el ingreso combinado es menor a $25,000, no debes impuestos sobre el Seguro Social.
     - Si el ingreso combinado está entre $25,000 y $34,000, puedes deber impuestos sobre hasta el 50% de tus beneficios.
     - Si el ingreso combinado es superior a $34,000, puedes deber impuestos sobre hasta el 85% de tus beneficios.
   - Parejas casadas que presentan una declaración en conjunto:
     - Si el ingreso combinado es menor a $32,000, no debes impuestos sobre el Seguro Social.
     - Si el ingreso combinado está entre $32,000 y $44,000, puedes deber impuestos sobre hasta el 50% de tus beneficios.

- Si el ingreso combinado es superior a $44,000, puedes deber impuestos sobre hasta el 85% de tus beneficios.

- Parejas casadas que presentan una declaración por separado:
  - Impuestos en hasta el 85% de los beneficios del Seguro Social ya que los límites son cero.

3. **Determina la cantidad exacta imponible:** calcular la cantidad exacta imponible puede ser complejo, en especial si el 85% de tus beneficios tienen impuestos. Usa una hoja de trabajo paso a paso, software de impuestos o consulta a un contador. Puedes encontrar una hoja de trabajo disponible en `www.irs.gov/publications/p915/ar02.html`.

CONSEJO

Cada enero, recibirás un formulario SSA-1099 en el que se detallan tus beneficios totales del Seguro Social del año anterior, que necesitas para tu declaración de impuestos federal.

Ejemplo

Tom y Carol, una pareja casada que presenta una declaración conjunta, tienen los siguientes ingresos:

- » Beneficio del Seguro Social de Tom: $7500
- » Beneficio conyugal de Carol: $3500
- » Pensión imponible de Tom: $22,000
- » Ingresos por intereses: $500

Su ingreso provisional se calcula de la siguiente manera: $22,000 (pensión) + $500 (intereses) + $3750 (la mitad del beneficio de Tom) + $1750 (la mitad del beneficio de Carol) = $28,000

Dado que su ingreso provisional está por debajo del umbral de $32,000 para parejas casadas, no deben impuestos federales sobre sus beneficios del Seguro Social. Sin embargo, si la pensión de Tom fuera de $30,000, su ingreso provisional sería de $36,000, y deberían pagar impuestos sobre aproximadamente el 18% de sus beneficios del Seguro Social.

CONSEJO

Hasta el momento de escribir esto, los ciudadanos estadounidenses que viven en ciertos países, como Canadá, Chile, Alemania, Grecia, Irlanda, Italia, Japón, Suiza y el Reino Unido, no pagan impuestos sobre los ingresos en el Seguro Social o están sujetos a tasas bajas debido a tratados fiscales. (Esta lista puede cambiar con el tiempo).

EN ESTE CAPÍTULO

» **Imagina tu estilo de vida cuando cobres el Seguro Social**

» **Ajusta tu presupuesto antes de jubilarte**

Capítulo **14**

Crea un futuro financiero en el que puedas vivir

Si la jubilación es la próxima etapa de tu vida, podrías necesitar una guía. Sin embargo, es posible que las estrategias que funcionaron para nuestros padres no sean aplicables hoy en día.

En los últimos tiempos, hemos sido testigos de la volatilidad de los planes 401(k) y las cuentas de jubilación individual (IRA). Los valores de las viviendas han fluctuado, y conseguir un trabajo puede ser difícil incluso en una economía en crecimiento. Los empleadores han estado descontinuando y congelando los planes de pensiones durante años. Aproximadamente la mitad de todos los trabajadores, incluidos los de medio tiempo y los trabajadores por cuenta propia, no tienen acceso a planes de jubilación relacionados con el trabajo. No es sorprendente que muchos Baby Boomers, Generación X, y Millennials se sientan inseguros sobre el futuro y dependan en gran medida del Seguro Social.

En este capítulo explico cómo puedes comenzar a construir sobre la base del Seguro Social para crear un futuro seguro. Necesitarás determinar tu ingreso esperado del Seguro Social y otras fuentes, evaluar tus necesidades financieras y ajustar tus planes en consecuencia — cuanto antes, mejor.

Imagina tu vida con el Seguro Social

El Seguro Social es solo una parte de tu bienestar financiero, pero no está destinado a reemplazar la mayor parte de tus ingresos previos a la jubilación. En general, cubre alrededor del 40% para los trabajadores promedio y menos para los que ganan más. No se diseñó para sostener un estilo de vida lujoso por sí solo.

Para estimar tus futuros beneficios, revisa tu estado de cuenta reciente del Seguro Social o usa las herramientas en línea. Consulta el Capítulo 6 para más información sobre cómo calcular tus beneficios.

Aunque el futuro pueda parecer incierto, puedes empezar a planificarlo con estas preguntas básicas:

- **¿Dónde vivirás?** Muchos prefieren quedarse en su ubicación actual. Considera la importancia de los lazos comunitarios, los costos regionales y el apoyo familiar. Si planeas mudarte, comienza a planificar con anticipación.
- **¿Cuánto tiempo vivirás?** Cuanto más vivas, más recursos necesitarás. Consulta el Capítulo 3 para obtener información detallada sobre la longevidad y enlaces a calculadoras de esperanza de vida.
- **¿Cuánto tiempo trabajarás?** Muchos Baby Boomers, Gen X y Millennials pueden trabajar más tiempo del esperado. Si es posible, extender tus años laborales puede mejorar significativamente tu seguridad en la jubilación.
- **¿Cuáles son tus necesidades de gasto?** Considera si gastarás más en ciertas cosas como viajes y atención médica, y menos en otras como gastos relacionados con el trabajo.

Si descubres que necesitas más dinero en la jubilación del que has ahorrado, considera ahorrar más o trabajar más tiempo mientras aún tengas la oportunidad. Si tienes pocas opciones, alinea tus prioridades de gasto con tu realidad financiera lo antes posible.

Calcula cuánto dinero necesitas

Imaginar tu jubilación te brinda la oportunidad de pensar de manera creativa, pero realista. Aquí tienes algunos pasos para ayudarte a comenzar:

» **Sigue el dinero.** Revisa varios meses o un año de extractos de tu cuenta corriente y tarjetas de crédito para entender tus hábitos de gasto.

» **Evalúa tus prioridades.** Reflexiona sobre cómo te sientes respecto a tus gastos actuales. ¿Se alinean con tus prioridades? Considera cómo quieres usar tu tiempo en la jubilación.

» **Visualiza el envejecimiento.** Los expertos. Sugieren que una pareja de 65 años debería reservar alrededor de $315,000 para futuros costos de atención médica. Además, mantén un fondo de emergencia que cubra de tres a seis meses de gastos.

  Si planeas cambiar de vivienda, considera los posibles costos, incluidos los de transporte. Incluso si te quedas en tu hogar actual, renovaciones como puertas más anchas, entradas sin escalones, barras de apoyo en los baños y un dormitorio en el primer piso pueden mejorar tu calidad de vida futura.

» **Escribe un presupuesto.**

  - **Ingresos:** suma el Seguro Social, pensiones, ingresos esperados y retiros anuales de ahorros (por ejemplo, de un 401(k) o IRA).
  - **Gastos:** usa tu auditoría de gastos mensuales como base. Identifica los gastos esenciales y considera si planeas gastar más en ciertos artículos. Compara tus ingresos proyectados y gastos para asegurarte de que se alineen.

Determina cuánto ingreso necesitas

Los planificadores financieros a menudo sugieren que tus ingresos de jubilación deberían reemplazar entre el 70% y el 80% de tus ingresos laborales para mantener tu estilo de vida actual. Sin embargo, esto es solo una guía. Podrías necesitar más o menos, de acuerdo con tus circunstancias. En lugar de enfocarte en un porcentaje, puedes crear un plan de gastos desde cero.

En la jubilación, ciertos gastos desaparecen. Ya no pagas por el transporte al trabajo ni por comprar ropa de trabajo. Es posible que hayas pagado tu casa y ayudado a tus hijos en la universidad. En lugar de ahorrar para la jubilación, ahora vivirás de esos ahorros. Tus impuestos también pueden disminuir, ya que no pagarás impuestos sobre tu salario si no estás trabajando.

Recuerda, eres una persona y no solo una estadística. Al estimar tus necesidades futuras de ingresos, considera tu situación personal. ¿Tú o tu cónyuge seguirán trabajando por mucho tiempo? ¿Esperas una herencia? ¿Posees propiedades valiosas o tienes ingresos por alquiler? Por otro lado, ¿esperas tener gastos significativos, como el cuidado de un hijo o un padre anciano? ¿Cómo está tu salud y tu cobertura de salud?

Reduce la brecha entre pocos ingresos y muchos gastos

Vivir con Seguro Social a menudo requiere un presupuesto cuidadoso. Lograr la estabilidad financiera puede ser un desafío, en especial si no has sido aplicado en el pasado. Aunque no hay una solución rápida para los problemas financieros, un enfoque integral puede brindar beneficios significativos.

Aquí tienes siete estrategias para hacer que tu beneficio del Seguro Social y otros ingresos fijos rindan más:

- **Ahorra más.** Si tu empleador ofrece un plan 401(k), intenta contribuir la cantidad máxima. Además, utiliza otros planes de ahorro de salarios, como los ofrecidos por cooperativas de crédito. Si tienes más de 50 años, aprovecha las contribuciones adicionales permitidas para las IRA y 401(k). (Consulta con el administrador de tu plan para saber si eres elegible y los límites de contribución). Considera configurar transferencias automáticas mensuales desde tu cuenta corriente a tu cuenta de ahorros.
- **Encara las deudas.** La deuda puede socavar tu seguridad financiera en la jubilación. Enfócate en pagar tu hipoteca y tarjetas de crédito. Hacer uno o dos pagos adicionales de la hipoteca por año te ahorrará intereses significativos a futuro. Los expertos sugieren que si más del 20% de tus ingresos se destina a pagos de deudas (excluida tu hipoteca), tienes demasiada deuda. Compara los cargos financieros de las tarjetas de crédito y considera consolidar deudas en la tarjeta con la tasa de interés más baja. Ten en cuenta los términos y tarifas de transferencia de saldo.

CONSEJO

Si te sientes abrumado, busca ayuda en la Fundación Nacional para el Asesoramiento Crediticio al 800-388-2227 o www.nfcc.org.

- **Cuida los costos de salud.** Elige los planes de salud con cuidado. Evalúa las opciones de deducibles para encontrar el plan más rentable. Antes de programar pruebas médicas, verifica si tu aseguradora requiere un período de espera. Ahorra en medicamentos recetados al elegir medicamentos genéricos y utiliza sistemas de pedido por correo si están disponibles. Mantén una dieta saludable y una rutina de ejercicios para prevenir o manejar enfermedades como la diabetes y problemas de corazón.
- **Paga en efectivo.** Usar tarjetas de crédito puede llevar a gastos innecesarios. Pagar en efectivo puede ayudarte a gastar menos. Si prefieres el plástico, usa una tarjeta de débito, que deduce el dinero directamente de tu cuenta bancaria, lo que promueve la disciplina. Si usas una tarjeta de crédito, intenta pagar el saldo mensual para evitar cargos por intereses.

» **Revisa los cargos rutinarios:** las empresas a menudo aumentan las tarifas con el tiempo. Revisa con regularidad tus planes de streaming e internet para asegurarte de que obtienes el mejor precio. Monitorea tu banco por tarifas en servicios que antes eran gratuitos. Compara las tarifas de seguros de auto y hogar y pregunta a tu agente sobre cambios en la cobertura que podrían reducir tus tasas.

» **Ahorra energía:** reducir el desperdicio puede ahorrar dinero. Repara ventanas y puertas con corrientes de aire con burletes y mejora el aislamiento. Sella conductos de aire con fugas y ajusta tu termostato para ahorrar en calefacción y refrigeración. Usa ventiladores de techo en verano y microondas en lugar de estufas cuando sea posible. Apaga los electrodomésticos cuando no los estés usando.

» **Gasta con valor:** busca alternativas rentables para los gastos rutinarios. Por ejemplo, encuentra un mecánico más barato para el mantenimiento del auto, reserva tus propios viajes y usa descuentos en línea para salir a comer. Ser consciente de las ofertas y tomar decisiones orientadas al valor puede tener un impacto significativo en tus finanzas a lo largo del tiempo. Ninguna estrategia por sí sola transformará tus finanzas, pero una combinación de estos enfoques puede hacer una diferencia sustancial.

Trabaja con un profesional financiero

Planificar tu vida con el Seguro Social puede ser más fácil si consultas a un profesional financiero. Ellos pueden guiarte sobre cuándo tú y tu cónyuge deben comenzar a cobrar los beneficios del Seguro Social y ayudarte con otras decisiones financieras importantes. (Algunos asesores incluso utilizan programas para considerar los impactos fiscales a largo plazo y otros factores en tus elecciones del Seguro Social).

Sin embargo, ten cuidado. Muchas personas y empresas buscan beneficiarse de tus decisiones financieras. El objetivo es encontrar asesoramiento objetivo, libre de cualquier interés personal. Entonces, ¿dónde deberías ir y en quién deberías confiar?

CONSEJO

Puedes comenzar por pedir recomendaciones a amigos y familiares. También puedes encontrar referencias en línea de organizaciones nacionales respetadas. Ingresa tu código postal en los siguientes sitios web para buscar un asesor financiero cerca de ti:

» **Junta de Normas de Planificación Financiera Certificada:** `http://www.cfp.net/`

» **Asociación de Planificación Financiera:** http://www.fpanet.org/

» **Asociación Nacional de Asesores Financieros Personales:** http://www.napfa.org/

CONSEJO

Considera entrevistar a varios asesores para encontrar el mejor para ti. Aquí tienes algunas preguntas que debes tener en cuenta:

» **¿Qué servicios ofreces?** Los servicios pueden incluir el desarrollo y monitoreo de tu plan financiero de jubilación, reuniones periódicas y la gestión de tus inversiones.

» **¿Cuáles son tus credenciales?** Busca educación, experiencia y un código ético. Las designaciones respetadas incluyen:

- Planificador Financiero Certificado de la Junta de Normas de Planificación Financiera Certificada (http://www.cfp.net/)
- Consultor Financiero Colegiado del Colegio Americano de Servicios Financieros (www.theamericancollege.edu/designations-degrees/ChFC)
- Consultor Financiero Registrado de la Asociación Internacional de Consultores Financieros Registrados (http://www.iarfc.org/)

» **¿Cómo te pagan?** Entiende el acuerdo de pago. La compensación puede ser según las comisiones, tarifas o una combinación. Asegúrate de que el asesor trabaje en tu mejor interés. Los profesionales financieros reciben su pago de diferentes maneras, y es importante que comprendas el acuerdo. Si la compensación se basa más en comisiones que en su tarifa, toma nota. Un asesor puede recibir altas comisiones por venderte algo que no necesitas. Debes estar seguro de que el asesor trabaja para ti y no que se está aprovechando. El pago también puede basarse en un porcentaje de los activos bajo gestión, una tarifa por hora, una tarifa fija o alguna combinación de estas.

» **¿Tienes alguna especialidad?** Asegúrate de que la experiencia del asesor se alinee con tus objetivos y necesidades financieras. Si el asesor está más interesado en personas de alto patrimonio y no perteneces a esa categoría, es posible que no recibas la atención que mereces. Tu objetivo puede ser preservar tus activos o asumir solo un riesgo limitado. Pregúntale al asesor cuál es su postura al respecto.

» **¿Qué tan rápido respondes a las preguntas?** Aclara esto desde el principio para asegurarte de que te sientes cómodo con su estilo de comunicación.

ADVERTENCIA

Mantente alerta ante las estafas. Verifica si un corredor tiene un historial problemático a través de la Autoridad Reguladora de la Industria Financiera (FINRA). Visita http://www.finra.org/Investors/ToolsCalculators/BrokerCheck o llama al 800-289-9999. Para más información sobre estafas, visita el Centro de

Recursos para Inversores Senior administrado por la Asociación Norteamericana de Administradores de Valores en `www.nasaa.org/1723/senior-investor-resource-center`.

Prepárate para la vida con Seguro Social

A medida que se acerca el momento de cobrar los beneficios del Seguro Social, debes tomar varias decisiones estratégicas. Aunque las respuestas varían para cada individuo, es crucial entender los temas clave. Esta sección destaca algunas consideraciones importantes.

Si no estás seguro de cuándo reclamar los beneficios de jubilación del Seguro Social, consulta el Capítulo 3. Allí, proporciono una guía detallada para ayudarte a tomar la mejor decisión para tu situación.

Comprar una anualidad

Para complementar los ingresos que proporciona el Seguro Social, podrías considerar comprar una anualidad. Una *anualidad* es un contrato de seguro que convierte tus ahorros en una fuente de ingresos, potencialmente de por vida.

Las anualidades vienen en varias formas y a menudo incluyen tarifas que son difíciles de identificar y características que son complejas de entender. Estas tarifas suelen ser altas en comparación con otras inversiones, y salir de un contrato puede ser costoso. Si tus ahorros son modestos o si el Seguro Social cubrirá una parte significativa de tus ingresos, es posible que las anualidades no sean adecuadas para ti.

Sin embargo, si estás cerca de la jubilación y necesitas ingresos adicionales más allá del Seguro Social y tienes una cantidad sustancial de dinero para invertir, una anualidad podría ser beneficiosa. Un producto de anualidad transparente puede ayudar a cubrir los gastos básicos de vida y podría permitirte retrasar la reclamación de los beneficios del Seguro Social. Ten en cuenta que perderás el control de tu dinero y podrías incurrir en multas significativas por retiro anticipado.

Existen dos tipos principales de anualidades:

- **Anualidad inmediata (anualidad de ingresos):** comienza los pagos justo después de la compra y suele ser la elegida por los jubilados.
- **Anualidad diferida:** paga en el futuro.

Ambos tipos pueden ofrecer rendimientos fijos o variables:

- **Anualidad fija:** proporciona una cantidad constante durante un número determinado de años. Por ejemplo, una inversión de $100,000 podría pagar $600 por mes, según tu edad y los términos del contrato. Las anualidades fijas pueden incluir pagos para sobrevivientes por un período temporal, pero en general no se ajustan por inflación, lo que puede hacer que pierdan su valor con el tiempo.

ADVERTENCIA

- **Anualidad variable: ofrece pagos que fluctúan según el rendimiento de las inversiones subyacentes.** Aunque tienen potencial de crecimiento, las anualidades variables a menudo son criticadas por sus altas tarifas y falta de transparencia, lo que las hace menos adecuadas para los jubilados.

RECUERDA

Si consideras una anualidad, asegúrate de entender todas las tarifas asociadas, incluidas las *tarifas de rescate* por terminación anticipada del contrato. Aclara los términos para los beneficios para sobrevivientes y resiste las tácticas de venta agresivas.

CONSEJO

Las anualidades son complejas. Investiga a fondo antes de invertir. Un buen punto de partida es `www.investor.gov/investing-basics/investment-products/annuities`.

Inscribirse en Medicare

A medida que se acerca tu cumpleaños número 65, necesitas decidir si te inscribes en Medicare, que tiene cuatro partes: A, B, C y D. Cada parte tiene diferentes tarifas y períodos de inscripción. Perder los plazos puede resultar en multas financieras, por lo que entender las reglas es crucial para evitar costos innecesarios. Consulta el Capítulo 12 para obtener información detallada sobre Medicare y sus períodos de inscripción.

Si recibes beneficios del Seguro Social, la Administración del Seguro Social (SSA) te inscribirá automáticamente en las Partes A y B de Medicare cuando cumplas 65 años. Si no, debes solicitarlo. Tu decisión sobre en qué partes inscribirte puede depender de si tienes cobertura de salud a través de tu empleador o el de tu cónyuge.

CONSEJO

Aquí hay algunos puntos clave sobre cada parte de Medicare:

- **Parte A (seguro de hospital):** cubre estadías hospitalarias, rehabilitación temporal en instalaciones de enfermería especializada, cuidados paliativos y algunos servicios de salud en el hogar. Es gratuita si calificas en base a los impuestos sobre el salario pagados por ti o tu cónyuge. La mayoría de las personas se inscriben en la Parte A durante el período de inscripción inicial alrededor de su 65 cumpleaños, incluso si no necesitan la Parte B.

» **Parte B (seguro médico):** cubre servicios de médicos, atención ambulatoria y equipos médicos. La prima mensual estándar para 2024 es de $174.70, con primas más altas para quienes tienen ingresos elevados. Puedes retrasar la inscripción en la Parte B sin recibir multas si tienes seguro de salud a través de empleo activo (tuyo o de tu cónyuge). De lo contrario, las multas por inscripción tardía aumentarán permanentemente tus primas de la Parte B.

» **Parte C (Medicare Advantage):** estos planes son gestionados por compañías de seguros privadas y a menudo tienen costos más bajos y beneficios adicionales en comparación con Medicare tradicional (Partes A y B). Debes estar inscrito en las Partes A y B para unirte a un plan Medicare Advantage. Los costos y las opciones de proveedores varían según el plan, por lo que necesitas evaluar las opciones locales.

» **Parte D (medicamentos recetados):** para obtener cobertura de medicamentos, necesitas la Parte A o la Parte B y debes inscribirte en un plan privado de la Parte D. Esto podría ser un plan independiente o parte de un plan Medicare Advantage que incluya cobertura de medicamentos. Retrasar la inscripción en la Parte D puede resultar en multas a menos que tengas otra cobertura de medicamentos acreditable. Las primas mensuales para planes independientes promedian $55.50 (a partir de 2024), con costos más altos para quienes tienen ingresos elevados.

Manejar el valor líquido de la vivienda

El valor líquido de la vivienda es un bien significativo para muchos Baby Boomers, Gen Xers y Millennials. Aunque los precios de las propiedades fluctúan, ser propietario de una vivienda brinda una sensación de seguridad.

Vender una casa puede ofrecer varias opciones. Reducir el tamaño de la vivienda puede liberar fondos para emergencias futuras. Mudarse a una zona menos costosa puede reducir los costos de vida. Alquilar tu casa, o parte de ella, puede generar ingresos. Pagar tu hipoteca es una decisión acertada, ya que reduce tus gastos en la jubilación.

Opciones menos favorables incluyen los préstamos sobre el valor líquido de la vivienda y las hipotecas inversas. Un *préstamo sobre el valor líquido de la vivienda* usa tu casa como garantía, lo que requiere el reembolso dentro de un período establecido. Una *hipoteca inversa* te permite acceder al valor líquido de tu vivienda a través de pagos mensuales, una suma global o una línea de crédito, sin reembolsos mensuales mientras vivas allí. Estas opciones son menos deseables ya que generan deudas, lo cual es mejor evitar en la vida posterior. Sin embargo, pueden ser adecuadas según las circunstancias individuales.

Para más información sobre hipotecas inversas, visita `www.aarp.org/money/credit-loans-debt/reverse_mortgages`.

Obtener seguro de cuidados a largo plazo

El costo del cuidado a largo plazo puede ser financieramente agotador. Una habitación privada en una residencia geriátrica puede costar más de $90,000 al año, con variaciones según la ubicación. Los asistentes de cuidado en la residencia pueden cobrar más de $20 por hora, a veces significativamente más. Medicare y las pólizas de seguro de salud típicas no cubren el cuidado a largo plazo, excepto para rehabilitación breve.

Las estadísticas indican que dos tercios o más de las personas mayores de 65 años necesitarán algún tipo de cuidado a largo plazo. Si necesitas atención institucional prolongada, debes agotar la mayoría de tus bienes para calificar para Medicaid, el programa de salud del gobierno para personas de bajos ingresos.

¿Deberías comprar una póliza de seguro de cuidado a largo plazo? Esta decisión depende de varios factores, incluida tu tranquilidad, la capacidad financiera para pagar el cuidado a largo plazo de tu propio bolsillo y si posees apoyo familiar.

Una póliza confiable de cuidado a largo plazo de un buen asegurador puede ofrecer protección, pero ten en cuenta sus limitaciones. Las pólizas son más baratas si se compran a una edad más joven, aunque los aumentos futuros en las tarifas pueden ser significativos. Las pólizas difieren en beneficios diarios, períodos de espera antes de que se puedan hacer reclamos y la duración de la cobertura. Busca protección automática contra la inflación compuesta para evitar la pérdida de la cobertura con el tiempo.

Para más información sobre la compra de seguro de cuidado a largo plazo, visita `https://content.naic.org/consumer/long-term-care-insurance.htm`.

Entender cómo interactúa el Seguro Social con las pensiones privadas

Los trabajadores elegibles para pensiones privadas podrían enfrentar reducciones inesperadas cuando comienzan a cobrar beneficios. A menudo, los planes de pensiones privadas reducen tu beneficio según tu beneficio del Seguro Social, un proceso conocido como *integración del Seguro Social*. Esta reducción puede ser significativa y disminuir tu pensión privada en miles de dólares todos los años. Esta práctica es legal.

Si calificas para una pensión, determina con anticipación si esta disposición te afecta. Un especialista en pensiones de la empresa puede explicarte cómo la integración del Seguro Social afecta tus ingresos de jubilación, lo que te permitirá planificar en consecuencia.

En algunos casos, en especial los que involucran empleo gubernamental pasado, tu pensión podría reducir tu pago del Seguro Social. Los trabajadores que tuvieron trabajos con contribuciones a pensiones pero no al Seguro Social pueden ver sus beneficios reducidos al jubilarse. (Consulta el Capítulo 2 para más detalles sobre la Eliminación de Ventaja Imprevista y la Ley de Ajuste por Pensión del Gobierno).

Administrar tus inversiones

No importa el tamaño de tu ahorro, quieres que te ayude durante el mayor tiempo posible sin causarte ansiedad. Aquí hay algunos puntos clave a considerar al administrar tus inversiones:

- **Conoce tus metas.** Determina si deseas preservar la mayor parte de tus ahorros para dejar una herencia o si prefieres gastarlos durante tu vida. Tus prioridades deben guiar tus elecciones de inversión y el ritmo de los retiros.
- **Elige tu nivel de riesgo.** Decidir sobre tu tolerancia al riesgo es algo personal y afecta tu tranquilidad. En general, es recomendable reducir el riesgo a medida que envejeces. Las personas más jóvenes pueden permitirse tomar más riesgos ya que tienen más tiempo para recuperarse de posibles pérdidas.
- **Diversifica.** Protege tus ahorros y evita la sobreexposición a una sola inversión. Considera generar ingresos a través de bonos, buscar crecimiento y riesgo con acciones, y mantener algunos fondos en equivalentes de efectivo como cuentas del mercado monetario y certificados de depósito (CD), que son más seguros pero ofrecen menores rendimientos.
- **Establece un plazo.** Planifica cuándo necesitarás retirar dinero. Cambia gradualmente las inversiones de acciones y bonos a efectivo para evitar vender durante caídas del mercado.

» **Revisa y rebalancea.** Revisa con regularidad tus cuentas y asegúrate de que tu cartera permanezca equilibrada como lo deseas. Haz esto al menos una vez al año o cada seis meses. Eventos importantes en la vida, como contraer matrimonio o tener un hijo, también son buenos momentos para una reevaluación.

» **Limita las tarifas:** ten en cuenta las tarifas y comisiones de ventas que pueden hacer que tus ahorros pierdan valor con el tiempo. Algunas tarifas pueden no ser obvias, así que pregunta sobre ellas o investiga a fondo. Para los fondos mutuos, verifica el promedio de gastos en el prospecto y compáralo con otros. Para evaluar tu plan 401(k), visita BrightScope (`www.brightscope.com`).

5

El decálogo

EN ESTA PARTE . . .

Descubre mitos comunes sobre el Seguro Social que llevan a malentendidos.

Explora diez razones por las que los jóvenes tienen un interés significativo en el Seguro Social y las decisiones que podrían impactar sus beneficios a largo plazo.

Descubre las principales opciones de políticas que la nación debe considerar respecto al futuro del Seguro Social.

EN ESTE CAPÍTULO

» **Disipar mitos sobre el Seguro Social**

» **Entiende las finanzas del Seguro Social**

» **Basa tus opiniones en hechos**

Capítulo 15

Diez mitos sobre el Seguro Social

El Seguro Social siempre despierta la imaginación pública, lo que ha llevado a numerosos rumores e historias falsas. Estos mitos a menudo contienen un grano de verdad, pero por lo general están exagerados o son completamente falsos.

Por ejemplo, antes de que comenzara el Seguro Social en la década de 1930, los periódicos de la cadena Hearst informaron falsamente que las personas necesitarían llevar placas de identificación con sus números de Seguro Social. Aunque se propuso la idea de las placas de identificación, nunca se aprobó. Muchos aún creen que el Seguro Social mantiene cuentas individuales para las contribuciones de cada persona. Aunque esto parece lógico, no es cierto.

Los rumores sobre las finanzas del Seguro Social y los significados ocultos en los números se propagan con frecuencia en línea y a través de las redes sociales. Estos mitos pueden dañar la comprensión pública y la confianza en el programa, en especial cuando se necesitan discusiones constructivas y basadas en hechos.

En este capítulo, desmentiré diez mitos comunes y te brindaré los hechos.

Mito: el Seguro Social es un esquema Ponzi

Los críticos a menudo afirman que el Seguro Social es un esquema Ponzi y sugieren que es inherentemente defectuoso y está destinado al fracaso. Esta comparación surge de una similitud superficial con los esquemas fraudulentos asociados con Charles Ponzi, un notorio estafador de principios del siglo XX.

El esquema de Ponzi involucraba inversiones especulativas en cupones postales internacionales, donde prometía a los inversionistas un retorno del 50% en un momento en que los bancos ofrecían alrededor del 5% de interés. Los primeros inversionistas recibieron pagos con el dinero de los inversionistas posteriores, una característica distintiva de los esquemas Ponzi. Estos esquemas inevitablemente colapsan, como se vio en el caso de Bernie Madoff.

La comparación con el Seguro Social surge porque requiere que los trabajadores apoyen a los jubilados y otros beneficiarios, un sistema conocido como *pago sobre la marcha*. Sin embargo, esta analogía se desmorona al examinarla más de cerca. A diferencia de los esquemas Ponzi, el Seguro Social no depende de una base de contribuyentes en constante aumento. En cambio, se basa en una proporción estable de trabajadores a beneficiarios y en ingresos suficientes.

El déficit anticipado en el Seguro Social se debe principalmente a una tasa de natalidad más baja desde la década de 1960 y a una mayor esperanza de vida, lo que lleva a una población envejecida.

El Seguro Social también difiere fundamentalmente de los esquemas Ponzi en su transparencia. Todos los años, la Administración del Seguro Social (SSA) publica informes financieros detallados y proyecciones a 75 años en base a varios escenarios económicos. En contraste, los esquemas Ponzi prosperan en el secreto y el engaño. Además, el Seguro Social ha acumulado un excedente de $2.8 billones de fondos no utilizados.

Otra diferencia clave es la intención. Los esquemas Ponzi se diseñaron para enriquecer al estafador a expensas de los demás. En contraste, el Seguro Social proporciona un seguro para proteger a las personas. Facilita el apoyo intergeneracional, donde las contribuciones fiscales actuales apoyan a los jubilados de hoy, y las contribuciones de las futuras generaciones apoyarán a los trabajadores de hoy.

Mito: tu número de Seguro Social tiene un código racial

El número de Seguro Social (SSN) de nueve dígitos es un identificador único en Estados Unidos, lo que generó varios mitos sobre sus componentes. Un mito común sugiere que el SSN contiene un código racial, particularmente en el cuarto y quinto dígitos, conocidos como el *número de grupo*. Según este mito, la paridad (par o impar) del quinto dígito indica la raza del titular de la tarjeta, ya que los números de grupo van del 01 al 99.

Es posible que esta idea errónea surja de un malentendido del término *número de grupo*. Algunas personas creen equivocadamente que se refiere a una clasificación racial, lo que provoca preocupaciones sobre discriminación en base a los SSN.

Sin embargo, la SSA aclara que el *número de grupo* era solo una herramienta para organizar los registros en papel en los primeros días del Seguro Social. No tiene ninguna relación con la raza.

Para aquellos curiosos sobre la estructura del SSN, los primeros tres dígitos, conocidos como el *número de área*, ofrecen algo de contexto histórico. Antes de 1972, estos dígitos se basaban en el estado donde se emitió la tarjeta. Después de 1972, reflejaban la dirección postal en la solicitud. Sin embargo, desde 2011, la SSA asigna los primeros tres dígitos de manera aleatoria para mejorar la protección contra el robo de identidad.

Mito: los miembros del Congreso no contribuyen al sistema

Este mito sugiere que los miembros del Congreso reciben un trato especial con respecto a los impuestos sobre el salario y beneficios del Seguro Social, incluida la recolección anticipada.

Históricamente, el Congreso y los empleados federales formaban parte del Sistema de Retiro del Servicio Civil, que existía antes del Seguro Social. Sin embargo, una ley de 1983 integró todas las ramas federales en el sistema de Seguro Social. Desde 1984, los miembros del Congreso, el presidente, el vicepresidente, los jueces federales y la mayoría de los nombrados políticos han estado obligados a pagar impuestos del Seguro Social como todos los demás ciudadanos. Las mismas reglas se aplican a ellos que al resto de las personas.

Algunos empleados federales contratados antes de enero de 1984 no están obligados a participar en el sistema de Seguro Social. Sin embargo, todos los empleados federales contratados desde 1984, incluidos los legisladores, contribuyen a los impuestos sobre el salario del Seguro Social.

Mito: el Seguro Social se está quedando sin dinero

Existe una creencia común de que el Seguro Social está al borde del colapso. Sin embargo, esto no es cierto.

Según los fideicomisarios del programa, el Seguro Social puede pagar beneficios completos hasta aproximadamente el año 2034. Después de eso, aún puede cubrir aproximadamente el 80% de los beneficios. La brecha de financiamiento se debe a un menor número de trabajadores que apoyan a un mayor número de jubilados.

Este desequilibrio se debe al gran número de Baby Boomers que se jubilan y las tasas de natalidad más bajas, lo que resulta en menos personas que pagan al sistema a través de impuestos sobre el salario. Hoy en día, los beneficios del Seguro Social superan los impuestos sobre los salarios recaudados. Para abordar este déficit, el Seguro Social recurrirá a sus fondos de fideicomiso de $2.8 billones.

Estos fondos complementarán los ingresos continuos, principalmente de los impuestos sobre los salarios. La brecha de financiamiento puede cerrarse mediante aumentos modestos de impuestos o recortes graduales de beneficios para futuros jubilados. Aunque los legisladores han luchado por llegar a un consenso, varias opciones de políticas demuestran que es posible. (En el Apéndice C se proporciona una lista de opciones ampliamente discutidas y te permite crear tu propio plan).

Las afirmaciones de que el Seguro Social se está quedando sin dinero socavan la confianza de las personas más jóvenes, que eventualmente dependerán del programa. Las encuestas indican que hasta el 80% de los futuros beneficiarios se preocupan de que el Seguro Social no esté disponible cuando se jubilen. Este pesimismo injustificado perpetúa el mito.

Mito: los fondos de fideicomisos del Seguro Social no valen nada

Los ingresos del Seguro Social fluyen hacia cuentas del Tesoro de EE.UU. llamadas *fondos de fideicomisos del Seguro Social*. Un fondo paga beneficios a jubilados y sobrevivientes, mientras que el otro apoya a personas con incapacidades. (Estos ingresos provienen de impuestos sobre el salario y algunos impuestos sobre los ingresos que pagan los jubilados con ingresos más altos).

La mayor parte del dinero de los fondos de fideicomisos se utiliza rápidamente para pagar beneficios. Sin embargo, a lo largo de los años, se ha acumulado un excedente significativo: alrededor de 2.8 billones de dólares hoy en día. Por ley, el Seguro Social debe prestar este excedente al gobierno federal, que está obligado a devolver el préstamo con intereses. Este préstamo se realiza a través de inversiones en valores del Tesoro de emisión especial, a mediano y largo plazo, que siempre pueden ser redimidos a su valor nominal.

Esta práctica de préstamo es la razón por la cual podrías escuchar afirmaciones de que el gobierno "saquea" los fondos de fideicomisos del Seguro Social.

Los críticos que argumentan que los fondos de fideicomisos no valen nada predicen que el gobierno federal no pagará su deuda, aunque estos bonos están respaldados por la plena fe y crédito de Estados Unidos, al igual que otros bonos del Tesoro en manos del público. Inversores de todo el mundo continúan teniendo confianza en que EE.UU. honrará su deuda, como lo demuestra la demanda continua de bonos del Tesoro de EE.UU., a pesar de los déficits gubernamentales y los problemas presupuestarios.

En el futuro, el Seguro Social dependerá cada vez más de los ingresos por intereses de bonos y ventas de bonos para pagar beneficios. Esto significa que el gobierno de EE.UU. tiene una obligación creciente de devolver al Seguro Social los fondos prestados.

Este libro no propone políticas fiscales ni sugiere cómo el gobierno debería gestionar sus finanzas. Sin embargo, si consideras que estos temas importan, recuerda que el Seguro Social no es la causa de los déficits actuales de la nación.

Mito: estarías mejor si inviertes en acciones

Este mito a menudo surge durante los auges económicos, pero en general es engañoso para la mayoría de las personas. Aunque es crucial ahorrar tanto como sea posible, y las inversiones en acciones pueden ser una parte valiosa de tus ahorros, la idea de que estarías mejor sin el Seguro Social no tiene fundamentos.

El Seguro Social y las inversiones en acciones tienen propósitos diferentes. A diferencia de las acciones, el Seguro Social ofrece protecciones extensivas, incluidos beneficios por discapacidad, para sobrevivientes y para familiares dependientes. Estos beneficios están disponibles si ocurre una tragedia temprana, antes de que tengas tiempo de construir un fondo de ahorro sustancial.

El Seguro Social también protege los ingresos de jubilación de los riesgos inherentes a los mercados financieros. Aunque los rendimientos de las acciones pueden ser más altos, también son más volátiles. Un desplome del mercado en el momento equivocado puede afectar gravemente tus inversiones. En contraste, el Seguro Social proporciona un beneficio garantizado.

CONSEJO

Para igualar las protecciones del Seguro Social, ten en cuenta cuánto necesitarías ahorrar. Por ejemplo, para igualar el beneficio promedio de jubilación del Seguro Social (alrededor de $1900 por mes en 2024), necesitarías cientos de miles de dólares para comprar una anualidad comparable. Para los que ganan más, una anualidad que proporcione más de $4870 por mes si comienzan a los 70 años costaría alrededor de $880,000. Los costos de las anualidades varían con las tasas de interés y los cargos de las compañías de seguros, por lo que no hay un precio fijo.

Estas anualidades aún no igualan las protecciones del Seguro Social. No cubren a los miembros de la familia mientras estás vivo ni proporcionan beneficios para sobrevivientes infantiles después de tu muerte.

¿Puedes ahorrar casi $900,000? Si suponemos un rendimiento del 5% durante 40 años, necesitarías ahorrar alrededor de $6500 todos los años. La mayoría de las personas luchan por ahorrar esta cantidad, ya que muchos no tienen nada después de pagar las facturas mensuales. Aquellos que ahorran a menudo retiran fondos para necesidades inmediatas, lo que puede socavar los ahorros a largo plazo. Ahorrar requiere disciplina a largo plazo y sacrificios a corto plazo.

Según un estudio de la Reserva Federal de 2022, aproximadamente uno de cada cuatro adultos que aún no se han jubilado reportan no tener ahorros para la jubilación ni pensión. Aunque los ahorros generalmente aumentan con la edad, millones de trabajadores mayores carecen de fondos suficientes. Depender completamente de los ahorros personales para la jubilación haría que la mayoría de las personas se sintieran más inseguras. Por lo tanto, la mayoría de las personas se benefician más de las garantías proporcionadas por el Seguro Social.

Mito: los inmigrantes indocumentados hacen reclamaciones ilegales al Seguro Social

Existe un mito recurrente de que los inmigrantes indocumentados explotan los beneficios del Seguro Social. Una versión popular afirma que el Congreso está considerando un proyecto de ley para legalizar estos beneficios para los trabajadores no autorizados, lo cual enfurece a muchas personas. Este mito también puede surgir de suposiciones hechas por personas que esperan en las oficinas del Seguro Social.

Sin embargo, este mito es falso. De hecho, los trabajadores indocumentados *contribuyen* al sistema de Seguro Social a través de los impuestos deducidos de sus cheques de pago, pero la mayoría nunca reclama beneficios.

Por ley, los inmigrantes indocumentados no pueden reclamar el Seguro Social ni la mayoría de los otros beneficios federales, (con excepciones para el tratamiento médico de emergencia y la ayuda en casos de desastre).

Algunos trabajadores indocumentados usan números de Seguro Social falsos para conseguir empleo. En consecuencia, se deducen impuestos sobre sus salarios y se acreditan a los fondos de fideicomiso del Seguro Social. En general, estos trabajadores no cobran beneficios. La Administración del Seguro Social (SSA) estimó que en 2010, los inmigrantes indocumentados contribuyeron un neto de $12,000 millones a los fondos del Seguro Social.

Mito: cuando comenzó el Seguro Social, las personas ni siquiera vivían hasta los 65

Esta observación muestra cómo los hechos pueden ser engañosos. El punto subyacente, de que el Seguro Social se diseñó para pagar pocos beneficios porque la gente no viviría lo suficiente para cobrarlos, no es cierto.

Cuando se creó el Seguro Social, la esperanza de vida era más corta debido a las altas tasas de mortalidad infantil. Muchas personas no llegaban a la edad adulta, lo que hacía que la esperanza de vida al nacer fuera especialmente baja. En 1930, la esperanza de vida al nacer era de aproximadamente 58 años para los hombres y 62 para las mujeres. Sin embargo, si sobrevivías a la infancia, podías esperar vivir muchos años más. Entre los hombres que llegaban a los 21 años, se esperaba que más de la mitad alcanzaran los 65. Si llegabas a los 65, tu esperanza de vida era de aproximadamente 78 años. Además, las mujeres vivían más que los hombres, como todavía lo hacen. La esperanza de vida a los 65 ha aumentado desde la década de 1930, pero no tan dramáticamente como la esperanza de vida al nacer.

Los arquitectos del Seguro Social sabían que el programa serviría a muchos millones de beneficiarios con el tiempo. Concluyeron que la edad de 65 encajaba con las actitudes públicas y podía financiarse a través de un nivel asequible de impuestos sobre el salario.

La noción de que el Seguro Social se diseñó para costar poco porque la gente moría temprano simplemente no es verdad.

Mito: el Congreso aumenta los beneficios más allá de lo previsto

Algunos comentaristas afirman que los legisladores incrementaron significativamente los beneficios del Seguro Social más allá de la intención original, lo que causó déficits financieros futuros.

Aunque el Congreso mejoró los beneficios desde la creación del programa en 1935, estos cambios están en línea con el objetivo del Seguro Social como un programa de seguridad social para *todos* los estadounidenses.

Estabilidad de los porcentajes de reemplazo

Al examinar los *porcentajes de reemplazo* (el porcentaje de ingresos previos a la jubilación recibidos como beneficios), el Seguro Social se mantuvo estable a lo largo de los años. De hecho, los porcentajes de reemplazo están disminuyendo debido al aumento gradual de la edad de jubilación completa, que el Congreso aprobó en 1983.

Ampliación de la cobertura

Al principio, los beneficios del Seguro Social se limitaban a los jubilados. Sin embargo, el programa se diseñó para proporcionar un seguro social amplio, cubrir varios riesgos de la vida y extender protecciones a los miembros dependientes de la familia. En 1939, se añadieron beneficios familiares, incluidos beneficios para sobrevivientes. Más tarde, la cobertura se amplió para incluir a trabajadores incapacitados y sus dependientes. En 1975, los ajustes automáticos anuales por costo de vida reemplazaron los ajustes previos *ad hoc* por inflación.

Malentendido de las reformas

El malentendido es que estas reformas comprometieron la estabilidad a largo plazo del Seguro Social. La investigación indica que la adición de beneficios para sobrevivientes y auxiliares fue algo equilibrada por un crecimiento más lento en los beneficios directos para los trabajadores. El déficit proyectado se debe principalmente a una tasa de natalidad más baja desde la década de 1960, lo que resulta en menos trabajadores que apoyan a una población creciente de jubilados que viven más tiempo.

Mito: las personas mayores son avaros que no necesitan todo su Seguro Social

Algunos afirman que la mayoría de los estadounidenses mayores pasan sus días en el lujo, indiferentes a la generación más joven, y explotan los beneficios del Seguro Social que no necesitan. Sin embargo, este mito está lejos de la realidad.

Alrededor del 40% de los estadounidenses mayores dependen del Seguro Social para al menos la mitad de sus ingresos de jubilación. Estos beneficios evitan que el 30% de los estadounidenses mayores caigan en la pobreza, a menudo apenas.

¿Son los beneficios demasiado generosos? A partir de 2024, el pago mensual promedio para un trabajador jubilado es de aproximadamente $1900 o poco menos de $23,000 al año. A pesar de esto, millones aún luchan contra la pobreza o casi pobreza. Estimaciones recientes sugieren que la situación es peor de lo que se pensaba.

En 2022, un análisis de datos de la Oficina del Censo de EE.UU. con una medida alternativa de pobreza reveló una tasa de pobreza del 14.1% entre los estadounidenses de 65 años o más. Sin el Seguro Social, esta tasa se triplicaría a casi el 49%.

Es evidente que muchas personas mayores dependen del Seguro Social para sobrevivir.

El mito de los avaros se desmiente aún más con la creciente interdependencia de las generaciones. Más personas mayores ayudan a sus hijos adultos y nietos, con un aumento significativo en las familias multigeneracionales. Una encuesta del Censo de EE.UU. encontró que más de 7 millones de niños, casi el 10% de todos los niños, viven en familias que incluyen un abuelo.

Algunos comentaristas argumentan que los jubilados y los jóvenes están en desacuerdo económico y sugieren que los estadounidenses mayores toman beneficios que no merecen. Pero piensa en las personas mayores que conoces personalmente, quizás en tu propia familia. ¿Ese estereotipo es real?

EN ESTE CAPÍTULO

» **Explora las protecciones del Seguro Social para los jóvenes**

» **Entiende el valor de los beneficios garantizados**

» **Aprecia el papel del Seguro Social en la reducción de la pobreza**

» **Reconoce que los beneficios para los estadounidenses mayores benefician a todos**

Capítulo **16**

Diez razones por las que los jóvenes deberían preocuparse por el Seguro Social

Aunque la jubilación parezca lejana, los jóvenes tienen un interés crucial en el futuro del Seguro Social. En este capítulo explico por qué. Las propuestas para cambiar los beneficios, como aumentar la edad de jubilación o reducir los niveles de beneficios, a menudo se dirigen a los trabajadores más jóvenes. (Los legisladores suelen evitar cambiar las reglas para los jubilados actuales o aquellos que están cerca de jubilarse, ya que creen que es injusto y que los jóvenes tienen más tiempo para adaptarse).

Independientemente de tus opiniones sobre los problemas presupuestarios del país, es importante saber que los futuros beneficiarios serían los más afectados por las propuestas para reducir los beneficios del Seguro Social. Como joven, tú eres ese futuro beneficiario.

Además, los estadounidenses más jóvenes se benefician del Seguro Social más allá de sus pagos futuros. Los beneficios para los miembros mayores de la familia y otros en la comunidad promueven la independencia y reducen la pobreza. Recortar esta ayuda tendría costos sociales más amplios.

En este capítulo, presento diez razones por las que los jóvenes deberían apoyar un programa de Seguro Social fuerte para ellos mismos y las futuras generaciones.

Si tienes suerte, algún día serás viejo

¿Cómo será el mundo en tu vejez? Aunque es difícil de predecir, planificar para el futuro es esencial. Varios factores debilitaron la seguridad de la jubilación para los estadounidenses trabajadores: las pensiones privadas son poco comunes, los salarios se han estancado, los mercados financieros son inestables y los costos de atención médica siguen aumentando. Además, el aumento de la longevidad significa que podrías vivir décadas en la vejez, con mejores probabilidades que nunca de llegar a los 100 años.

Imaginar la vejez puede ser un desafío, en especial si eres joven. Independientemente de tu edad, probablemente estés de acuerdo en los siguientes puntos:

- Quieres estar seguro en tus últimos años.
- Quieres mantener la mayor independencia posible.
- No quieres preocuparte por las necesidades básicas.
- No quieres depender de otros para pagar tus cuentas.

Esto resalta la importancia de un programa de Seguro Social robusto.

RECUERDA

Los beneficios del Seguro Social no son solo para otros; algún día, serán para ti.

Tus padres serán ancianos más pronto de lo que piensas

Aunque el Seguro Social te parezca una preocupación lejana, puede que ya esté ayudando a tus padres. Como hijo cariñoso, es posible que desees que tus padres mantengan su independencia y dignidad después de años de arduo trabajo. Para muchas familias de clase media, el Seguro Social permite esto.

Sin embargo, hay más que considerar. Al ayudar a tus padres a mantenerse independientes, el Seguro Social podría ofrecerte un beneficio inesperado. Aquí está la pregunta: ¿Quieres que tus padres se muden contigo?

Algunos hijos adultos están de acuerdo con esta idea. Las familias intergeneracionales son cada vez más comunes, en especial en tiempos económicos difíciles. Lo mejor sería que esos hogares se formen por elección, no por necesidad.

Además, incluso si estás dispuesto a que tus padres se muden contigo, ellos podrían preferir tener su propio espacio. En general, los estadounidenses mayores quieren vivir de manera independiente mientras puedan permitírselo y tengan la capacidad física para manejarse por sí mismos. Este es el arreglo preferido para la mayoría de los adultos, tanto para los padres como para sus hijos adultos.

El Seguro Social juega un papel crucial en mantener tu independencia y la de tus padres.

Ahora estás contribuyendo al sistema

Los trabajadores jóvenes tienen un interés directo en el Seguro Social porque contribuyen a él a través de los impuestos sobre el salario. Estas contribuciones se deducen de tu cheque de pago y pueden sumar miles de dólares a lo largo de los años. Para muchos, en especial aquellos con ingresos moderados, los impuestos del Seguro Social superan sus impuestos sobre los ingresos.

La tasa del impuesto del Seguro Social es del 6.2% de las ganancias hasta un límite ($168,600 en 2024), pagado tanto por el empleado como por el empleador, lo que suma un total del 12.4%.

A lo largo de sus carreras, los trabajadores jóvenes pagan cantidades significativas al sistema. A cambio, obtienen beneficios del Seguro Social para ellos y sus dependientes, que podrían necesitar antes de la jubilación si surgen circunstancias imprevistas.

Por lo tanto, los trabajadores jóvenes tienen un interés financiero sustancial en mantener un sistema de Seguro Social fuerte para sus futuros beneficios.

Te beneficias cuando el Seguro Social mantiene a las personas fuera de la pobreza

El Seguro Social evita que más personas caigan en la pobreza que los cupones de alimentos, los créditos fiscales por ingresos obtenidos y el seguro de desempleo combinados. En consecuencia, todos en la sociedad se benefician.

Antes del Seguro Social, los estadounidenses mayores necesitados a menudo terminaban en casas de pobres del condado, viviendo sus últimos días en miseria. Hoy en día, el Seguro Social es el programa más efectivo del país contra la pobreza, ya que mantiene a unos 20 millones de estadounidenses mayores fuera de la pobreza, incluidos a más de un millón de niños y a más de un tercio de los estadounidenses mayores.

Ayudar a las personas a mantenerse autosuficientes no solo es humano, sino también práctico. Aborda problemas que de otro modo requerirían intervenciones públicas costosas. Si se redujera el papel del Seguro Social, la demanda de otros servicios federales y estatales aumentaría, lo que llevaría a impuestos más altos.

Como trabajador de clase media, es posible que no consideres inmediatamente el papel del Seguro Social en la lucha contra la pobreza. Sin embargo, te beneficias de su impacto.

Es posible que necesites beneficios antes de lo que piensas

El Seguro Social no es solo para la jubilación; también proporciona importantes beneficios para los jóvenes y sus familias. Estas protecciones pueden incluir beneficios para sobrevivientes e incapacidad, los cuales se diseñaron para ayudarte a ti y a tu familia inmediata en momentos de necesidad.

Por ejemplo, si el sostén de una familia joven fallece, el Seguro Social puede ofrecer beneficios para sobrevivientes hasta que el niño cumpla 18 años. Un cónyuge sobreviviente que cuide al niño puede recibir beneficios hasta que el niño cumpla 16 años. De manera similar, los trabajadores jóvenes pueden acumular beneficios por incapacidad que pueden extenderse a los miembros dependientes de la familia.

La Administración del Seguro Social (SSA) entiende que la muerte y la incapacidad pueden causar una gran tensión financiera, en especial para las familias más jóvenes. Por lo tanto, los requisitos de elegibilidad para estos beneficios son más flexibles que los de la jubilación. Puedes calificar para ciertos beneficios después de un período relativamente corto de trabajo cubierto.

Si estás en tus 20 años, puedes ser elegible para beneficios para sobrevivientes e incapacidad con tan solo seis créditos, que por lo general se obtienen a través de 18 meses de trabajo. (Aunque los requisitos varían según la edad y el tiempo de trabajo, el objetivo es proporcionar protección para los trabajadores antes de que sean mayores. En contraste, los beneficios de jubilación generalmente requieren alrededor de diez años de trabajo para acumular los créditos de ganancias necesarios).

RECUERDA

En resumen, el Seguro Social se diseñó para proteger a personas de todas las edades.

El Seguro Social asegura que el tiempo no deteriore tu beneficio

Es posible que hayas escuchado a tus padres o abuelos hablar de los "buenos viejos tiempos" cuando el pan costaba una moneda de veinticinco centavos y los dulces costaban un centavo. Incluso podrían haber compartido lo orgullosos que estaban de conseguir su primer trabajo que pagaba un total de $10,000 al año. (Yo sí lo estaba).

Así como los precios y salarios de hace 20, 30 o 40 años parecen pintorescos hoy en día, sin ciertos ajustes incorporados en el programa de Seguro Social, nuestros beneficios parecerían insignificantes dentro de 20, 30 o 40 años en el futuro.

El Seguro Social protege los beneficios del desgaste económico de dos maneras principales:

- **La fórmula de beneficios asegura que los pagos aumenten de una generación a la siguiente con el crecimiento de los salarios promedio.** Esto se logra mediante la indexación y otros ajustes, que pueden agregar cientos de dólares al mes a los montos futuros de los beneficios.
- **El Seguro Social se mantiene al día con el aumento de los precios, (una característica que no se incluye en la mayoría de los planes de pensiones).** Esta protección puede tener un impacto significativo en tu nivel de vida futuro, ya que la inflación reduce el valor del dinero con el tiempo.

Por ejemplo, si tienes 35 años, una tasa de inflación del 3% significaría que un dólar hoy valdrá solo unos 40 centavos cuando tengas 65. Para protegerse contra la inflación, el Seguro Social aplica un ajuste por costo de vida (COLA) a los beneficios, lo que asegura que un dólar en beneficios hoy seguirá valiendo un dólar en el futuro.

Los beneficios del Seguro Social tienen el objetivo de ser significativos, no reliquias desactualizadas. Las protecciones incorporadas contra los salarios y la inflación aseguran que los beneficios que ganas mientras eres joven mantendrán su poder adquisitivo real cuando los necesites.

Los beneficios del Seguro Social son confiables

Jubilarse con seguridad financiera es cada vez más desafiante. Muchas personas no tienen pensiones. Los valores de las viviendas pueden haber disminuido, a veces por debajo del precio de compra. Los costos de atención médica, junto con otros esenciales como la energía y los alimentos, continúan aumentando. Además, las personas viven más tiempo, lo que extiende la duración de la vejez. ¿Cómo financiarás estos años?

Idealmente, tienes múltiples recursos y gestionas tus gastos de vida para que coincidan con tus ingresos. Estos recursos deberían sostenerte y recompensar tus años de arduo trabajo y planificación. Sin embargo, para muchas personas mayores, es una lucha. Los saldos de las cuentas disminuyen y los ingresos a menudo no siguen el ritmo de la inflación, lo cual está fuera de tu control.

El Seguro Social ofrece un ingreso mensual garantizado y confiable que dura toda la vida. Su protección contra la inflación ayuda a mantener su valor a lo largo del tiempo, sin importar cuánto vivas.

Por desgracia, los factores que debilitan la seguridad de la jubilación están bien establecidos y es poco probable que desaparezcan pronto. Los trabajadores jóvenes necesitan un apoyo confiable para lograr seguridad financiera en la vejez. El Seguro Social sigue siendo un recurso fundamental.

El sistema funciona

Es posible que el Seguro Social no sea perfecto, pero por lo general hace determinaciones de beneficios precisas. Sus costos administrativos son bajos y los pagos son puntuales. Sabes qué esperar y lo recibes. Esta previsibilidad añade valor al Seguro Social.

Aunque los jóvenes de hoy en día pueden no saber exactamente qué recibirán en el futuro, y aunque el Seguro Social pueda sufrir modificaciones, sus principios fundamentales permanecen claros:

- Es un sistema eficiente de beneficios garantizados que puede durar toda la vida, con protección contra la inflación.
- Reemplaza más ingresos para los que ganan modestamente, pero proporciona algún ingreso para todos los contribuyentes.
- Sirve como una base confiable para la seguridad en la jubilación, que proporciona beneficios mensuales mientras los beneficiarios vivan.

RECUERDA

El Seguro Social no se basa en teorías del comportamiento humano, como la suposición de que las personas ahorrarán más o invertirán sabiamente, ni depende del rendimiento de Wall Street. No es un experimento: el Seguro Social funciona.

Las alternativas son peores

Puedes mejorar tu seguridad de jubilación de varias maneras. El Seguro Social nunca se pensó para ser tu único sostén. Ahorrar durante toda la vida puede hacer una diferencia significativa. Retrasar la jubilación y extender tu vida laboral también puede fortalecer tu estabilidad financiera. Invertir con cuidado y paciencia puede ayudar a que tus ahorros crezcan con el tiempo. Si tienes ahorros sustanciales, podrías considerar comprar una anualidad para tener ingresos mensuales garantizados en tus años posteriores.

Sin embargo, ninguna de estas estrategias puede igualar las amplias y garantizadas protecciones del Seguro Social. Para la mayoría de las personas, las tasas de ahorro son demasiado bajas para sostenerlas durante una larga jubilación. Alrededor de un tercio de los lugares de trabajo no ofrecen programas de ahorro para la jubilación. Incluso cuando los planes 401(k) están disponibles, muchos trabajadores no los utilizan completamente, a pesar de los incentivos fiscales y las deducciones de salario.

Las inversiones financieras, aunque importantes, conllevan riesgos. Los colapsos del mercado pueden reducir significativamente los activos de jubilación, y la recuperación puede demorar años. Aunque trabajar más tiempo puede aumentar la seguridad económica, investigaciones muestran que muchas personas se jubilan antes de lo planeado. Las razones incluyen despidos, problemas de salud y la necesidad de cuidar a un cónyuge enfermo.

Combinar varias estrategias puede mejorar la seguridad económica en la jubilación. Con suerte, algunas forman parte del plan de tu familia. No obstante, para la mayoría de las personas, el Seguro Social sigue siendo la piedra angular del bienestar en la jubilación.

La vida es arriesgada

Cuando eres joven, puede ser difícil entender que la vida es inherentemente arriesgada, en especial si has evitado grandes tragedias. El Seguro Social se creó para ayudar a mitigar algunos de estos riesgos al proporcionar un seguro contra las incertidumbres de la vida.

Según la SSA, el 35% de los hombres jóvenes que ingresan al mercado laboral tendrán alguna incapacidad o morirán antes de alcanzar la edad de jubilación. Para las mujeres jóvenes, esta cifra es del 30%. Notablemente, la probabilidad de tener una incapacidad es mayor que la de morir para ambos géneros.

Los eventos devastadores ocurren más a menudo de lo que podrías pensar, en especial a lo largo de muchos años. Tales tragedias pueden impactar no solo al individuo sino también a toda su familia, lo que pondría en peligro su sustento.

RECUERDA

El Seguro Social proporciona protecciones cruciales para los sobrevivientes y los proveedores incapacitados al actuar como un salvavidas financiero durante crisis severas. Estos beneficios ayudan a las familias a mantener la estabilidad financiera y a reconstruir sus planes económicos para el futuro. Esta es una razón clave por la cual los jóvenes deben valorar un programa de Seguro Social robusto.

EN ESTE CAPÍTULO

- **Considera formas de fortalecer el Seguro Social**
- **Crea un programa más justo**
- **Explora los pros y los contras de aumentar impuestos y reducir beneficios**

Capítulo 17

(Casi) Diez opciones que enfrenta el país sobre el futuro del Seguro Social

El Seguro Social enfrenta un déficit. Para pagar los beneficios, el Seguro Social dependerá cada vez más de sus fondos de fideicomisos (consulta el Capítulo 15) porque los ingresos del impuesto sobre el salario no son suficientes. Después de aproximadamente 2034, cuando los fondos de fideicomisos se agoten, se proyecta que el programa tendrá suficientes ingresos para cubrir alrededor del 80% de los beneficios prometidos. Esto significa que el país enfrenta decisiones sobre cómo cerrar la brecha.

Los problemas del Seguro Social no se limitan a su solvencia. Los cambios en el estilo de vida desde la década de 1930 han generado otras ideas para hacer el programa más justo y útil en el siglo XXI.

Este capítulo describe nueve opciones de políticas principales que la nación puede considerar para el futuro del Seguro Social. El menú de cambios es potencialmente más grande, pero estos son algunos de los enfoques más destacados debatidos por expertos de diversas opiniones políticas. Millones de personas se verán afectadas por cómo se desarrollen estos temas. ¿Qué piensas *tú*?

Si aumentar la base de ganancias

Contribuyes con impuestos sobre el salario al Seguro Social en ganancias hasta un límite ($168,600 en 2024). Este límite se conoce como la *base salarial*, *base de aportes y beneficios*, o *base de ganancias tributables*. Históricamente, limita los impuestos sobre el salario que tanto tú como tu empleador pagan al programa.

La mayoría de los trabajadores (más del 90%) ganan menos que este tope. Sin embargo, en las últimas décadas, un pequeño porcentaje de trabajadores ha recibido una parte cada vez mayor de los ingresos totales de EE.UU. Si pensamos en todas las ganancias como un pastel, la porción que no tiene impuestos para el Seguro Social ha estado creciendo. Aumentar la base de ganancias podría ayudar a restaurar el pastel a sus proporciones anteriores y aumentar los ingresos para el Seguro Social.

INFORMACIÓN TÉCNICA

Eliminar el tope por completo podría reducir significativamente el déficit, pero esto podría debilitar el vínculo entre contribuciones y beneficios si las ganancias adicionales tributables no se consideran en los cálculos de beneficios.

Los opositores argumentan que los trabajadores con altos ingresos ya reciben menos retorno sobre sus contribuciones en comparación con los trabajadores de ingresos más bajos, ya que los beneficios del Seguro Social se diseñaron para ser progresivos. Además, aumentar la base de ganancias impondría un aumento sustancial de impuestos a los trabajadores con altos ingresos. Sin embargo, las personas que están a favor creen que un aumento abordaría sustancialmente el problema, y la carga adicional sobre los trabajadores con altos ingresos no sería excesiva.

Si cubrir a más trabajadores

Es posible que el Seguro Social cubra a la mayoría de los trabajadores, incluidos a ti y tus conocidos. Sin embargo, alrededor del 28% de los empleados del gobierno estatal y local están excluidos ya que dependen de sistemas de pensiones separados y no pagan impuestos del Seguro Social. Incluir a los trabajadores estatales y locales recién contratados en el Seguro Social podría abordar aproximadamente el 6% del déficit de financiamiento a largo plazo.

Los gobiernos estatales y locales podrían oponerse a esta medida porque podría desestabilizar financieramente sus sistemas de pensiones. El gobierno federal tendría que proporcionar fondos significativos a estas pensiones si el Seguro Social comenzara a cubrir a los nuevos empleados públicos que actualmente no están incluidos.

A pesar de la posible oposición, esta propuesta podría fortalecer las finanzas del Seguro Social y simplificar la administración de beneficios. Hoy en día, el Seguro Social tiene que ajustar los pagos para los extrabajadores del gobierno que contribuyeron a los planes de pensiones públicos pero no al Seguro Social.

Además, los nuevos empleados públicos cubiertos ganarían acceso a seguros por incapacidad y para sobrevivientes, que a menudo son débiles o inexistentes en algunos planes estatales y locales.

Si deben aumentarse las tasas impositivas

Aumentar los impuestos del Seguro Social sobre el salario es una forma de abordar el déficit financiero. Incluso pequeños aumentos en las tasas impositivas pueden mejorar significativamente las finanzas del programa a lo largo del tiempo.

Hoy en día, los trabajadores pagan un impuesto del Seguro Social del 6.2% hasta un cierto umbral de ingresos ($168,600 en 2024). Los empleadores igualan esta tasa, y los trabajadores por cuenta propia pagan el 12.4% (cubren tanto la parte del empleador como la del empleado). Aumentar el impuesto sobre el salario del 6.2% al 6.5% eliminaría aproximadamente el 15% del déficit; aumentarlo al 7.2% podría cerrar alrededor del 40% de la brecha. Aumentos mayores tendrían un mayor impacto, mientras que aumentos menores tendrían menos. Cualquier aumento puede implementarse gradualmente.

Este método podría mitigar significativamente el problema y, por lo general, cuenta con el apoyo del público. Sin embargo, plantea preocupaciones sobre el impacto económico de impuestos más altos sobre el salario. Los críticos temen que los empleadores puedan responder a impuestos más altos al reducir otros costos de salarios, como los empleos.

Otras formas de aumentar los ingresos del Seguro Social incluyen dedicar ingresos de inversiones o aumentar la tributación de los beneficios del Seguro Social. Sin embargo, estos métodos no generarían suficientes ingresos para tener un impacto significativo.

Otra opción es crear impuestos a las contribuciones a todos los planes de *reducción salarial* (arreglos donde los ingresos antes de impuestos se desvían a áreas como transporte, gastos flexibles, cuidado de dependientes y cuentas de atención médica). Extender el impuesto sobre el salario del Seguro Social a estas áreas podría reducir el déficit en un 9%, pero esto afectaría a los consumidores que dependen de estas cuentas para cubrir necesidades básicas.

Si recortar beneficios

Recortar beneficios no es deseable, pero puede ahorrar dinero. Estos recortes pueden diseñarse para evitar perjudicar a los jubilados actuales, los que están a punto de jubilarse y las personas de bajos ingresos. Los cambios pueden introducirse gradualmente, lo que permitiría que los trabajadores más jóvenes ajusten sus planes futuros.

La fórmula de cálculo de beneficios puede ajustarse para proteger a aquellos que más dependen de los beneficios, mientras afecta a quienes pueden permitirse los cambios. Sin embargo, los detalles determinarán el impacto real. Cuantas más personas estén protegidas, menos ahorros se lograrán. *Nota:* los legisladores suelen combinar recortes de beneficios y aumentos de impuestos para fortalecer el Seguro Social.

Sin embargo, las reducciones de beneficios podrían debilitar el apoyo público al Seguro Social. Los recortes que afectan a la clase media pueden desgastar la seguridad de la jubilación para aquellos con ingresos ajustados. Los recortes que afectan a las personas que ganan más pueden reducir su apoyo al programa.

Si modificar la fórmula de inflación

Los beneficios del Seguro Social se ajustan para mantenerse al día con el costo de vida, lo cual es crucial para los beneficiarios, en especial con el tiempo. Sin el ajuste anual por costo de vida (COLA), el poder adquisitivo de estos beneficios disminuiría. A diferencia del Seguro Social, las pensiones privadas generalmente carecen de esta protección.

Hoy en día, se utiliza el Índice de Precios al Consumidor para Trabajadores Urbanos y Oficinistas (CPI-W) para ajustar los beneficios del Seguro Social por inflación. Una propuesta para ahorrar costos sugiere usar el *CPI encadenado* en su lugar. El CPI encadenado tiene en cuenta los cambios en el comportamiento del consumidor, como cambiar a alternativas más baratas cuando los precios suben. Por ejemplo, si el helado se vuelve demasiado caro, podrías comprar galletas en su lugar; si el precio del filete aumenta, podrías elegir chuletas de cerdo.

El CPI encadenado aumenta aproximadamente 0.3 puntos porcentuales menos todos los años que el CPI-W. Este crecimiento más lento ahorraría dinero al programa del Seguro Social, lo que reduciría su déficit en aproximadamente un 20%.

A diferencia de la mayoría de las medidas de ahorro de costos, usar un CPI encadenado afectaría gradualmente a los beneficiarios *actuales* así como a los futuros. Los beneficiarios a largo plazo experimentarían reducciones más significativas. Por ejemplo, los beneficios disminuirían en casi un 1.5% después de 5 años, un 3% después de 10 años, y un 6% después de 20 años con un COLA basado en el CPI encadenado.

Los opositores argumentan que el CPI encadenado no refleja con precisión el gasto de los consumidores mayores, particularmente en atención médica, que aumenta con rapidez. Las personas mayores también dependen de servicios que son difíciles de sustituir. Estas reducciones resultarían en recortes de beneficios más grandes con el tiempo. Para mitigar esto, algunos proponen un aumento especial de beneficios para los beneficiarios más antiguos (consulta la sección "Si dar un bono por longevidad", más adelante en este capítulo).

Si aumentar la edad plena de jubilación

La edad para recibir los beneficios completos del Seguro Social está aumentando gradualmente (consulta el Capítulo 3). Una propuesta para ahorrar dinero es aumentar aún más esta edad.

Este cambio podría ahorrar al sistema una cantidad significativa de dinero y alentar a las personas a trabajar más tiempo. Por ejemplo, aumentar la edad plena de jubilación a 68 años podría reducir el déficit en aproximadamente un 15%. Aumentarla aún más, como sugieren algunos, ahorraría más. Estos aumentos pueden implementarse gradualmente para proteger a los trabajadores mayores. Los defensores argumentan que esto es sensato dada la mayor esperanza de vida. Por ejemplo, se espera que un hombre de 65 años hoy en día viva hasta los 82 en promedio, con muchos viviendo incluso más tiempo.

Sin embargo, este tema es más complejo de lo que parece. Cuando se creó el Seguro Social, no se esperaba que un hombre recién nacido llegara a los 65 años. Sin embargo, aquellos que alcanzaban la edad adulta a menudo vivían hasta finales de los 70 o más. Aunque menos personas vivían tanto tiempo en comparación con hoy, la diferencia no es tan grande como algunos piensan.

No todos se beneficiaron de igual manera del aumento en la longevidad. Muchos trabajadores de bajos ingresos y con menos educación no vieron los mismos aumentos en la esperanza de vida que sus pares más ricos y educados. En algunos casos, disminuyeron. Además, aumentar la edad plena de jubilación puede ser un desafío para los trabajadores mayores con problemas de salud o aquellos en trabajos físicamente exigentes.

Una propuesta relacionada sugiere indexar los beneficios del Seguro Social a los aumentos en la esperanza de vida, como vincular la edad plena de jubilación a los avances en longevidad. Esto fortalecería el programa del Seguro Social al proporcionar beneficios mensuales más bajos para tener en cuenta que las personas viven más tiempo.

Cómo tratar a las mujeres de manera más justa

El Seguro Social se creó en la década de 1930 con la idea de un hombre como sostén de la familia y una madre que se queda en casa. Hoy en día, muchas familias ya no encajan en este modelo, lo que lleva a problemas de equidad, que afectan a las mujeres en particular.

Por ejemplo, el Seguro Social otorga a un cónyuge que no trabaja hasta el 50% del beneficio del sostén de la familia. Sin embargo, una mujer trabajadora y no casada puede recibir un beneficio menor, de acuerdo con su historial de ganancias, porque no puede depender de un cónyuge con mayores ingresos. Las mujeres solteras, como las madres trabajadoras, también podrían ver reducidos sus beneficios debido al tiempo que pasan fuera de la fuerza laboral, como criar hijos o cuidar a un padre enfermo.

Para hacer que el Seguro Social sea más justo para las mujeres trabajadoras, una solución es proporcionar créditos de ganancias por el cuidado y la crianza de los hijos. Por ejemplo, un trabajador podría recibir un año de créditos del Seguro Social por un año de cuidado, hasta un límite. (Esta medida sería neutral en cuanto al género, lo que beneficiaría también a algunos hombres, pero principalmente ayudaría a las mujeres).

Esta reforma tiene como objetivo alinear el Seguro Social con las realidades modernas y apoyar a las mujeres con beneficios potencialmente bajos. Sin embargo, podría ser costosa. Proporcionar créditos de ganancias anuales por cinco años de crianza de hijos podría aumentar la brecha de financiamiento a largo plazo en un 6%. Además, administrar los créditos por cuidado podría ser un desafío. El costo puede ajustarse según el tamaño y el número de créditos permitidos.

Otra propuesta es el *compartir ganancias*, donde cada cónyuge en una pareja con dos ingresos recibe el 50% de sus ganancias combinadas durante su matrimonio. Este enfoque busca igualar el trato de las parejas con dos ingresos con las parejas tradicionales de un solo ingreso. Sin embargo, podría reducir los beneficios para muchas viudas a menos que se diseñe para evitar esto, lo que aumentaría los costos.

Si restaurar un beneficio mínimo

El Seguro Social ya no tiene un beneficio mínimo real porque no sigue el ritmo de la inflación salarial. A pesar de la fórmula progresiva de beneficios del Seguro Social, los trabajadores con salarios bajos pueden recibir beneficios insuficientes para cubrir los costos básicos de vida. Se puede lograr un beneficio mínimo más alto a través de varios medios. Por ejemplo, se podría establecer un beneficio mínimo en el 125% de la línea de pobreza (u otro porcentaje), dirigido a trabajadores que trabajaron menos de los 35 años utilizados en los cálculos de beneficios.

En teoría, la Administración del Seguro Social (SSA) podría establecer un piso más alto para los beneficios o incluir créditos por trabajo no remunerado, como el cuidado de personas (consulta la sección anterior "Cómo tratar a las mujeres de manera más justa"). Además, se podría indexar un beneficio mínimo a los aumentos salariales, lo que aseguraría su adecuación a lo largo del tiempo.

Sin embargo, implementar un beneficio mínimo requeriría fondos adicionales en un momento en que el Seguro Social necesita más dinero. También debilitaría la relación entre las contribuciones y los beneficios, un aspecto clave del éxito del programa. El costo total de un beneficio mínimo depende de los detalles específicos, pero las estimaciones sugieren que podría aumentar el déficit entre un 2% y un 13%.

Si dar un bono por longevidad

Los estadounidenses más ancianos a menudo enfrentan desafíos financieros significativos. Por lo general, tienen pocos ahorros, no trabajan y enfrentan problemas de salud importantes. Si reciben pensiones, estas suelen verse disminuidas por la inflación.

Una forma de ayudarlos es a través de un *bono por longevidad*. Por ejemplo, se podría dar un aumento del 5% en los beneficios a las personas mayores de cierta edad, como 85 años. Este bono puede implementarse gradualmente y ajustarse según sea necesario. Ayudaría específicamente a los estadounidenses mayores que requieren beneficios adecuados y tienen medios limitados para mejorar su situación financiera.

Sin embargo, el objetivo de esta propuesta no es ahorrar dinero. Ofrecer un bono por longevidad 20 años después de la elegibilidad (generalmente a los 62 años) podría empeorar el déficit a largo plazo del Seguro Social en un 9%. Este es el principal argumento en contra del bono o para limitar su tamaño.

Apéndices

EN ESTA PARTE . . .

Consulta el glosario para obtener definiciones de términos de Seguro Social en un lenguaje sencillo. Entender estos términos puede ser útil al tratar con la burocracia o para tener una comprensión más clara del programa.

Explora la lista de recursos para encontrar información adicional sobre el Seguro Social y temas relacionados.

Crea tu propio plan para abordar los problemas financieros del Seguro Social. Este ejercicio también puede proporcionar ideas para tu planificación financiera personal.

Apéndice A
Glosario

Administración del Seguro Social (SSA): la agencia que administra el Seguro Social, Seguridad de Ingreso Suplementario y las inscripciones en Medicare.

Agencia de Determinación de Incapacidad (DDS): la agencia estatal que trabaja con la Administración del Seguro Social para revisar las solicitudes de beneficios por incapacidad.

AIME: consulta Promedio de ganancias mensuales ajustadas (AIME).

Ajuste por costo de vida (COLA): ajuste anual a los beneficios del Seguro Social para mantenerse al ritmo de la inflación.

Ajuste por pensión del Gobierno: una disposición que reduce los beneficios del Seguro Social para cónyuges, viudos, viudas y para personas con pensiones gubernamentales no cubiertas por el Seguro Social.

Anualidad: un producto de seguro que proporciona un flujo de ingresos constante, a veces de por vida.

Años de computación: los años de ganancias utilizados para calcular un beneficio del Seguro Social. Para los trabajadores jubilados, estos son los 35 años de ganancias más altos. Sin embargo, para las personas con incapacidades y los fallecidos, la cantidad de estos años es más baja.

Apelación: un proceso en el que un solicitante desafía una decisión de la Administración del Seguro Social. Los cuatro pasos son: 1) reconsideración, 2) juez de derecho administrativo, 3) Consejo de Apelaciones, 4) tribunal federal de EE.UU.

Aprobación por compasión: una iniciativa del Seguro Social para acelerar los beneficios por incapacidad para ciertas enfermedades extremas.

Audiencia: una apelación ante un juez de derecho administrativo donde es más probable que se reviertan las determinaciones iniciales de la Administración del Seguro Social.

Aviso de pago en exceso: notificación de la Administración del Seguro Social de que recibiste un pago en exceso y debes dinero. Puedes desafiarlo si presentas una solicitud de reconsideración o exención de recuperación.

Base de aportes y beneficios: consulta Máximo imponible.

Beneficiario: una persona que recibe beneficios.

Beneficio conyugal: un beneficio del Seguro Social para cónyuges casados, hasta el 50% del beneficio de jubilación completo del trabajador.

Beneficio de excónyuge: un beneficio del Seguro Social para un cónyuge divorciado con ganancias más bajas, hasta el 50% de la cantidad de seguro primario del cónyuge con ganancias más altas, si estuvieron casados por al menos diez años.

Beneficio de viudo(a): consulta Beneficio para sobrevivientes.

Beneficio máximo familiar: consulta Máximo familiar.

Beneficio para cónyuge: consulta Beneficio conyugal.

Beneficio para sobrevivientes: un beneficio del Seguro Social para cónyuges sobrevivientes, hijos y padres ancianos dependientes en base al historial de ganancias de un trabajador fallecido. También se lo conoce como *beneficio de viudo.*

Beneficios auxiliares: beneficios para los miembros de la familia en base al historial de ganancias de un trabajador. También se los conoce como *beneficios familiares*.

Beneficios completos de jubilación (FRB): el beneficio recibido a la edad plena de jubilación, igual al 100% de la cantidad de seguro primario. Los beneficios aumentan si se reclaman después de la edad plena de jubilación, hasta los 70 años.

Beneficios de jubilación temprana: beneficios de jubilación reclamados antes de la edad plena de jubilación, desde los 62 años, pero reducidos por cada mes en que se reclamaron antes.

Beneficios de jubilación: pagos a trabajadores que han ganado cobertura del Seguro Social, a partir de los 62 años. También se los conoce como *beneficios de seguro por jubilación (RIB)* o *beneficios para trabajadores jubilados.*

Beneficios de seguro por jubilación (RIB): consulta Beneficios de jubilación.

Beneficios familiares: consulta Beneficios auxiliares.

Beneficios para trabajadores jubilados: consulta Beneficios de jubilación.

Beneficios por incapacidad: beneficios para personas cuya condición física o mental severa impide trabajar durante al menos un año o puede resultar en la muerte.

Beneficios retroactivos: pagos de beneficios anteriores al momento de la solicitud, disponibles para personas mayores que la edad plena de jubilación, incapacitados y ciertos dependientes.

Cantidad de seguro primario (PIA): la cantidad de tu beneficio del Seguro Social a la edad plena de jubilación, que se utiliza para calcular beneficios para ti y tu familia.

Capacidad funcional residual: la capacidad restante de una persona para trabajar a pesar de las limitaciones de una condición física o mental.

Cobertura de medicamentos recetados: consulta Medicare Parte D.

COLA: consulta Ajuste por costo de vida (COLA).

Condición de asegurado: tu estado de elegibilidad para el Seguro Social según el total de créditos de trabajo. Se requiere estar "totalmente asegurado" para obtener la protección completa. En algunos casos, se permite "condición de asegurado actual" con menos créditos de trabajo para beneficios para viudos/as o para niños.

Consejo de Apelaciones: el organismo dentro de la Administración del Seguro Social que revisa las apelaciones después de las audiencias con un juez de derecho administrativo.

Créditos de trabajo: consulta Créditos.

Créditos por jubilación aplazada: factores que aumentan los beneficios cuando se reclaman después de la edad plena de jubilación, otorgados hasta los 70 años.

Créditos: unidades que cuentan para la obtención de beneficios del Seguro Social, en base a las ganancias en trabajos cubiertos. Se requieren hasta cuatro créditos por año, con 40 créditos, por lo general, necesarios para beneficios de jubilación. También conocidos como *créditos de trabajo* o *trimestres de cobertura*.

Cualificar: haber completado una solicitud para beneficios del Seguro Social para los cuales eres elegible.

Cuidados a largo plazo: servicios para personas con enfermedades crónicas, incluida ayuda con actividades diarias. Medicare no cubre el "cuidado asistencial" no especializado.

DDS: consulta Agencia de Determinación de Incapacidad (DDS).

Deducible: la cantidad que pagas de tu bolsillo antes de que Medicare u otro seguro comience a cubrir los costos. El deducible de la Parte A de Medicare para hospitalización es de $1632 por el período de beneficios de 2024.

Dependiente: un miembro de la familia que puede calificar para beneficios en base al historial de ganancias de un trabajador. Incluye cónyuge, hijos y potencialmente otros.

Doble derecho: cuando tienes derecho a beneficios en más de un historial de ganancias. Común para mujeres elegibles para beneficios en base a sus propias ganancias y las de sus esposos.

Edad de jubilación normal: consulta Edad plena de jubilación (FRA).

Edad mínima para recibir beneficios(EEA): la edad mínima en la que las personas pueden solicitar beneficios del Seguro Social. Para la jubilación, es 62; para viudos/as sin incapacidades, es 60; para viudos/as incapacitados, es 50. Para los viudos/as con hijos menores de 16 años e incapacitados, no hay mínimo.

Edad plena de jubilación (FRA): la edad a la que calificas para beneficios completos de jubilación según tu año de nacimiento. Para las personas que nacieron en 1960 o después, es 67 años. También conocida como *edad de jubilación normal*.

EEA: consulta Edad mínima para recibir beneficios (EEA).

Elegible: cumplir con los requisitos para recibir un beneficio del Seguro Social. La elegibilidad no te inscribe automáticamente; debes solicitarlo.

Eliminación de Ventaja Imprevista: una regla que reduce los beneficios de jubilación del Seguro Social para personas con pensiones gubernamentales no cubiertas por el Seguro Social.

Empleo cubierto: trabajo donde se requieren contribuciones al impuesto sobre el salario del Seguro Social. La mayoría de los trabajos en EE.UU. caen en esta categoría.

Estado de cuenta: un resumen personal de los beneficios del Seguro Social ganados y proyecciones futuras, visible en línea.

Examen consultivo: un examen médico realizado por un especialista en salud pagado por el gobierno que asesora a un juez de derecho administrativo sobre la elegibilidad para beneficios por incapacidad.

Exención de cobro: una solicitud para desestimar una determinación de pago en exceso del Seguro Social si se considera injusta.

Experto vocacional (VE): un experto ocupacional que puede testificar en una audiencia de incapacidad sobre habilidades laborales y esfuerzo requerido para los trabajos anteriores o potenciales de un solicitante.

Factor de reducción: la cantidad mensual por la cual se reducen los beneficios si se reclaman antes de la edad plena de jubilación.

Fecha protegida de solicitud: la fecha en que contactas a la Administración del Seguro Social sobre la solicitud de beneficios, lo que posiblemente te permita conseguir beneficios retroactivos.

Fondos de fideicomisos: cuentas en el Tesoro de EE.UU. que contienen los impuestos del Seguro Social, que se utilizan para pagar beneficios.

FRA: consulta Edad plena de jubilación (FRA).

FRB: consulta Beneficios completos de jubilación (FRB).

Guía del sistema de procedimientos operacionales (POMS): guía para los empleados de la Administración del Seguro Social sobre determinaciones de beneficios.

Historial de ganancias: consulta Registro de ganancias.

Impuesto FICA: el impuesto sobre el salario para el Seguro Social y Medicare bajo la Ley de Contribución Federal al Seguro Social (FICA). La parte del Seguro Social es del 6.2% de las ganancias hasta un límite anual para los empleados y empleadores. La parte de Medicare es del 1.45% sobre todas las ganancias.

Impuesto SECA: el impuesto sobre el salario para el Seguro Social y Medicare pagado por los trabajadores por cuenta propia bajo la Ley de Contribuciones al Trabajo por Cuenta Propia (SECA). La parte del Seguro Social es del 12.4% de las ganancias netas hasta cierto límite anual. La parte de Medicare es del 2.9% de las ganancias netas (sin límite).

Informe de los fideicomisarios: la divulgación anual de las finanzas del Seguro Social por su junta de fideicomisarios. La junta de seis miembros está integrada por el secretario del Tesoro, el comisionado del Seguro Social, el secretario de Salud y Servicios Humanos, el secretario de Trabajo y dos representantes del público.

Juez de derecho administrativo: un funcionario con experiencia legal que supervisa audiencias y apelaciones de las decisiones de la Administración del Seguro Social.

Ley de Seguro Social: la ley federal de 1935 que creó el programa del Seguro Social, que en un principio incluía beneficios para jubilados y desempleados.

Lista de incapacidades: una lista oficial de enfermedades severas con criterios para calificar para beneficios por incapacidad del Seguro Social.

Manual del Seguro Social: una guía completa del Seguro Social y sus regulaciones, disponible en línea en `www.ssa.gov/OP_Home/handbook/handbook-toc.html`.

Matrimonio: un matrimonio legal, incluidos matrimonios del mismo sexo y de hecho reconocidos por el estado.

Máximo familiar: el máximo de beneficios que se pagan a los miembros de la familia en base al historial de ganancias de un trabajador, típicamente del 150% al 180% de la cantidad de seguro primario del trabajador. También se lo conoce como *beneficio máximo familiar*.

Máximo imponible: el máximo de ganancias sujetas al impuesto sobre el salario del Seguro Social que se utiliza en los cálculos de beneficios. El máximo imponible se fijó en $168,600 para 2024. También se lo conoce como *Base de aportes y beneficios*.

Medicare Advantage: planes administrados privadamente que ofrecen servicios básicos y extras, con restricciones de proveedores. También se lo conoce como *Medicare Parte C*.

Medicare Parte A: cubre gastos hospitalarios, rehabilitación temporal, cuidados paliativos y algunos cuidados de salud en el hogar. También se lo conoce como *seguro de hospital*.

Medicare Parte B: cubre visitas al médico, servicios ambulatorios y otros servicios médicos. También se lo conoce como *seguro médico suplementario*.

Medicare Parte C: consulta Medicare Advantage.

Medicare Parte D: ayuda a pagar los medicamentos recetados a través de planes privados aprobados. También se lo conoce como *cobertura de medicamentos recetados*.

Medicare: el programa de atención médica del gobierno para personas de 65 años o más, y algunos otros, incluidos aquellos que reciben beneficios por incapacidad del Seguro Social durante dos años o más. Incluye Parte A (seguro de hospital), Parte B (seguro médico), Parte C (Medicare Advantage) y Parte D (cobertura de medicamentos recetados).

Médico de cabecera: un médico o psicólogo que trata a una persona que solicita beneficios por incapacidad, cuyas observaciones son consideradas significativas por la Administración del Seguro Social.

Medigap: seguro de salud suplementario privado que cubre las brechas en la cobertura de Medicare.

Niño: un hijo biológico, adoptado, hijastro o nieto dependiente que potencialmente califica para beneficios en base al historial de ganancias de un trabajador. La Administración del Seguro Social se guía por las leyes de herencia estatales al resolver consultas del estado legal del niño.

Número de Seguro Social: el identificador de nueve dígitos para el Seguro Social, generalmente asignado al nacer.

OASDI: consulta Seguro para adultos mayores, sobrevivientes y por incapacidad(OASDI).

Pago global por fallecimiento: un pago único de $255 al cónyuge o hijo de un trabajador cubierto fallecido, reclamable dentro de los dos años posteriores a la muerte.

Periodo de trabajo de prueba: nueve meses durante los cuales un beneficiario de beneficios por incapacidad puede trabajar sin perder los beneficios.

Período sin cobertura: un vacío en la cobertura de medicamentos recetados de Medicare donde eres responsable de todos los gastos de medicamentos de tu bolsillo hasta un cierto límite.

PIA: consulta Cantidad de seguro primario (PIA).

POMS: consulta Guía del sistema de procedimientos operacionales(POMS).

Porcentaje de reemplazo: el porcentaje de las ganancias previas a la jubilación reemplazadas por los beneficios del Seguro Social, alrededor del 40% en promedio.

Progresividad: una característica del Seguro Social que hace que los beneficios sean relativamente más generosos para las personas con bajos ingresos que para las de altos ingresos, lograda a través de la fórmula de la cantidad de seguro primario.

Promedio de ganancias mensuales ajustadas (AIME): una cantidad en dólares con base en 35 años de ganancias pasadas, ajustada para el crecimiento salarial y promediada. Es crucial para calcular los beneficios del Seguro Social.

Prueba de ganancias de jubilación: consulta Prueba de ganancias.

Prueba de ganancias: retención requerida de beneficios si las ganancias exceden ciertos límites antes de alcanzar la edad plena de jubilación. Los límites para 2024 se fijaron de la siguiente manera: beneficios reducidos por $1 de cada $2 en ganancias por sobre $22,320, si estás por debajo de la edad plena de jubilación por todo el año; $1 de cada $3 en ganancias por sobre $59,520 para los meses del año en los que alcanzas la edad plena de jubilación. También se lo conoce como *prueba de ganancias de jubilación*.

Punto de equilibrio: la edad en la que el total de beneficios del Seguro Social recolectados es igual si se comienza a recibir en dos momentos diferentes. Refleja que los beneficios que se reclaman más tarde pagan más.

Puntos de flexión: las cantidades en dólares que definen los tramos para las ganancias mensuales ajustadas promedio en la fórmula de la cantidad de seguro primario o la fórmula del beneficio máximo familiar.

Reconsideración: consulta Solicitud de reconsideración.

Registro de ganancias: tus ganancias cubiertas pasadas archivadas en la Administración del Seguro Social, que se utilizan para calcular los beneficios de jubilación. También conocido como *historial de ganancias*.

Representante del beneficiario: una persona autorizada para administrar los beneficios del Seguro Social en nombre de un beneficiario y asegurar que los beneficios cubran las necesidades del beneficiario.

RIB: consulta Beneficios de jubilación.

Seguridad de Ingreso Suplementario (SSI): un programa de asistencia en efectivo para personas de bajos ingresos, incluidos aquellos de 65 años o más, ciegos o incapacitados.

Seguro de hospital: consulta Medicare Parte A.

Seguro médico suplementario: consulta Medicare Parte B.

Seguro para adultos mayores, sobrevivientes y por incapacidad (OASDI): el nombre formal del Seguro Social, que cubre jubilación, sobrevivientes, trabajadores incapacitados y miembros de la familia dependientes.

Seguro Social: un concepto de Europa donde los principios de seguro se adaptan para el beneficio de todos los miembros de la sociedad.

Solicitud de reconsideración: el primer paso para desafiar una solicitud de beneficios denegada, generalmente requerido antes de solicitar una audiencia con un juez de derecho administrativo.

Sostén de la familia: consulta Trabajador asalariado.

SSI: consulta Seguridad de Ingreso Suplementario (SSI).

Trabajador asalariado: la persona cuyo historial se utiliza para reclamos de beneficios, incluidos los reclamos de dependientes. También conocido como *trabajador* o *sostén principal*.

Trabajador: consulta Trabajador asalariado.

Trabajo lucrativo: trabajo realizado por paga. La Administración del Seguro Social establece una cantidad mensual en dólares considerada "sustancial" para el trabajo lucrativo, lo que afecta la elegibilidad para beneficios por incapacidad.

Trimestres de cobertura: consulta Créditos.

VE: consulta Experto vocacional (VE).

Apéndice B

Recursos

Puedes encontrar mucha información sobre el Seguro Social y la estabilidad financiera en la jubilación. Este apéndice reúne recursos clave para tu conveniencia.

Seguro Social

Puedes contactar a la Administración del Seguro Social (SSA) por correo, teléfono, en línea o si visitas tu oficina local de la SSA:

- **Correo:** al escribir a la SSA, incluye tu número de Seguro Social y número de reclamo (si aplica):

  Administración del Seguro Social Oficina de Consultas Públicas y Soporte de Comunicaciones, 1100 West High Rise, 6401 Security Blvd., Baltimore, MD 21235
- **Teléfono:** las líneas telefónicas de la SSA están disponibles de lunes a viernes, de 8 a.m. a 5:30 p.m. Algunos servicios automatizados operan 24/7. Llama al 800-772-1213 (TTY 800-325-0778).
- **Web:** visita el sitio web de la SSA en www.ssa.gov. Puedes realizar muchas tareas en línea, como obtener formularios o publicaciones, y encontrar respuestas a más de 600 preguntas en la sección de Preguntas Frecuentes (FAQs).

» **Oficina local:** para encontrar una oficina de la SSA cercana, ve a `www.ssa.gov`, haz clic en "Contact Us" (Contáctenos), y luego selecciona el enlace "Office Locator" (Localizador de Oficinas).

Nota: **si tú o alguien a quien estás asistiendo necesita ayuda en un idioma diferente al inglés, tienes varias opciones:**

» Accede a la versión en español del sitio web de la SSA en `www.ssa.gov/espanol`.

» Encuentra versiones del sitio web de la SSA en otros idiomas en `www.ssa.gov/multilanguage`.

» Solicita servicios de intérprete, disponibles en varios idiomas sin costo alguno. Llama a la SSA e informa al representante que necesitas un intérprete.

Medicare

Puedes contactar a Medicare por correo, teléfono o en línea:

» **Correo:** escribe a Medicare a:

Centros de Servicios de Medicare y Medicaid Oficinas de Audiencias e Investigaciones (OHI)

Attn: Personal de Recursos de Accesibilidad al Cliente

7500 Security Blvd., Mail Stop S1-13-25

Baltimore, MD 21244-1850

» **Teléfono:** llama al 800-633-4227 o, para personas con problemas de audición, TTY 877-486-2048.

» **Web:** visita `www.medicare.gov` para preguntas sobre servicios, cobertura, reclamaciones o gastos. El sitio web ofrece información detallada, incluidas preguntas frecuentes. Haz clic en "Forms, Help, Resources" para encontrar doctores de Medicare, comparar hospitales y residencias geriátricas, y acceder a diversas publicaciones sobre los servicios de Medicare.

RECUERDA

Para las siguientes situaciones, contacta a la SSA (consulta la sección anterior):

» Inscripción, elegibilidad, primas o el programa de Ayuda Adicional

» Reemplazar una tarjeta de Medicare perdida o robada

» Reportar una muerte

CONSEJO

Para más información detallada, consulta el manual oficial de Medicare, "Medicare & You," disponible en www.medicare.gov/pubs/pdf/10050-Medicare and-You.pdf.

CONSEJO

Si necesitas ayuda con Medicare, los Programas Estatales de Asistencia en Seguros de Salud (SHIP) ofrecen ayuda gratuita y personalizada de consejeros capacitados en todos los temas de Medicare y Medicaid, incluida la selección de planes de Medicare Advantage o Parte D. Encuentra la información de contacto del SHIP de tu estado en www.medicare.gov/Contacts.

Si tienes dificultades con Medicare, considera contactar al Centro de Derechos de Medicare al 800-333-4114 o www.medicarerights.org. Este grupo de defensa monitorea el programa de cerca y puede emprender acciones legales en nombre de los beneficiarios.

AARP

AARP es una organización sin fines de lucro y no partidista dedicada a ayudar a las personas de 50 años o más a mantener su independencia, elección y control de manera asequible y beneficiosa tanto para los individuos como para la sociedad. La organización proporciona amplia información al consumidor sobre Seguro Social, Medicare y otros programas.

CONSEJO

Para obtener información más detallada, visita el sitio web de AARP (www.aarp.org). Aquí hay algunos recursos específicos:

- **Información general sobre el Seguro Social**: accede a una amplia gama de materiales para el consumidor, consejos de expertos sobre beneficios, alertas de estafas y las últimas noticias en www.aarp.org/work/socialsecurity.
- **Calculadora de Seguro Social de AARP**: usa esta herramienta (www.aarp.org/retirement/socialsecurity/benefits-calculator.html) para obtener una estimación completa de tus futuros beneficios.
- **Calculadora de jubilación de AARP**: esta calculadora (www.aarp.org/work/retirement-planning/retirement_calculator) ayuda a solteros y parejas a estimar los ahorros necesarios para su futuro deseado.
- **Guía de Medicare Parte D de AARP**: esta guía (www.aarp.org/health/medicareinsurance/medicare_partD_guide) ofrece información fácil de entender sobre el programa de medicamentos recetados de Medicare.

» **Instituto de Políticas Públicas de AARP**: explora investigaciones e informes sobre seguridad económica, atención médica y otros temas de política importantes para los estadounidenses mayores en www.aarp.org/ppi. Puedes acceder a la página del instituto en www.aarp.org/ppi/publications.

Otras fuentes

Puedes encontrar diversa información sobre el Seguro Social en línea, pero no hay garantías sobre su certeza. A continuación, se presentan algunos recursos valiosos:

» **Administración sobre el envejecimiento** (202-401-4634; www.acl.gov/about-acl/administration-aging): proporciona información y recursos para personas mayores y cuidadores sobre temas relacionados con el envejecimiento.

» **Allsup** (800-279-4357; www.allsup.com): ofrece representación no legal para solicitantes de incapacidad del Seguro Social.

» **Academia Americana de Actuarios** (202-223-8196; www.actuary.org): proporciona análisis independiente de problemas de riesgo en el Seguro Social, pensiones, atención médica y otras áreas.

» **Instituto Cato** (202-842-0200; www.cato.org/social-security): ofrece una perspectiva sobre el Seguro Social desde un grupo de políticas públicas enfocado en la libertad individual, el gobierno limitado, los mercados libres y la paz.

» **Centro de Investigación de Jubilación del Boston College** (617-552-1762 crr.bc.edu): realiza investigaciones sobre el Seguro Social y otros temas de jubilación.

» **Centro de Prioridades de Presupuesto y Políticas** (202-408-1080; www.cbpp.org): proporciona investigación y análisis sobre políticas fiscales y programas gubernamentales importantes para individuos de ingresos moderados y bajos, incluido el Seguro Social.

» **Fundación Century** (212-452-7700; tcf.org/topics/economy-jobs/social-insurance): ofrece una perspectiva progresista sobre temas de seguro social, incluido el Seguro Social y la seguridad en la jubilación.

» **Instituto de Política Económica** (202-775-8810; www.epi.org/research/retirement): un grupo de expertos sin fines de lucro y no partidista que amplía las discusiones sobre políticas económicas para incluir las necesidades de los trabajadores de ingresos bajos y medios.

» **Localizador de Cuidado de Ancianos** (800-677-1116; https://eldercare.acl.gov/): proporciona acceso a recursos locales para una variedad de necesidades.

» **Instituto de Investigación de Beneficios para Empleados** (202-659-0670; www.ebri.org): se enfoca en los beneficios para empleados y temas relacionados con la seguridad en la jubilación y la salud.

» **Fundación Heritage** (202-546-4400; www.heritage.org/issues/retirement-security): ofrece una perspectiva conservadora sobre temas del Seguro Social.

» **Academia Nacional de Seguros Sociales** (202-452-8097; www.nasi.org): promueve la comprensión del seguro social y su papel en la seguridad económica. Puedes encontrar información específica sobre el Seguro Social en www.nasi.org/research/social-security.

» **Comité Nacional para Preservar la Seguridad Social y Medicare** (800-998-0180; www.ncpssm.org): aboga por programas sólidos de Seguro Social y Medicare.

» **Consejo Nacional sobre el Envejecimiento** (571-527-3900; www.ncoa.org): un grupo de servicio y defensa sin fines de lucro para estadounidenses mayores. Ofrecen una herramienta en línea para ayudar a determinar la elegibilidad para varios programas gubernamentales, incluido incapacidad del Seguro Social, atención médica y cupones de alimentos en www.benefitscheckup.org.

» **Organización Nacional de Representantes de Reclamantes del Seguro Social** (845-682-1881; www.nosscr.org): una asociación de abogados y defensores que proporciona información sobre beneficios de incapacidad del Seguro Social. Llama al número gratuito para obtener una referencia de abogado.

» **Nolo** (www.nolo.com/legal-encyclopedia/social-security): ofrece artículos sobre varios temas del Seguro Social de una organización dedicada a hacer accesible el sistema legal.

» **Rest-of-Life Communications** (www.restoflife.com): proporciona comentarios sobre el Seguro Social y la planificación de la jubilación por Steve Vernon, una autoridad en planificación de la jubilación.

» **Instituto Urbano** (202-833-7200; www.urban.org): recopila datos, realiza investigaciones, evalúa programas y ofrece asistencia técnica en temas como el Seguro Social, la salud, la justicia y la filantropía.

Apéndice C

Fortalecer el Seguro Social

Los expertos en políticas comprenden bien el déficit proyectado del Seguro Social. Reconocen la necesidad de medidas que típicamente caen en dos categorías: aumentos de impuestos y reducciones de beneficios. Una solución integral puede incluir ambos enfoques, lo que favorecería uno más que el otro.

No necesitas depender solo de los expertos para encontrar una solución. En este apéndice, puedes crear tu propio plan para abordar la brecha de financiamiento del Seguro Social. Este ejercicio te permite comparar tus prioridades con las discutidas en las noticias. (Consulta el Capítulo 17 para una información detallada de las opciones de políticas).

Las Tabla C-1 y Tabla C-2 a continuación enumeran las principales propuestas para aumentar los ingresos y reducir los beneficios. Cada tabla proporciona estimaciones sobre cuánto contribuye cada opción a cerrar el déficit. Por ejemplo, la Fila 2 en la Tabla C-1 muestra que aumentar el impuesto sobre el salario al 6.5% para empleadores y empleados cubre el 15% de la brecha. Si prefieres esta opción, márcala y escribe "15%" en la columna de la derecha de la Fila 2. Luego necesitarás hacer elecciones adicionales para cubrir el 85% restante y resolver completamente el problema.

Suma tus aumentos de ingresos totales (de la Tabla C-1) y tus reducciones de beneficios totales (de la Tabla C-2). El objetivo es que ese número sea al menos del 100% para eliminar el déficit futuro.

TABLA C-1 **Formas de aumentar los ingresos**

Fila	Aumentos de ingresos	Parte del déficit cubierta
1	Aumentar la cantidad de ganancias sujetas al impuesto sobre el salario del Seguro Social (actualmente $168,600).	
Aumentar la base impositiva para que el 90% de las ganancias estén cubiertas (ahorro: 30%).	❑	
Sujetar todas las ganancias al impuesto sobre el salario del Seguro Social (ahorro: 55%).	❑	
2	Aumentar la tasa del impuesto sobre el salario para empleadores y empleados (tradicionalmente 6.2% cada uno).	
Aumentar al 6.5% (ahorro: 15%).	❑	
Aumentar al 7.2% (ahorro: 41%).	❑	
3	Imponer el impuesto sobre el salario a las contribuciones a planes de reducción salarial, como los planes 401(k) (ahorro: 9%).	
4	Incluir a los trabajadores estatales y locales recién contratados en el Seguro Social (ahorro: 4%).	
	Total de aumentos de ingresos (sumar Filas 1–4)	

Es muy simple ¿verdad? Sin embargo, muchos creen que ciertos beneficios deberían mejorarse como parte de una solución a largo plazo para el Seguro Social. Aunque esto aumenta el gasto, estos costos podrían compensarse con otras medidas. A continuación se presentan tres propuestas para mejorar los beneficios. Si eliges alguna de estas, busca formas de cubrir sus costos. Estas propuestas las comparto en la Tabla C-3. Si quieres incluir alguno de estos aumentos en tu plan, debes encontrar la manera de pagarlos.

TABLA C-2 **Formas de reducir los beneficios**

Fila	Reducciones de beneficios	Parte del déficit cubierta
1	Aumentar la edad plena de jubilación (actualmente programada para subir a 67) a 68 (ahorro: 15%).	
2	Implementar la indexación de longevidad de la edad plena de jubilación y vincular los futuros aumentos en la edad plena de jubilación a los aumentos en la esperanza de vida (ahorro: 19%).	
3	Ajustar la fórmula de beneficios al reducir los beneficios para algunos trabajadores mientras se protege a otros.	
Proteger al 30% más bajo de los trabajadores (ahorro: 44%).	❑	
Proteger al 40% más bajo de los trabajadores (ahorro: 37%).	❑	
Proteger al 50% más bajo de los trabajadores (ahorro 31%).	❑	
Proteger al 60% más bajo de los trabajadores (ahorro 23%).	❑	
4	Usar una medida diferente (el Índice de Precios al Consumidor encadenado) para calcular el aumento anual por inflación de los beneficios, lo que reduciría el tamaño del ajuste por costo de vida (ahorro: 17%).	
	Total de reducciones de beneficios (sumar Filas 1-4)	

En la Tabla C-3, presento tres propuestas para mejorar los beneficios. Marca cualquiera de los aumentos que desees incluir en tu plan y anota el costo en la columna de la derecha. Suma los costos de las mejoras que elijas y réstalos de la suma de tus cantidades en las Tablas C-1 y C-2.

RECUERDA

Puedes mezclar aumentos de ingresos, recortes de beneficios y mejoras de beneficios, pero tus elecciones totales deben sumar el 100%. (Si seleccionas alguna mejora de beneficios de la Tabla C-3, tus elecciones de las Tablas C-1 y C-2 deben superar el 100%).

TABLA C-3 Formas de mejorar los beneficios

Fila	Mejoras de beneficios	Costo adicional
1	Asegurar que los trabajadores con historiales laborales sustanciales reciban un beneficio básico mínimo (costo: 5%).	❑
2	Proporcionar créditos de ganancias a los padres trabajadores que se toman tiempo fuera de la fuerza laboral remunerada para criar a los hijos (costo: 6%).	❑
3	Aumentar el ajuste por inflación para que los jubilados puedan mantener mejor el ritmo del costo de vida (costo: 12%).	❑
	Total de mejoras de beneficios (sumar Filas 1–3)	

Los legisladores mencionan con frecuencia las opciones en estas tablas. Selecciónalas o recházalas según desees. Si tus elecciones suman el 100% o más, ¡felicitaciones! Has encontrado una forma de fortalecer el Seguro Social, una tarea que ha resultado difícil para los líderes electos en Washington.

***Nota:* para facilitar el cálculo, se redondearon algunas cifras.**

Índice

A

B

C

D

E

F

G

H

I

J

L

M

N

O

P

Q

R

S

T

U

V

Sobre el autor

Jonathan Peterson reflexiona sobre uno de los momentos clave en su carrera periodística: el importante acuerdo de 1983 para fortalecer el Seguro Social. "Ese debate me hizo pensar en el envejecimiento de la generación Boomer y su impacto y su impacto futuro en nuestro país", dice. "Ahora, con los Gen Xers alcanzando una etapa más madura de la vida, la seguridad en la jubilación sigue siendo un tema crítico".

El interés de Jonathan en el Seguro Social y en el envejecimiento de la población estadounidense persistió a lo largo de su carrera. Durante su galardonada etapa en el *Los Angeles Times*, escribió historias influyentes sobre los desafíos financieros que enfrentan los Boomers y las generaciones más jóvenes que eventualmente llegarán a la vejez.

Él cree que la misión de un periodista es ayudar a los lectores a entender un mundo complejo. Jonathan recibió dos premios editoriales de *Los Angeles Times*, incluido uno por exponer a un corredor de valores que malgastó los ahorros de jubilación de trabajadores mayores. También ganó un premio del Overseas Press Club por una serie completa sobre el colapso de la Unión Soviética y fue parte del equipo de *Los Angeles Times* que ganó el Premio Pulitzer en 1993 por la cobertura de noticias de última hora de los disturbios en Los Ángeles.

A lo largo de su carrera, Jonathan cubrió la Casa Blanca, campañas políticas estatales y nacionales, y varios aspectos de la política doméstica y económica de EE.UU. En 2007, fue becario de la National Press Foundation en el programa "Asuntos de Jubilación en el Siglo XXI". Durante nueve años, se desempeñó como director ejecutivo de comunicaciones en AARP y contribuyó a la redacción de discursos y comunicaciones estratégicas.

Jonathan reside en el área de Washington, D.C. y disfruta de pasar tiempo con su esposa, Lisa, sus hijas Hannah y Sara, y su hijo Sammy.

Dedicatoria

Para mi padre, Morton Peterson, quien siempre entendió lo que realmente importa.

Agradecimientos del autor

Muchas personas apoyaron este proyecto, incluidos colegas de AARP y expertos externos que generosamente respondieron a consultas inesperadas. A todos los que ayudaron de alguna manera, un sincero agradecimiento. Su apoyo hizo que el proceso de escritura fuera menos solitario y, lo que es más importante, contribuyó a un mejor libro.

Me gustaría extender un agradecimiento especial a mi diligente y talentosa investigadora, Susan O'Brian. También, un sincero agradecimiento a la Oficina Nacional de Prensa de la Administración del Seguro Social; mi gerente de proyecto, Michelle Hacker; Tracy Boggier, editora senior de adquisiciones en Wiley; y Jodi Lipson, directora de publicación de libros en AARP.

La experiencia de Mikki Waid fortaleció significativamente muchas páginas de este libro. Un agradecimiento especial también para Elizabeth Kuball, Erin Calligan Mooney, Mark Friedlich, William "BJ" Jarrett, Kia Green, Patricia Barry, Sheri R. Abrams, Elliott Andalman, Robert B. Friedland, Jonathan Ginsberg, Nancy Hwa, Rebecca L. Ray de Allsup, Robert A. Rosenblatt, John Rother, Julie Shapiro, Nancy Shor, Paul N. Van de Water, Steve Vernon, el Centro de Investigación de Jubilación del Boston College, Gary Koenig, Mike Schuster, Robin Cochran, Jean Setzfand, Christina S. FitzPatrick, Alison Shelton, Victoria Sackett, Lori A. Trawinski, Kristina Gray, Fred Griesbach, Enid Kassner, Daniel Koslofsky, Cristina Martin-Firvida, Lynn Nonnemaker, Linda Brandon, Christine Pingleton, Ashley Petry y Stacy Kennedy.

Un agradecimiento especial a aquellos que ayudaron con las ediciones actualizadas: Joel Eskovitz, Dave Landes, Keith Lind, Jammie Lyell, Andy Markowitz, Claire Noelle-Miller, Jim Palmieri, Leigh Purvis, Kathy Stokes, Jane Sung, Xavier Vaughn y Marisa Vigilante dentro de AARP; Web Phillips del Comité Nacional para Preservar el Seguro Social y Medicare; y Kabraun Dixon de la Oficina de Operaciones de Incapacidad de la Administración del Seguro Social.

Por último, gracias a mis tres hermosos (y pacientes) hijos y a mi esposa, Lisa, quienes abordaron diversos problemas que iban desde el uso de palabras y la aritmética del Seguro Social hasta el formato de la computadora y un esposo muy distraído, siempre en un espíritu de compañerismo.

Agradecimientos de la editorial:

Editora de adquisiciones senior: Tracy Boggier
Directora de proyecto: Linda Brandon
Editora de desarrollo: Linda Brandon
Correctora literaria: Christine Pingleton
Correctora: Judith Q. McMullen
Editora técnica: Mark Friedlich
Editor de producción: Tamilmani Varadharaj
Imagen de portada: © torstenvelden/Getty Images